D1917113

J. Hanns Pichler (Hrsg.)

Ethische Kompetenz der Unternehmer als Erfolgsbedingung

Beiträge zur ganzheitlichen
Wirtschafts- und Gesellschaftslehre

Herausgegeben von

o. Univ.-Prof. Dkfm. Dr. Dr. h.c. J. Hanns Pichler, M. Sc.

Wirtschaftsuniversität Wien

Band 10

Ethische Kompetenz der Unternehmer als Erfolgsbedingung

Herausgegeben von

J. Hanns Pichler

Duncker & Humblot · Berlin

Die Deutsche Bibliothek – CIP-Einheitsaufnahme

Ethische Kompetenz der Unternehmer als Erfolgsbedingung /
hrsg. von J. Hanns Pichler. – Berlin : Duncker und Humblot, 2000
(Beiträge zur ganzheitlichen Wirtschafts- und Gesellschaftslehre ;
Bd. 10)
ISBN 3-428-10033-6

Fotoprint: Berliner Buchdruckerei Union GmbH, Berlin
Printed in Germany

ISSN 0522-6457
ISBN 3-428-10033-6

Gedruckt auf alterungsbeständigem (säurefreiem) Papier
entsprechend ISO 9706 ♾

Vorwort

Fragen der Wirtschaftsethik und damit im Zusammenhang von Unternehmerethos und Unternehmenskultur haben neuerdings verstärkte Aktualität und Aufmerksamkeit erfahren, bis hinein in die unmittelbare Wirtschaftspraxis, wie u.a. anhand des Schrifttums reichlich zu belegen.

Vorliegender Sammelband, basierend auf einem einschlägigen Symposium[1] zu den hier dokumentierten Themenbereichen, widmet sich diesbezüglichen Fragestellungen in theoretisch-grundlegender, dogmenkritischer, in sozial-ethischer sowie in praxisorientierter und pädagogisch relevanter Auseinandersetzung. Darin auch spiegelt sich eine bewußt ganzheitliche Perspektive in der Befassung mit der angesprochenen Thematik im Einklang zugleich mit Ausrichtung und Zielsetzung vorliegender Reihe.

Inhaltlich mehr grundlegend theoretischen bzw. begrifflichen und sozialethischen Gesichtspunkten sind demgemäß die ersten Beiträge (Pichler, Schnarrer, Laun, Weber) gewidmet. Spezifische Dimensionen des Wirtschaftens i.w.S. und hiebei wiederum relevante ethische Momente werden in den Beiträgen von Fröhlich und Prat aufgegriffen. Einzelwirtschaftliche Aspekte einschließlich Facetten der Unternehmenskultur, mit Blick u.a. auf die Besonderheit von Familienunternehmen (Schnarrer) in deren auch gesellschaftlichen Relevanz, werden ergänzt und angereichert durch konkrete Einblicke aus der unmittelbaren Unternehmenspraxis (Hipp, Maculan) unter Bezugnahme speziell auch auf Wertebewußtsein und unternehmerische Werthaltungen.

Abgerundet wird das Spektrum dieser dem Gesamtthema sich einfügenden sowie inhaltlich teilweise sich durchaus ergänzenden Einzelbeiträge mit der gesellschaftspolitisch immer wieder neu zu bewältigenden Fragestellung nach der Vermittelbarkeit (der „Lernbarkeit") von ethischen Prinzipien und Grundhaltung, speziell und nicht zuletzt in der Welt der Wirtschaft selbst.

Die Unterschiedlichkeit der aufgegriffenen Themenstellungen und Inhalte sollte, so bliebe zu hoffen, den Zugang zu diesem Band insofern schmackhaft

---

[1] Veranstaltet vom Institut für Wirtschaftsethik und Unternehmenskultur (IWU), Wien, unter Vorsitz von Univ.-Professor Dr. Dr. h.c. mult. Theo Mayer-Maly, gemeinsam mit dem Internationalen Forschungszentrum (Salzburg) und dem Institut für kulturelle und wissenschaftliche Zusammenarbeit (Club Belvedere, Wien) in Salzburg im November 1997.

machen, als – je nach Interesse – auch einzelne Kapitel für sich herausgegriffen werden können und so zusätzlich zur Lektüre anregen mögen.

Wien, im Februar 2000 *J. Hanns Pichler*

Inhaltsverzeichnis

Ethik und Wirtschaft im Lichte ökonomischer Doktrinen

J. Hanns Pichler

Im folgenden sei versucht, die hier angesprochene Thematik unter dogmenkritischen Aspekten anhand wesentlicher Inhalte bzw. Fragestellungen im Rahmen des „mainstream" wirtschaftswissenschaftlicher Denkmuster in dessen markanten Facetten zu beleuchten.

Im Blick auf das Ethische in der Wirtschaft, auf eine „Ethik der Wirtschaft" (O. v. Nell-Breuning) sei vorab die grundsätzliche Frage gestellt, ob es – etwas provokativ formuliert – eine Art „Bindestrich-Ethik" (z.B. eine sogenannte „Wirtschafts-Ethik") denn überhaupt gäbe oder geben könne; trotz eines beachtlichen Spektrums einschlägig betitelter, vor allem auch neuerer Werke und Abhandlungen bliebe dies einmal prinzipiell zu hinterfragen.[1]

Bezieht man sich auf die dahingehend sozusagen „klassischen" Texte und Schriften, findet sich solche Differenzierung weder in einer „Nikomachischen Ethik" von Aristoteles[2] noch in den hierzu relevanten Teilen der epochenprägenden „Summa theologiae" des großen Aquinaten.[3]

---

[1] Vgl. hierzu einen der „Klassiker" aus dem einschlägigen Schrifttum: *W. Weddigen*, Wirtschaftsethik. System humanitärer Wirtschaftsmoral, Berlin 1951; weiters *J. Messner*, Ethik. Kompendium der Gesamtethik, Innsbruck/Wien/München 1955; *O. Schilling*, Katholische Wirtschaftsethik. Nach den Richtlinien der Enzyklika Quadragesimo anno des Papstes Pius IX., München 1933; *O. v. Nell-Breuning*, S.J., Art. „Wirtschaftsethik", in Staatslexikon. Recht, Wirtschaft, Gesellschaft, 6. Aufl., Bd. 8, Freiburg 1963 (worin er zur Frage „Ethik der Wirtschaft" u.a. bemerkt, daß „die Wirtschaftswissenschaft selbst eine Tochter der Ethik" sei; insoferne die Wirtschaft ohne „ethische Normen" nicht auskommt, wäre folglich „eine nicht wertende Wirtschaftswissenschaft … zur Unfruchtbarkeit verurteilt", Sp. 780); neuerdings auch *P. Koslowski*, Ethik des Kapitalismus, 4. Aufl., Tübingen 1991, sowie *ders.*, Prinzipien der Ethischen Ökonomie. Grundlegung der Wirtschaftsethik und der auf die Ökonomie bezogenen Ethik, Tübingen 1988; ferner auch Lexikon der Wirtschaftsethik, hgg. v. G. Enderle/ K. Homann/M. Honecker/W. Kerber/H. Steinmann, Freiburg/Basel/Wien 1993.

[2] Siehe insbesondere „Ethika Eudemeia" (zwischen 347 und 335 v.): „Wenn man … die natürlichen Güter … Wohlbefinden, Vermögen, Freunde … in der Weise erstrebt und sich zu eigen macht, daß dadurch die Betrachtung Gottes möglichst gefördert wird, so ist dies die beste Norm …"; sowie „Ethika Nikomacheia" (zwischen 335 und 323 v.): Wonach, neben gerechter „Verteilung" im Rahmen „eines geordneten Gemeinwesens", eine weitere Grundform der Gerechtigkeit „die, welche dafür sorgt, daß die vertraglichen

Wenn schon gefordert und einzumahnen, so schiene das Ethische, schiene jedweder ethische Anspruch – nicht zuletzt in einem philosophisch umfassenderen Verständnis – wohl durchgängig gültig für alle Bereiche menschlichen Handelns; somit eben auch für das wirtschaftliche Handeln. Solches Handeln folgt bzw. orientiert sich an ethischen Prinzipien, ist demnach „ethisch“ oder ist es nicht. Eine Art „Bauchladen“ spezifischer Ethiken, woraus man allenfalls beliebig seine jeweiligen Verhaltensweisen wählen mag, schiene denn nachgerade problematisch, um nicht zu sagen abwegig.[4]

So etwa auch beansprucht das Verständnis von Ethik bzw. ethisch fundiertem Handeln in erwähnter „Summa“ eines Thomas v. Aquin, in deren vor allem sozioökonomisch relevanten Aspekten, einen ihm wesensgemäß zukommenden überhöhenden Gültigkeitsanspruch, der jedwede spezifisch ein- oder abzugrenzende Differenzierung in einem „fachorientierten“ Sinne weder erforderte noch zuließe.

In weiterführender Betrachtung uns sodann dem im wesentlichen abendländisch geprägten Anblick der Ökonomie in Form des klassisch fundierten „mainstream“ der Disziplin zuwendend, sei im gegebenen thematischen Zusammenhang auf die berühmten vier Postulate einer „reinen Ökonomie“ verwiesen, als solche formuliert von Nassau W. Senior[5] einige Jahrzehnte nach Adam Smiths „Wealth of Nations“, nämlich:

Beziehungen von Mensch zu Mensch rechtens sind.“ Jeweils zit. nach *H. Flashar/O. Issing/S. T. Lowry/B. Schefold Aristoteles* und seine „Politik“. Vademecum zu einem Klassiker des antiken Wirtschaftsdenkens, Handelsblatt-Bibliothek, Düsseldorf 1992, S. 16 bzw. 97.

[3] „Summa“, insbesondere deren „pars secunda secundae“ als im wesentlichen Thomas v. Aquins „Ethik“ in Form einer allgemeinen „Tugendlehre“: Demnach ist es, in Anlehnung an Aristoteles, „bei jedem Ding die Tugend, die den, der sie hat, gut macht, und gut macht sein Wirken. Überall also, wo irgend eine Handlung des Menschen ... gut ist, muß sie notwendig einer Tugend ... entspringen“. Zit. Nach *P. Koslowski*, Ethische Ökonomie und theologische Deutung der Gesamtwirklichkeit in der „Summa Theologiae“ des Thomas von Aquin, in *P. Koslowski/N. Lobkowicz/H. C. Recktenwald/E. E. Synan/A. F. Utz*, Ökonomie, Politik und Ethik in Thomas von Aquins „Summa theologiae“. Vademecum zu einem Klassiker der Wirtschaftsethik, Handelsblatt-Bibliothek, Düsseldorf 1991, S. 43 f.; vgl. auch *A. F. Utz*, Die Ethik des Thomas von Aquin, ebd., S. 23–32.

[4] Vgl. in philosophisch grundlegender Sicht dazu *E. Heintel*, „Ontologische und transzendentale Begründung von Ethik“, sowie *ders.*, „Theorie und Praxis – ethische Voraussetzungen“; beide in *E. Heintel*, Gesammelte Abhandlungen, Bd. 5: Zur praktischen Vernunft I. Zum Begriff der Freiheit, des Handelns und der Ethik, Stuttgart/Bad Cannstatt 1996, S. 260–286 bzw. 318–330.

[5] Einschlägig von *N. W. Senior* hierzu: „An Introductory Lecture on Political Economy“ (1827), weiters „An Outline of the Science of Political Economy“ (1836), sowie insbesondere „Four Inctroductory Lectures on Political Economy“ (1852); alle in Selected Writings, Kelley Reprint, New York 1965.

- erstens auf das „Eigennutzprinzip" als Ausdruck „natürlichen" menschlichen Verhaltens im Sinne eines gewissermaßen anthropologisch zugrundeliegenden und somit wirtschaftswissenschaftlich eigentlich nicht weiter zu hinterfragenden „ordre naturel" wirtschaftlich rationalen Handels (implizierend so zugleich dessen Maximierungspostulate nach dem sogenannten „Wirtschaftlichkeitsprinzip");
- zweitens auf das „Knappheitsprinzip" mit einem darin wiederum sich manifestierenden rationalen Abwägen in der Allokation von (u.a. aufgrund wachsender Bevölkerung sowie damit einhergehend zunehmender Bedürfnisse) stets „knappen" Mitteln oder Ressourcen für zu verwirklichende Ziele;
- drittens auf das „Arbeitsteilungsprinzip" als klassisches Rationalitäts-kriterium schlechthin, mit einem letztlich durch und durch funktional gefaßten – und damit seines humanen Bezuges entäußerten – Begriff von „Arbeit";
- viertens schließlich, und eher ergänzend, auf das „Ertragsprinzip", mit – bei gleichbleibender Technologie – tendenziell fallenden Erträgen.

Hierin manifestiert sich der durchgängig rationalistisch säkularisierende Gehalt der Ökonomie im „klassischen" Kleide als – vergleichsweise mit anderen Wissenschaften – späte Frucht der Aufklärung einer von ihrem geistigen Erbe her dem abendländisch individualistischen Naturrecht verhafteten „Sozialwissenschaft".[6]

Dessen gesellschaftswissenschaftliche wie -politische Relevanz findet sich „moralphilosophisch" artikuliert bzw. ausformuliert bereits in Francis Hutchesons nachgerade symptomatisch betitelter Betrachtung über eine moralisch-ethisch zu begründende Unterscheidung zwischen Gut und Böse in spezifisch gesellschaftlicher Relevanz (zwischen „Moral Good and Evil")[7]; einer Betrachtung darüber also, was aus gesellschaftlicher Sicht, in den Beziehungen bzw. im Zusammenleben der Menschen eben als „moralisch" gut oder böse anzusehen sei. Damit wurde er – als, mit David Hume, unmittelbarer Lehrer von Adam Smith – nicht zuletzt für dessen nachfolgende Hauptwerke von der the-

---

[6] Vgl. aus gesellschafts- bzw. dogmenkritischer Sicht u.a. dazu: *O. Spann*, Wirtschaft und Gesellschaft. Eine dogmenkritische Untersuchung (1907), in 2. Aufl. Gesamtausgabe, Bd. 1, Graz 1974, S. 1–270, sowie *ders.*, Die Haupttheorien der Volkswirtschaftslehre auf lehrgeschichtlicher Grundlage (1911), in 27./28. Aufl. Gesamtausgabe, Bd. 2, Graz 1967/1969; ferner auch *W. Heinrich*, Wirtschaft und Persönlichkeit. Die Führungsaufgaben des Unternehmers und seiner Mitarbeiter in der freien Welt, Reihe Wort und Anwort, Bd. 16, Salzburg 1957.

[7] Vgl. thematisch einschlägig: Inquiry into the Original of our Ideas of Beauty and Virtue, London 1725, sowie Essay on the Nature and Conduct of the Passions, with Illustrations upon the Moral Sense, London and Dublin 1728; weiters insbesondere, A System of Moral Philosophy in Three Books. Published from the original manuscript by his son F. Hutcheson, Glasgow 1755.

matisch besonders einschlägigen „Theory of Moral Sentiments" (1759)[8] bis hin zu seinem disziplin-begründenden „Wealth of Nations" (1776)[9] schlechthin prägend und richtungweisend.

Ähnlich wie schon zuvor ein Bernard de Mandeville in seiner berühmt-berüchtigten wie zugleich aufklärerisch sarkastischen „Fable of the Bees" (zu Anfang des 18. Jahrhunderts),[10] geht es Hutcheson hierin um eine rationale Erklärung dessen, was gesellschaftlich förderlich (also „gut") oder eben nicht förderlich (demnach „böse") sei, und zwar:

- daß es einer natürlichen Ordnung (im Sinne eines liberalistisch aufklärerisch verstandenen „ordre naturel") entspreche, eigennutzbestimmtes Verhalten des einzelnen möglichst frei sich entfalten zu lassen, auf daß es so zum „größtmöglichen Glück", zur optimalen Befriedigung – im Sinne gesellschaftlicher Wohlfahrt – aller führen bzw. beitragen könne;
- daß solches Verhalten, das dem „Glück", sprich einer – vornehmlich güterhaufenmäßig materiell definierten – Wohlfahrt aller förderlich, demnach zuletzt auch moralisch-ethisch besehen als „gut", somit als ethisch-sittlich positiv und folglich gesellschaftlich konform zu legitimieren sei;

---

[8] Dt. „Theorie der moralischen Gefühle"; mit einigen markanten Stellen aus dem Original zur Illustration einer darin vertretenen säkularisierend individualistischen Sichtweise: „... man is, no doubt, by nature, first and principally recommanded to his own care". „How selfish soever man may be supposed, there are evidently some principles in his nature, which interest him in the fortune of others ... though he derives nothing from it ..."; zit. nach *H. C. Recktenwald*, Über *Adam Smiths* „The Theory of Moral Sentiments". Leseführer als Vademecum zu einem Klassiker der Weltliteratur, Handelsblatt-Bibliothek, Düsseldorf 1986, S. 12.

[9] Voller Titel im Original: „An Inquiry into the Nature and Causes of the Wealth of Nations".

[10] Titel der Originalausgabe „The Grumbling Hive, or Knaves Turned Honest", London 1705; in erweiterter Fassung (1714) neu betitelt: „The Fable of the Bees: or, Private Vices, Public Benefits." Ein – wie *F. A. von Hayek* dazu bemerkt – „succès de scandale"; „ein Autor, den man vielleicht heimlich lesen konnte, um ein Paradoxon zu genießen ... aber ... an dessen Ideengut man sich nicht infizieren durfte. Dennoch las ihn nahezu jedermann ...". Ähnlich betont *H. C. Recktenwald*, dabei die geistige Vordenkerleistung Mandevilles und Verwandtschaft insbesondere zu Adam Smith herausstreichend, daß die „Bienenfabel" zu ihrer Zeit nachweislich nicht nur „viel beachtet" wurde (so u.a. von Hume, Smith, Herder, Kant, Diderot, Rousseau), sondern bis „in unsere Epoche ... den Diskurs über Ethik und Ökonomie" beeinflußte, um „alte und neue Einsichten miteinander zu verknüpfen ... und die natürliche Ordnung und Entwicklung im menschlichen Zusammenleben ... zu erklären". Zit. nach *F. A. von Hayek/M. Perlman/F. B. Kaye*, „Bernard de Mandevilles Leben und Werk", Vademecum zu einem Klassiker der Ökonomie und Ethik. Mit einem kritischen Editorial: *H. C. Recktenwald*, „Mandevilles Politische Ökonomie und Ethik. Licht und Schatten im Denken eines anregenden Pioniers", Handelsblatt-Bibliothek, Düsseldorf 1990, S. 16 (Recktenwald), S. 31 ff., im bes. 36 (v. Hayek).

– daß es so schließlich denn auch möglich, zwischen „gut“ und „böse“ rein vernunftbestimmt zu unterscheiden; durchaus also – wenn man will – ohne Gott, ohne Verankerung ethischer Normen und daran sich orientierender Werthaltungen einer das menschliche Handeln als solches überhöhenden Bindung im Sinne etwa religiös fundierter „Rückverbundenheit“. [11]

Wirtschaftlich konkret und unmittelbarer, zugleich jedoch mit durchaus moralphilosophisch gesellschaftlichem Bezug, formuliert in pointierter Weise ähnlichen Sinnes sodann Adam Smith in seinem schon genannten Hauptwerk, daß es eben nicht ankomme auf eine bewußt gemeinwohl-orientierte „benevolence of the butcher, the brewer, or the baker, that we expect our dinner“, sondern allein auf „their regard to their own interest“;[12] deren Handeln einzig und allein also beruhe auf ihrem – wirtschaftlich wie letztlich gesellschaftlich legitimierbaren – Selbstinteresse, ihrem in einem radikal individualistischen Sinne durch und durch eigennutzbestimmten Vorteil. Der allregulierende („freie“) Markt selbst, als systemkonforme Institution und als Instrument bzw. Mittler individueller Interessen, wird so gesehen auch zur instrumentalisierten „moralischen“ Instanz mit arteigener Legitimation.

Das „Ethische“ bekommt hiemit einen entschieden anderen, einen sozusagen „profanierten“ Stellenwert; profund anders jedenfalls als nachzuvollziehen etwa bei einem Thomas von Aquin, einem Aristoteles oder anderen Vertretern der geistesgeschichtlich idealistischen Tradition europäisch-abendländischen Zuschnitts.

Hierin auch lag und liegt (neben den disziplinbegründenden Inhalten und Hypothesen i.e.S.) das letztlich so epochemachende wie unleugbar geschichtsmächtig gewordene „Neue“ unter dem Banner individualistisch geprägter Entgemeinschaftung und damit einhergehender Entsolidarisierung, mit einem gewissermaßen sich selbst rechtfertigenden Anspruch eines moralphilosophisch und damit zugleich gesellschaftlich legitimierten Wohlverhaltens zum „Nutzen“ aller.

Diesem so profund klassischen Erbe einer „Moralphilosophie“ mit daraus folgernden Prinzipien menschlicher Werthaltung bzw. Verhaltensweisen hatte sodann die „Neoklassik“ in ihrer noch pointierter utilitaristischen und individualistisch verdichteten einzelwirtschaftlichen Sicht wenig, wenn überhaupt

---

[11] Vgl. in kategorialer Fundierung hiezu *O. Spann*, Kategorienlehre (1924), in 3. Aufl. Gesamtausgabe, Bd. 9, Graz 1969 (zu den „Weisen der Rückverbundenheit“ im bes. S. 213 ff.), sowie *ders.*, Religionsphilosophie auf geschichtlicher Grundlage (1947), in 2. Aufl. Gesamtausgabe, Bd. 16, Graz 1970; ferner auch E. H. Prat (Hrsg.), Ökonomie, Ethik und Menschenbild, Wien 1993.

[12] „Wealth of Nations“, op. cit., I, ii; zit. nach The Glasgow Edition of the Works and Correspondence of Adam Smith, II/Vol. I, ed. by R. H. Campbell/A. S. Skinner, Liberty Classics reprint, Indianapolis 1981, S. 26 f.

etwas, hinzuzufügen oder gar entgegenzusetzen. Der sozusagen allwissend regulierende „Auktionator“ als Garant vollkommener Märkte eines Leon Walras – ähnlich wie schon bei Nassau Senior Ausdruck des Funktionierens einer marktwirtschaftlich fundierten „reinen politischen Ökonomie“[13] – kennt in seinem Perfektionismus weder, noch braucht er, ethisch relevante Grundsätze für so definiertes wirtschaftliches Handeln; er wird sich in diesem seinen Perfektionismus auch ethisch betrachtet sozusagen selbst gerecht, ohne jedwedes metaökonomische Beiwerk oder von anderswo her – etwa religiös – zu begründende Rangbestimmtheiten.

Konsequent fügt in eben dieses Spektrum sich – nicht zuletzt auch im ethischen Hinblick – die klassisch so arteigene, funktional abstrahierende Sicht von „Arbeit“ als immerhin essentielles Element menschlicher Lebensäußerung und damit jedweden „Kulturbereiches“ i.w.S.

In keinem anderen Kulturkreis als dem christlich-abendländischen – etwa mit A. Toynbee gesprochen[14] – hat denn auch der Begriff „Arbeit“ eine ähnlich geartete „Ethisierung“ erfahren.[15] Stand im dahingehend früh-christlich formulierten Anspruch (Konzil von Nicaea, 325 n.) immer noch das „ora“ rangbestimmend vor dem „labora“ und wäre demnach auch nicht beliebig umkehrbar, verliert sich solche Rangbestimmtheit in der Folge mit zunehmend individualistisch säkularisierender Tendenz der Aufklärung mehr und mehr, bis hin eben zur schon angesprochenen abstrakt funktionalen, ihres humanen Bezugs damit entkleideten und so letztlich entsolidarisierenden Redefinition von Arbeit als nutzbarem „Faktor“ in ökonomisch klassischer Sichtweise.

Nicht von ungefähr hat denn ein Karl Marx seine Kritik auf eben diese „wunde Stelle“ klassischer Argumentation gerichtet.[16] Er war es auch, der jener

---

[13] Vgl. im besonderen *L. Walras*, Eléments d'economie pure; ou theorie de la richesse sociale, 2 Bde., Lausanne/Paris/Basel 1874–77, sowie *ders.*, Theorie mathematique de la richesse sociale: quatre memoires, Paris 1877; annotierte englische Übersetzung von W. Jaffé, Elements of Pure Economics, Homewood, Ill./London 1954.

[14] Vgl. *A. J. Toynbee*: A Study of History, 10 Bde., London 1934–54; dt. Der Gang der Weltgeschichte. Aufstieg und Verfall der Kulturen, gekürzte Fassung (1950), 4. Aufl., Stuttgart 1954, worin er im Verlauf der Geschichte der Menschheit insgesamt 21 markante und geschichtsmächtig sich behauptende Kulturkreise zu unterscheiden bzw. abzugrenzen versucht; wie auch *ders.*, The World and the West, London 1953 (dt. Die Welt und der Westen, Stuttgart 1953).

[15] Hiezu insbesondere *M. Weber*, Die protestantische Ethik und der Geist des Kapitalismus, Archiv für Sozialwissenschaft und Sozialpolitik, Bd. 20 (1905), sowie *ders.*, Gesammelte Aufsätze zur Religionssoziologie, 3 Bde., Tübingen 1920–21; ferner *A. Müller-Armack*, Religion und Wirtschaft. Geistesgeschichtliche Hintergründe unserer europäischen Lebensform, Stuttgart 1959; *W. Heinrich*, Wirtschaft und Persönlichkeit, op. cit.; weiters auch *L. Ziegler*, Zwischen Mensch und Wirtschaft, Darmstadt 1927.

[16] Vgl. im Zusammenhang dazu: Zur Kritik der Politischen Ökonomie, Berlin 1858; sowie vor allem, Das Kapital. Kritik der Politischen Ökonomie; insbes. 1. Buch, Der Produktionsprozeß des Kapitals, Hamburg 1867.

klassisch funktionalen „Entfremdung" des Arbeitsbegriffes auf seine Weise kategorisch und kritisch zugleich entgegenhielt, daß „Arbeit" für den Menschen nicht bloß „existenzerhaltend", sondern in einem ganz fundamentalen Sinne „existenzbegründend" sei; mit dem Wesen des Menschen also untrennbar verknüpft und von seiner Existenz, vom Humanum somit nicht einfach losgelöst, nicht beliebig „entäußert" werden könne. Auf eben dieses schlechthin existentielle Moment im Begriff „Arbeit" wies aus christlich und damit religiös überhöhender Sicht nachdrücklich wiederum auch Papst Johannes Paul II. in seiner Enzyklika „Laborem exercens" (1981), worin – mit spezifisch menschlichem Bezug – von der unveräußerlichen Würde der Arbeit die Rede als lebendiger Ausdruck fortwährender Mitwirkung an der Verwirklichung des Schöpfungsaktes selbst, wozu wir bestimmt und aufgerufen.

In enggeführter und rigider Argumentation „klassischer" Sichtweise öffnet demnach sich ein Defizit, mit dem seither die Ökonomie im tradierten Verständnis ihres „mainstream" nicht eigentlich zu Rande zu kommen scheint: mit einem Arbeitsbegriff, in dem etwas nicht beliebig Veräußerbares, etwas an den Menschen selbst Gebundenes wegdiskutiert, ja radikal entäußert („entfremdet") wurde; reduziert zu einem verfügbaren Gut, zu einer unter Gesetzen von Angebot und Nachfrage vermarktbaren und als solcher handelbaren „Ware" wie jede andere auch.

Aber nicht Marx nur hat auf seine Weise den Finger subtil auf diese – wie z.T. schmerzhaft auch aktuell sich zeigt – nach wie vor schwärende („kapitalistische") Wunde gelegt. Die Fortentwicklung des marktwirtschaftlich geprägten Denkmusters selbst zeugt anhand der Lehrgeschichte eindrücklich davon, wie man sich seit der Klassik immer wieder damit befaßt, ja offensichtlich befassen muß, die Rigiditäten ihrer eigenen Postulate mit der Realität gesellschaftlicher Erfordernisse – im ureigensten Sinne von „politischer Ökonomie" – in Einklang zu bringen, oder anders gesprochen: die „Marktwirtschaft" als solche, mit ihren impliziten Härten, Abgleitflächen und Unvollkommenheiten durch wie auch immer geartete „Abschirmmechanismen" menschlich sozial aushaltbar bzw. verkraftbar zu machen.

Daher nicht zuletzt das gewissermaßen systemkorrigierende Anliegen einer „Sozialen Marktwirtschaft";[17] daher – neben den Doktrinen diverser „Sozialis-

[17] Mit den diesbezüglich grundsätzlichen Arbeiten bzw. Ansätzen eines „Ordoliberalismus" und der sog. „Freiburger Schule"; hierzu insbes.: Ordo. Jahrbuch für die Ordnung von Wirtschaft und Gesellschaft, Düsseldorf (ab 1948), sowie „Magna Charta der Sozialen Marktwirtschaft". Wortlaut der Vorträge auf dem Bundestag des Freiwirtschaftsbundes (Nov. 1951), Heidelberg 1952; weiters *W. Eucken*, Grundsätze der Wirtschaftspolitik, Bern/Tübingen 1952; *W. Dürr*, Wesen und Ziele des Ordoliberalismus, Winterthur 1954; *W. Röpke*, Maß und Mitte, Erlenbach/Zürich 1950, sowie *ders.*, Ein Jahrzehnt Soziale Marktwirtschaft in Deutschland und seine Lehren. Aktionsprogramm der Aktionsgemeinschaft Soziale Marktwirtschaft, Köln 1958; ferner *A. Müller-Armack*,

men" – die frühe Forderung etwa der „Historischen Schulen" nach einer unter marktwirtschaftlichen Systembedingungen bewußt zu gestaltenden Sozialpolitik;[18] daher, und keineswegs von ungefähr, die gleichermaßen als vermittelnd anzusehenden Ansätze einer „christlichen" (im besonderen katholischen) Soziallehre in ihrem Bemühen, zuvorderst wiederum den Menschen mit der Unveräußerbarkeit und nicht beliebig zu funktionalisierenden „Verfügbarkeit" seiner Würde, der Würde damit auch seiner Arbeit als Teilhabe letztendlich an der Schöpfertat Gottes, ganz bewußt in den Mittelpunkt zu rücken.[19]

Grundprinzipien der Sozialen Marktwirtschaft, Münster 1950, sowie *ders.*, Stil und Ordnung der Sozialen Marktwirtschaft. Institut für Wirtschaftspolitik, Untersuchungen 4, Universität Köln (1954); B. Molitor, Art. „Soziale Marktwirtschaft", in Hamburger Jahrbuch für Wirtschafts- und Gesellschaftspolitik, Bd. 3 (1958); *H.-J. Seraphim*, Kritische Bemerkungen zur Begriffs- und Wesensbestimmung der Sozialen Marktwirtschaft, in Wirtschaftsfragen der freien Welt. Festschrift für Ludwig Erhard, Frankfurt/Main 1957; einschlägig auch *A. Rüstow/W. Frickhöffer*, Das christliche Gewissen und die neoliberale Marktwirtschaft, in Junge Wirtschaft 8/Nr. 2 (1960); *F. Romig*, Wirtschaft der Mitte. Eine Einführung in die „Wirtschaftspolitik" von *Walter Heinrich*, Stifterbibliothek, Bd. 72, hrsg. v. F. Wagner, Salzburg 1955; *W. Weddigen*, Grundzüge der Sozialpolitik und Wohlfahrtspflege, Stuttgart 1957; schließlich aus Sicht aktueller gesellschaftspolitischer Herausforderungen *A. Klose*, Sinnfindung in sozialer Verantwortung, Klagenfurt 1998.

[18] In Form der „älteren" (mit ihrem Hauptvertreter W. Roscher) und sodann insbesondere der „jüngeren" Schule (mit G. Schmoller u.a.), welche ihre Kritik vor allem an den Rigiditäten und Engführungen klassischer Argumentation ansetzten als der geschichtlich bedingten und gewachsenen Vielfalt sozio-ökonomischer Phänomene nicht hinreichend Rechnung tragend; so in den frühen Ansätzen: *G. Schmoller* (Begründer u.a. des bis heute fortwirkenden „Vereins für Socialpolitik" als führende wirtschaftswissenschaftliche Vereinigung des deutschen Sprachraumes), Über einige Grundfragen der Sozialpolitik und der Volkswirtschaftslehre, Leipzig 1898; weiters *R. v. d. Borght*, Grundzüge der Sozialpolitik, Hand- und Lehrbücher der Staatswissenschaft, Bd. 15, Leipzig 1904; *O. v. Zwiedineck-Südenhorst*, Sozialpolitik, Leipzig/Berlin 1911; *W. Voss*, Sozialpolitik als Wissenschaft, Jena 1925; *F. A. Westphalen*, Die theoretischen Grundlagen der Sozialpolitik, Deutsche Beiträge zur Wirtschafts- und Gesellschaftslehre, Bd. 9, hgg. v. O. Spann und G. v. Below, Jena 1931; ferner auch *W. Heinrich*, Die Soziale Frage. Ihre Entstehung in der individualistischen und ihre Lösung in der ständischen Ordnung, Jena 1934, sowie *ders.*, Das Ständewesen mit besonderer Berücksichtigung der Selbstverwaltung der Wirtschaft (1932), 2. Aufl., Jena 1934.

[19] Dazu wird im folgenden auf das unmittelbar relevante Schrifttum eingehender zu verweisen sein; im hier gegebenen Zusammenhang seien aus einschlägig aktualisierender Sicht lediglich erwähnt: G. Henckel Donnersmarck, Markt und Globalisierung in der katholischen Soziallehre, in Conturen. Das Magazin zur Zeit, vip 14, IV/98, S. 18–27; der Autor fügt hierin den „klassischen" Grundpfeilern der Katholischen Soziallehre (Personalprinzip, Solidarität, Subsidiarität) als zusätzliche Prinzipien noch das „Gemeinwohl" sowie – mit Blick insbesondere auf die Entwicklungsländer – „Option für die Armen" hinzu; vgl. weiters auch *A. Klose*, Christliche Soziallehre. Eine ökumenische Herausforderung, Graz/Esztergom/Paris/New York 1993, sowie *ders.*, Kleine Katholische Soziallehre, Klagenfurt 1992; neuerdings auch *A. Langer*, Katholische und evangelische Sozialethik im 19. und 20. Jahrhundert. Beiträge zur ideengeschichtlichen Entwicklung im Spannungsfeld von Konfession, Politik und Ökumene, Paderborn 1998.

Ansätze somit, welche – trotz nach wie vor nachhaltig klassisch geprägter Inhalte der Ökonomie – zumindest in Teilbereichen den Blick, über abstrakt formalisierende „Sozialtechniken" hinweg, verstärkt wiederum auf eine vor allem dem Maße des Menschen gerecht werdende „Sozialethik" zu richten trachten; verweisend so auch auf die Notwendigkeit eines bewußt zu gestaltenden Wandels hin zu einem insgesamt menschlicheren Antlitz wirtschaftlicher Realitäten, Werthaltungen und Verhaltensweisen unter entsprechender Neu- bzw. Wiederbesinnung auf die auch ethische Dimension und deren Wahrung im Bereich sozio-ökonomischen Handelns generell.

Anhand der systemprägenden Grundpfeiler und Postulate insbesondere der „Katholischen Soziallehre", gerichtet auf Personalität und damit auf die individuell geprägte unverlierbare Würde des Menschen, weiters auf Solidarität und Subsidiarität, wird denn auch versucht, eben solchem Anspruch einer dem Maße des Menschen entsprechungsgerechten Gestaltung sozialen Zusammenlebens in spezifischer Weise Rechnung zu tragen.

Literatur

Borght, R. v. d. (1904): Grundzüge der Sozialpolitik, Hand- und Lehrbücher der Staatswissenschaft, Bd. 15, Leipzig.

Dürr, W. (1954): Wesen und Ziele des Ordoliberalismus, Winterthur.

Enderle, G./*Homann*, K./*Honecker*, M./*Kerber*, W./*Steinmann*, H. (Hrsg.) (1993): Lexikon der Wirtschaftsethik, Freiburg/Basel/Wien.

Eucken, W. (1952): Grundsätze der Wirtschaftspolitik, Bern/Tübingen.

Heinrich W. (1957): Wirtschaft und Persönlichkeit. Die Führungsaufgaben des Unternehmers und seiner Mitarbeiter in der freien Welt, Reihe Wort und Anwort, Bd. 16, Salzburg.

– (1934): Die Soziale Frage. Ihre Entstehung in der individualistischen und ihre Lösung in der ständischen Ordnung, Jena.

– (1932): Das Ständewesen mit besonderer Berücksichtigung der Selbstverwaltung der Wirtschaft, 2. Aufl., Jena 1934.

Heintel, E. (1996): Gesammelte Abhandlungen, Bd. 5: Zur praktischen Vernunft I. Zum Begriff der Freiheit, des Handelns und der Ethik, Stuttgart/Bad Cannstatt.

Hutcheson, Francis (1725): Inquiry into the Original of our Ideas of Beauty and Virtue, London.

– (1728): Essay on the Nature and Conduct of the Passions, with Illustrations upon the Moral Sense, London and Dublin.

– (1755): A System of Moral Philosophy in Three Books. Glasgow.

Klose, A. (1998): Sinnfindung in sozialer Verantwortung, Klagenfurt.

– (1993): Christliche Soziallehre. Eine ökumenische Herausforderung, Graz/Esztergom/Paris/New York.

– (1992): Kleine Katholische Soziallehre, Klagenfurt.

Koslowski, P. (1991): Ethik des Kapitalismus, 4. Aufl., Tübingen.

– (1988): Prinzipien der Ethischen Ökonomie. Grundlegung der Wirtschaftsethik und der auf die Ökonomie bezogenen Ethik, Tübingen.

Langer, A. (1998): Katholische und evangelische Sozialethik im 19. und 20. Jahrhundert. Beiträge zur ideengeschichtlichen Entwicklung im Spannungsfeld von Konfession, Politik und Ökumene, Paderborn.

Messner, J. (1955): Ethik. Kompendium der Gesamtethik, Innsbruck/Wien/München.

Molitor, B. (1958): Art. „Soziale Marktwirtschaft", in Hamburger Jahrbuch für Wirtschafts- oder Gesellschaftspolitik, Bd. 3.

Müller-Armack, A. (1959): Religion und Wirtschaft. Geistesgeschichtliche Hintergründe unserer europäischen Lebensform, Stuttgart.

– (1950): Grundprinzipien der Sozialen Marktwirtschaft, Münster.

– (1954): Stil und Ordnung der Sozialen Marktwirtschaft. Institut für Wirtschaftspolitik, Untersuchungen 4, Universität Köln.

Nell-Breuning, O. v., S. J. (1963): Art. „Wirtschaftsethik", in Staatslexikon. Recht, Wirtschaft, Gesellschaft, 6. Aufl., Bd. 8, Freiburg.

Prat, E. H. (Hrsg.), (1993): Ökonomie, Ethik und Menschenbild, Wien.

Romig, F. (1955): Wirtschaft der Mitte. Eine Einführung in die „Wirtschaftspolitik" von Walter Heinrich, Salzburg.

Röpke, W. (1950): Maß und Mitte, Erlenbach/Zürich.

– (1958): Ein Jahrzehnt Soziale Marktwirtschaft in Deutschland und seine Lehren. Aktionsprogramm der Aktionsgemeinschaft Soziale Marktwirtschaft, Köln.

Rüstow, A./Frickhöffer, W. (1960): Das christliche Gewissen und die neoliberale Marktwirtschaft, in: Junge Wirtschaft 8/Nr. 2.

Schilling, O. (1933): Katholische Wirtschaftsethik. Nach den Richtlinien der Enzyklika Quadragesimo Anno des Papstes Pius IX., München.

Schmoller, G. (1898): Über einige Grundfragen der Sozialpolitik und der Volkswirtschaftslehre, Leipzig.

Senior, N. W. (1965): „An Introductory Lecture on Political Economy" (1827), „An Outline of the Science of Political Economy" (1836), „Four Inctroductory Lectures on Political Economy" (1852); in: Selected Writings, Kelley Reprint, New York.

Seraphim, H.-J. (1957): Kritische Bemerkungen zur Begriffs- und Wesensbestimmung der Sozialen Marktwirtschaft, in Wirtschaftsfragen der freien Welt. Festschrift für Ludwig Erhard, Frankfurt/Main.

Spann, O. (1907): Wirtschaft und Gesellschaft. Eine dogmenkritische Untersuchung, 2. Aufl. Gesamtausgabe, Bd. 1, Graz 1974.

– (1911): Die Haupttheorien der Volkswirtschaftslehre auf lehrgeschichtlicher Grundlage, 27./28. Aufl. Gesamtausgabe, Bd. 2, Graz 1967/1969.

– (1924): Kategorienlehre, in 3. Aufl. Gesamtausgabe, Bd. 9, Graz 1969.

– (1947): Religionsphilosophie auf geschichtlicher Grundlage, 2. Aufl. Gesamtausgabe, Bd. 16, Graz 1970.

Toynbee, A.J. (1934–54): A Study of History, 10 Bde., London; dt. Der Gang der Weltgeschichte. Aufstieg und Verfall der Kulturen, Stuttgart.

– (1953): The World and the West, London; dt. Die Welt und der Westen, Stuttgart.

Voss, W. (1925): Sozialpolitik als Wissenschaft, Jena.

Walras, L. (1874–77): Eléments d'economie pure; ou theorie de la richesse sociale, 2 Bde., Lausanne/Paris/Basel.

– (1877): Theorie mathematique de la richesse sociale: quatre memoires, Paris. annotierte englische Übersetzung von W. Jaffé, Elements of Pure Economics, Homewood, Ill./London 1954.

Weber, M. (1905): Die protestantische Ethik und der Geist des Kapitalismus, Archiv für Sozialwissenschaft und Sozialpolitik, Bd. 20.

– (1920/21): Gesammelte Aufsätze zur Religionssoziologie, 3 Bde., Tübingen.

Weddigen, W. (1951): Wirtschaftsethik. System humanitärer Wirtschaftsmoral, Berlin.

– (1957): Grundzüge der Sozialpolitik und Wohlfahrtspflege, Stuttgart.

Westphalen, F.A. (1931): Die theoretischen Grundlagen der Sozialpolitik, Deutsche Beiträge zur Wirtschafts- und Gesellschaftslehre, Bd. 9, hrsg. v. O. Spann und G. v. Below, Jena.

Ziegler, L. (1927): Zwischen Mensch und Wirtschaft, Darmstadt.

Zwiedineck-Südenhorst, O. v. (1911): Sozialpolitik, Leipzig/Berlin.

Wirtschaftsethik und Soziallehre der Kirche

Die Unternehmer und die soziale (Arbeiter-)Frage

Johannes Michael Schnarrer

1. Hinführung

Wie vieles in der Nachmoderne so hat sich auch das Bild des Unternehmers in unserer Epoche grundlegend gewandelt. Wurde früher das Unternehmertum streng hierarchisch gesehen und bestimmt, ist heute nicht selten von schlankeren Strukturen und vor allem Mitbestimmung bei gewichtigen Entscheidungen in einem Unternehmen die Rede.[1]

Die Bestimmung des Unternehmers kann nur in Verbindung mit der Unternehmung selbst geschehen, wobei eine engere von einer weiteren Auslegung zu trennen ist. Im weiteren Sinne ist es die Aufgabe des Unternehmers, das Unternehmen zu führen, im engeren Sinne hingegen das Treffen und Verantworten grundlegender Entscheidungen (Entscheidungsethik![2]) für die Realisierung der Aufgaben des Unternehmens.

In der nachmodernen Dienstleistungs- und Informationsgesellschaft übt der Unternehmer vorrangig drei Funktionen aus, die es hier kurz zu erwähnen gilt. Priorität bei der Beleuchtung des Unternehmers hat die Sachwirklichkeit, daß er Leiter einer Unternehmung ist – vom Standpunkt des ökonomisch-technischen Bereichs her. In dieser Aufgabenstellung hat er die betrieblichen Elementarfaktoren zu kombinieren. Dabei ist weder die Kapitalhergabe noch das Kapitalrisiko (wie dies noch im klassisch-kapitalistischen Unternehmerbegriff der Fall ist) ebenso nicht die Durchsetzung neuer Kombinationen maßgebend, ob eine Person Unternehmer ist oder nicht. Denn die genannten Konditionen sind mögliche, jedoch nicht notwendige Partikularfunktionen. Der Unternehmer kann in

---

[1] *Johannes Messner:* Die soziale Frage. 6. Aufl. Innsbruck/Wien/München 1956, 501–505.

[2] Vgl. die Ausführungen des früheren Wiener Philosophen *Leo Gabriel:* Mensch und Welt in der Entscheidung. Wien 1961.

diesem Sinne nur vom Gesamtbetrieb her in seiner Vorrangigkeit definiert werden, denn er stellt die Spitze der Unternehmung dar.[3]

In einem zweiten Blick auf seine Funktionen ist er der Führer einer sozialen Gruppe und hat für das organisatorisch-psychologische Gleichgewicht in seinem Betrieb zu sorgen und wenn nötig, entsprechende Maßnahmen zu treffen, um diesen ausgeglichenen Zustand wieder herzustellen. Insbesondere hat er die Spannungen, die sich aus dem natürlichen Gegensatz von Unternehmer und Arbeiter ergeben, soziologisch gesprochen von oben und unten (Anlaß zu „Klassenkampf“ in der alt-kapitalistischen Ordnung), zu neutralisieren. Da die Handlungen und Entscheidungen des Unternehmers auch durch die Zugehörigkeit zu einer bestimmten sozialen Schicht in der Gesellschaft beeinflußt sind, entwickelt sich eine Gruppendynamik mit Lobbies, die in der nachmodernen Gesellschaft in demokratischen Systemen ganz essentiell von der öffentlichen Meinungsbildung beeinflußt sind. In diesem Sinne stehen die Unternehmer unter der Kontrolle der öffentlichen Meinung und sind als Folge daraus gezwungen, ihre Einzelinteressen bis zu einem gewissen Grade unter das Sozialinteresse zu subsumieren.[4]

2. Das Unternehmerbild in der katholischen Soziallehre und seine historische Entwicklung

Die Soziallehre der katholischen Kirche[5] möchte zwei Aussagebereiche im speziellen decken: erstens das Lehramt der katholischen Kirche, und zweitens das Gebiet der katholischen Sozialwissenschaften. Um den Gegenstandsbereich der letzteren zu bestimmen, ist nochmals zu unterscheiden zwischen einer katholischen Sozialethik, welche auf der Basis der christlichen Sozialprinzipien die sozialen, wirtschaftlichen und gesellschaftlichen Ordnungsprobleme behandelt, und den wissenschaftlichen Arbeiten katholischer Akademiker in ihren je spezifischen Fachgebieten, wie z.B. der Rechtswissenschaft und der Sozialphilosophie, der Politikwissenschaft, der Finanzwissenschaft und Wirtschaftswissenschaften, der Soziologie.

Der Unternehmer als Verantwortungspersönlichkeit und Funktionär, der einen Betrieb leitet, kommt in der kirchlichen Soziallehre im eigentlichen Sinne nicht vor, denn sie kennt nur den Arbeitgeber, der als Partner im Arbeitsvertrag

---

[3] *Joseph Schumpeter:* Theorie der wirtschaftlichen Entwicklung. 5. Aufl. Berlin 1952 (1. Aufl. 1912).

[4] *Clemens August Andreae:* Art. „Unternehmer“. In: Alfred Klose (Hg.): Katholisches Soziallexikon. Innsbruck/Wien/München 1964, Spalte 1235.

[5] Andere christliche Religionen setzen in ihren Soziallehren z.T. unterschiedliche Akzente, hier soll also nur die Sicht der katholischen Kirche ins Wort gehoben werden.

aufscheint. In den meisten Dokumenten der kirchlichen Lehre wird vom Arbeitgeber gesprochen, und zwar dann im Zusammenhang mit Ermahnungen und Appellen an das Gewissen und Drängen auf Gerechtigkeit und Verbesserung der Arbeitsbedingungen, selbst noch in Zeiten, wo die Gewerkschaften schon als anerkannte und einflußreiche Arbeitnehmervertretungen fungieren (und als Lobbyisten wieder zum Problem der Machtkonzentration werden).

Der Unternehmer wird aber nicht nur von der kirchlichen Soziallehre spät entdeckt, von der Nationalökonomie selbst auch: vor Beginn des Ersten Welt kriegs (1912 z.B. Schumpeter), ebenso von der Geistes- und Wirtschaftsgeschichte in dieser Epoche.

a) Liberalismus und Marxismus kannten den Unternehmer auch nicht

Den Menschen überhaupt als Person[6] hatte die ökonomische Theorie des Manchesterliberalismus nicht mehr gesehen. Zunächst war für die noch junge Nationalökonomie nur das Verhältnis von Preisen, Löhnen, Renten, Profiten interessant. Nach Schumpeter ist der Unternehmer eine Art Wirtschaftspionier, der neue Qualitäten oder Produkte erzeugt und einführt, neue Produktions- und Arbeitsmethoden entwickelt, neue Industrieorganisationen schafft und neue Absatzmärkte erschließt. Damit wird der Unternehmer zum Erfinder, Entdecker, Eroberer und Organisator.[7] Zwischen einem statischen und einem dynamischen Unternehmerbild bestehen sehr viele Übergänge. Das mehr Statische verweist darauf, daß das Unternehmen ohne zu großes Risiko zielführend seiner Erhaltung dienend geleitet werden soll. Allerdings dürfte ein rein statischer Unternehmerbegriff in einer am Wettbewerb orientierten Marktwirtschaft wohl kaum der Realität entsprechen.

Auch in der Marxschen Doktrin von der kapitalistischen Produktionsweise fehlt noch der Unternehmerbegriff, wodurch nochmals auf die klassische Nationalökonomie bei Adam Smith zurückzugreifen ist. Smith kannte nur den Kapitalisten. Er ging von der Tatsache aus, daß es zu seiner Zeit der Gewerbe oder Handwerk treibende Einzelunternehmer war, der zunächst sein Kapital investierte, aber dann auch darauf den Anspruch erheben konnte, den Betrieb zu leiten. Damit war gleichzeitig das Bestreben verbunden, das eingesetzte Kapital zu erhalten und Reingewinn zu erzielen. David Ricardo war es, der den Termi-

---

[6] Art. „Person". In: Meyers großes Taschenlexikon. 2. Aufl. Mannheim 1987, Band 16, 358. Nach *Boethius* (6. Jahrhundert) ist die Person unteilbare Substanz des vernünftigen Wesens. Dies wurde in den Anfängen der Nationalökonomie für vernachlässigenswert gehalten.

[7] *Werner Sombart:* Der Bourgeois. Zur Geistesgeschichte des modernen Wirtschaftsmenschen. München 1913. Dort legt Sombart einen geistesgeschichtlichen Abriß ökonomischer Entwicklung von 1200 bis 1900 vor.

nus des Kapitalisten unter Hervorkehrung des Umstandes übernahm, daß dieser mit der Vorstreckung des Kapitals und damit das für den von ihm beschäftigten Arbeitnehmer Existenznotwendige für die Produktionsperiode ebenso die Erwartung verband und bis heute verbindet, daß die Arbeit mit diesem Kapitaleinsatz gleichzeitig auch einen Wertzuwachs in sein Eigentum einbringen kann (wohlverstandenes Eigeninteresse). Allerdings übernahm Karl Marx den Terminus des Kapitalisten von Smith und Ricardo. Marx baut darauf seine Theorie von der kapitalistischen Produktionsweise auf und bestimmt diese als einen Prozeß der Ausbeutung des Arbeitnehmers auf dem Wege zur Mehrwertaneignung durch den Kapitalisten. Dabei stand aber der Arbeitgeber im Vordergrund der theoretischen Überlegungen, wohingegen der Zugang zur Erkenntnis der Rolle des Unternehmers in der modernen Wirtschaft der Nationalökonomie verschlossen und unberücksichtigt blieb, selbst wenn einige Hinweise und „Splitter" auf einzelne Funktionszüge des ‚Unternehmerstatus' und aller damit verbundenen Aufgabenbereiche ansatzweise Erwähnung bzw. Andeutungen finden.

b) Der Verlust der frühen Entdeckung des Unternehmers in der kirchlichen Sozialethik des 13. Jahrhunderts

Bereits etwa fünf Jahrhunderte bevor es zur Blickeinengung der ökonomischen Theorien auf Arbeitgeber, Kapitalisten und Arbeiter kam, hatte die soziallehre der Kirche die Funktion des Unternehmers in der Dynamik der einen wachsenden Bedarf befriedigenden Ökonomie schon entdeckt. Eine einmal so eindeutig und klar erfaßte Erkenntnis, die von so hoher Relevanz für den Fortschritt der Menschheit war, ging aber trotzdem wieder verloren, was gleichsam zu den erstaunlichsten Rückschlägen der Menschheit zählen sollte. Es ist wohl zu den großen Überraschungen in der Geistesgeschichte zu rechnen, daß eine Wissenschaft wie die klassische Nationalökonomie mit einem Fehlstart einsetzte und dieser dann später zum Ausgangspunkt des von Karl Marx inszenierten Systems wurde, das ihn zu einer Art Propheten einer Epoche aufsteigen ließ.[8]

Bereits im 13. Jahrhundert wurde die Funktionalität des Unternehmers von der Wirtschaftsethik herausgestellt. Es war die Sozialethik (nicht jedoch das Lehramt!), die das essentiell Neue in der sich abzeichnenden Wirtschaftsdynamik erkannt hatte und dies auch artikulierte. In den Reichstagen und politischen Gremien wurden noch heftige Debatten geführt über Recht und Unrecht von Handelsgewinnen der Handelsgesellschaften; denn die öffentliche Meinung in der damaligen Gesellschaft wollte sich mit der permanenten Ausdehnung der

---

[8] *Karl Marx:* Ökonomisch-philosophische Manuskripte. Paris 1844.

Handelsgesellschaften nicht abfinden, woraufhin die gesetzliche Beschränkung des Gesellschaftskapitals gefordert wurde, ebenso das Verbot der Kreditaufnahme und der Filialgründungen sowie die Kontrolle der Preispolitik der Gesellschaftsunternehmen. Die damalige Wirtschaftsethik wußte den neuen Kräften und Strukturen (Ordnungen und Systemen) den Weg zur Entfaltung freizumachen.[9]

Dieser weitblickende Ansatz zeigte u.a. Wirkung in der Zunftordnung, welche verhinderte, daß im Stadtbereich sich ein Wirtschaftsraum für die nachwachsenden Söhne und Töchter der Handwerk und Gewerbe treibenden Gesellen und Meister bilden konnte. Daraus erwuchs die Notwendigkeit zur Abwanderung und zur neuen Siedlungsgründung im Osten oder Südosten des Reiches. Aufgrund dieser Politik konnte sich das deutsche Wirtschaftsgebiet im Reich zwischen dem 11. und dem 13. Jahrhundert fast verdoppeln. Der neue Unternehmergeist zielte auf die Schaffung von Lebensraum innerhalb der Siedlung und des Stadtgebietes ab. Daher ging die Wirtschaftsethik bei der Beurteilung der neuen Handelsunternehmen vom Dienst am Gemeinwohl aus. Folgerichtig kam sie zur Herausstellung des Prinzips, wonach die Unternehmerleistung im Gemeinwohlinteresse (neben der immer vorhandenen Dimension des Eigeninteresses jeden Wirtschaftens) liege, womit gleichzeitig auch die Begründung für die durch sie erzielten Gewinne mitgegeben.[10]

Vor allem der Franziskaner Duns Scotus[11] hat dieser Wirtschaftsethik bahnbrechende Gedanken beigefügt. Die Grundaussage von Duns Scotus: Der Handelsunternehmer treibe ein für den Staat und die Bürger nützliches Gewerbe, also tue etwas, das dem Ganzen der Gesellschaft zu Gute komme. Aus diesem Grund leitet sich der Anspruch des Unternehmers ab, einen angemessenen Gewinn als Lohn für die Mühe zu erhalten. Ähnliche Grundgedanken, mit je anderen Formulierungen sind ebenfalls bei anderen Sozialphilosophen dieser Zeit zu finden, die religiösen Ordensgemeinschaften angehören, z.B. bei Bernardin von Siena, Antonin von Florenz und Dominicus Soto.[12] Allen diesen ist gemeinsam, daß sie an der im Mittelalter vorherrschenden Geldtheorie festhalten, nämlich daß das Geld an sich unfruchtbar sei, daß aber der Unternehmergewinn – wenn

[9] Bereits in dieser frühen Zeit zeigt sich, daß der Rahmen der Ordnung und des Systems durchaus der Ort der Moral sein kann, was vor allem die im System agierenden und mit Würde, Rechten und Pflichten ausgestatteten Personen betrifft!

[10] Vgl. zum Zeitgeist in dieser Epoche die Ausführungen bei *Wilhelm Treue:* Deutsche Geschichte. Teil 1, Stuttgart 1990, 157ff. (Kulturwandel im 12. Jahrhundert).

[11] Johannes Duns Scotus (1266–1308) lebte als Franziskaner in Köln. Werke: De primo principio, Quaestiones in metaphysicam, Ordinatio, auch Opus Oxoniense genannt (Sentenzenkommentar, Hauptwerk), Reportata Parisiensa; Theoremata; Aristoteleskommentare.

[12] Vgl. dazu die Ausführungen bei *Franz Keller*: Unternehmung und Mehrwert. Köln 1912.

er als Erlös aus Produktion, Gewerbe und Handwerk stamme – nicht gegen das Gebot des Wuchers verstoße. Das heißt, nicht aus dem Geld schlechthin entsteht Gewinn, Mehrwert und Dienst am Gemeinwohl, sondern erst – und das ist hervorzuheben – durch die unternehmerische Leistung der Einzelperson, die unter Einsatz des Geldes diese zu verfolgenden Ziele anstrebt und realisiert.

In jener Zeit entwickelten sich also nicht nur Handwerk und Gewerbe sowie Kleinindustrie, sondern damit veränderte sich auch das Bild der Wirtschaft. Der Unternehmer mit seiner wichtigen Rolle wurde von der Sozialethik anerkannt, weil mit der Entwicklung ebenfalls das Bedürfnis nach Einordnung hervortrat. Der Lehrer von Johannes Messner in München, Jakob Strieder, hat als katholischer Wirtschaftshistoriker diese Tendenzen im Mittelalter nachgezeichnet, wobei der Unternehmer im Zentrum seiner Ausführungen steht.[13] Strieder zeichnet die Dynamik des aufbrechenden Handwerks zwischen den europäischen Städten nach und verweist darauf, daß mit diesen Bewegungen gleichfalls beträchtliche Kapitalrisiken sowie die notwendige Kenntnis der jeweiligen Absatzmärkte verbunden waren; ebenso die Herausbildung von Handelskompanien zum Zwecke der Kapitalaufbringung und Verteilung der Güter, die Entwicklung des Geldwesens mit seiner Ausdifferenzierung des Geldhandels und Wechselverkehrs und mit dem stark anwachsenden Finanzbedarf der Kirche sowie des Staates, wobei letzterer durch die Steuern und Kredite aus den Unternehmensgewinnen abgedeckt werden konnte. Der am Beginn der Neuzeit sich herausbildende Unternehmer war eine Spielart des „neuen Menschen“, der in die Geschichte eintritt. Daraus ergibt sich der Erweis, daß es falsch ist, wenn die Renaissance ausschließlich als Erscheinung des Kunst- und Literaturlebens angesehen wird, aber nicht auch des Staats- und Wirtschaftslebens.

c) Der unternehmerische Geist und das Zinsverbot

Max Weber präsentierte einen Ansatz, in dem er bekanntlich die Entstehung des neuzeitlich-modernen Geistes des Unternehmertums von der puritanischen Religiosität herzuleiten versuchte, welche im erdenhaften Erfolg eine Bestätigung der Heilshoffnung des Menschen gesehen habe. Jakob Strieder lehnte diese Argumentation Max Webers mit dem Hinweis auf die am Beginn der Neuzeit herausgebildeten Strukturen ab. Als einen der wichtigsten Punkte in der Förderung des unternehmerischen Geistes hebt Werner Sombart das kirchliche

[13] *Jakob Strieder:* Studien zur Geschichte kapitalistischer Organisationsformen: Monopole, Kartelle und Aktiengesellschaften im Mittelalter und zu Beginn der Neuzeit. 2. Aufl. München 1925; *ders.:* Zur Genesis des modernen Kapitalismus: Forschungen zur Entstehung des großen bürgerlichen Kapitalvermögens am Ausgange des Mittelalters und zu Beginn der Neuzeit. 2. Aufl. New York 1968. Strieder zeichnet sich in diesen Ausführungen als Kenner der Vorgänge im Mittelalter aus.

Zinsverbot hervor.[14] Die einfache Formel, in der die kirchliche Autorität zur Frage des Gewinnmachens Stellung nahm, ist diese, wonach einfacher Leihzins in jeder Gestalt verboten sei; jedoch sei jeglicher Kapitalzins erlaubt, der aus Handelsgeschäften oder Verlagsgeschäften, aus Transportversicherungen oder durch Beteiligung an einem Unternehmen stammt. John Maynard Keynes sagt dazu folgendes: „Ich bin zum Glauben erzogen worden, daß die Haltung der mittelalterlichen Kirche gegenüber dem Zins ihrem Wesen nach absurd sei und daß die scharfsinnige Unterscheidung zwischen dem Ertrag von Gelddarlehen und dem Ertrag von Unternehmerinvestition nur jesuitische Versuche zur praktischen Umgehung einer törichten Theorie darstellen; während tatsächlich die Erörterungen der Scholastiker auf die Klarstellung einer Formel gerichtet waren, die ein hohes Niveau der Produktivität des Kapitals ermöglichen sollte."[15]

d) Die wenig unternehmerfreundliche Haltung der Kirche und die antikirchliche Haltung der Altliberalen

Die christliche Soziallehre hätte Anlaß und Möglichkeiten genug gehabt, um die Unternehmerfunktion und deren Stellung im Geschehen der modernen Volkswirtschaft (auch schon vor 1891[16]) positiv anzuerkennen. Auch in diesem Zusammenhang ist wiederum der historische Hintergrund um des Verstehens willen auszuleuchten, damit man begreifen kann, warum es nicht zur kirchenamtlichen Würdigung des Unternehmers kam. Ein Hauptgrund dafür war der mit dem frühkapitalistischen System aufkommende Altliberalismus, der sich als Gegner der Kirche und deren Stellung im dynamischen Entwicklungsprozeß von Wirtschaft und Kultur positionierte. Die Altliberalen hoben hervor, daß die Zinslehre der (katholischen) Kirche das größte Hindernis des wirtschaftlichen Aufschwungs sei, also genau das Gegenteil dessen, was die oben genannten Ökonomen wie Sombart und Keynes über diese längst zurückliegende Phase aussagten. Die Grundeinstellung des altliberalen Unternehmerlagers im 19. Jahrhundert fand ihren treffenden Ausdruck in einer Bemerkung, daß man mit „Bibelsprüchen keine Eisenbahnen baut". Die Haltung des überwiegenden Teils des altliberalen Unternehmerstandes zeigt sich in dieser Aussage. Natürlich gibt

---

[14] Auch heute gibt es Gruppen, die ein Zinsverbot fordern, so die Schüler und Anhänger des Jesuiten Johannes Kleinhappel oder Silvio Gesell. Vgl. dazu *Johannes Heinrichs:* Sprung aus dem Teufelskreis: Logik des Sozialen und Natürliche Wirtschaftslehre. Wien o.J. Heinrichs widmet dieses Buch dem „unermüdlichen Redakteur des dritten Weges" Wilhelm Schmülling.

[15] *John Maynard Keynes:* The General Theory of Employment, Interest and Money. 1946, 352f. Deutsch: Allgemeine Theorie der Beschäftigung, des Zinses und des Geldes. München/Leipzig 1936.

[16] In diesem Jahr verfaßt *Leo XIII.* die Sozialenzyklika „Rerum novarum".

es keinen „katholischen Stahlpreis“, aber im jeweiligen Prozeß geht es letztlich doch um den Menschen und seine Versorgung mit knappen Gütern.

Auf gleicher Ebene liegt die hier anzusprechende soziale Frage[17], die mit dem Aufkommen der Industrierevolution an Relevanz gewann – durch die niedrigen Löhne, das aufkommende Massenproletariat, die langen Arbeitszeiten, die schweren funktionalen Mängel des Laissez-faire-Wirtschaftssystems mit den daraus folgenden Wirtschaftskrisen, die immer wieder durch dieses System verursachte Arbeitslosigkeit[18] und das Fehlen sozialer Absicherung. Der Status quo des 19. Jahrhunderts wurde von den meisten Unternehmern als die schlechthin natürliche Ordnung der Ökonomie angenommen. In diese Zeit fällt aber auch der sich über viele Dekaden hinziehende Kampf führender Gesellschaftsschichten, worunter auch einige der Führungseliten der Wirtschaft waren, die im Namen der Prinzipien des Liberalismus der Kirche den Kampf ansagten. In der Mitte des 19. Jahrhunderts kommt noch die Bewegung des Sozialismus als Front gegen die Kirche hinzu. Hiermit wird die Sorge der Kirchenverantwortlichen in dieser Epoche deutlich; denn ein Abwandern der Massen wurde befürchtet, woraus sich die Sorge vor allem um die Arbeiterschaft (sehr spät allerdings!) ergab. Die Gesellschaft schien sich in mehrere große Gruppen zu spalten. Es kam zur Proletarisierung der Massen, weshalb die Kirche dem Arbeitgeber, der ja auch für den Arbeitsvertrag maßgeblich verantwortlich zeich-

---

[17] *Johannes Messner:* Die soziale Frage. 6. Aufl. Innsbruck/Wien/München 1956, 23f. Einige allgemeine Gesichtspunkte hinsichtlich der sozialen Frage: Jede geschichtliche Gesellschaft besitzt ihre soziale Frage. Der Grund ist für den Christen die Erbsünde in ihrer Auswirkung im gesellschaftlichen Bereich, nämlich die der Beeinträchtigung der Menschennatur durch die Unzulänglichkeit der Erkenntnis und die Verkehrtheit des Willens des Menschen. Diese Folgewirkung ist um so weittragender, als der eigenwillige und selbstsüchtige Mensch im Verhalten gegenüber anderen meist entschlossener und tatkräftiger ist als der verantwortungsbewußte und selbstlose. Die soziale Frage fehlte weder in der von Gott selbst in den Hauptzügen vorgeschriebenen Sozialordnung des alten Israel, wie aus den Klagen über Ungerechtigkeit und Wucher bei den Propheten und in den Psalmen (Fluchpsalmen!) zu ersehen ist. Sie nahm sehr scharfe Formen im alten Rom an. Sie fehlte keineswegs in der mittelalterlichen Zunftwirtschaft, wie allein das Elend der großen Zahl der Gesellen zeigt, die nicht Meister (Zunftsperre und Zunftmonopol) werden konnten und deshalb nicht heiraten durften. Die *soziale Frage* ist zu umschreiben als die Frage der Fehlentwicklungen und Fehlwirkungen der Sozialordnung einer Gesellschaft hinsichtlich der ihr gestellten Gemeinwohlaufgaben, nach deren Ursachen und den Mitteln zu deren Überwindung. In ihren geschichtlichen Formen weist die soziale Frage dagegen große Unterschiedlichkeiten auf. So divergiert die soziale Frage der früheren Zeit von der modernen sozialen Frage, welche der kapitalistischen Wirtschaft angehört, ihrerseits aber wiederum wegen der Veränderungen und Wandlungen dieser ökonomischen Lage seit etwa zwei Jahrhunderten mehrere Stadien und Entwicklungsschübe durchgemacht hat. Messner steht im Aufgreifen der sozialen Frage vor allem in der Tradition von Jakob Strieder und Franz Schindler.

[18] *Johannes Michael Schnarrer:* Arbeit und Wertewandel im postmodernen Deutschland. Hamburg 1996; zum Thema der Arbeitslosigkeit vor allem 199–215.

nete, die Hauptschuld für die soziale Notlage der vielen Arbeiter und deren Familien gab.

e) Die katholischen Verbände und die Sozialideologie

Wichtig für die Entwicklung der Soziallehre ist zu jeder Zeit nicht nur das äußere sich wandelnde Umfeld gewesen, sondern stets gleichfalls wichtig die öffentliche Meinung innerhalb der Kirche, welche sich aus wenigstens zwei Quellen speist. Auf der einen Seite sind dies die Sozialverbände, die mittels der Presse, der Tagungen, ihrer Mitglieder und prinzipiell aller Aktivitäten die Grundeinstellung zu sozialen Problemen als öffentliche Meinung darstellen. Leicht kann dies zur Sozialideologie werden, nämlich dann, wenn sich die Führungsorgane auf einen (meist vereinseitigenden) Ansatzpunkt festlegen und damit Meinungsbildung innerhalb und außerhalb der Kirche machen. Nicht selten sind diese Sozialideologien unternehmerfeindlich in der Richtung argumentierend, daß die Arbeitgeber in der als „ausbeuterisch" verstandenen kapitalistischen Industriewirtschaft für die schlechte Lage der Arbeiter verantwortlich seien. Noch in den 60er Jahren des 20. Jahrhunderts wurde diese Denkposition nachdrücklich vertreten; nämlich, daß kirchliche Soziallehre immer als antikapitalistische hervorgetreten und bis heute noch in diese Kategorie einzuordnen sei.[19] Erstaunlicherweise wurde von gleicher Seite die Proklamation hinzugefügt, wonach das Eigentum als Status des Ordnungsprinzips der Ökonomie an Geltung und Wichtigkeit an sich verloren hätte. In diesem Ansatz wird die über die letzten zwei Jahrhunderte hinweg agierende (und durch ein Auf und Ab gekennzeichnete) Ideologie des Marxismus deutlich; denn diese geht von der Entwertung des Eigentums aus.

In der neueren katholischen Sozialethik liegt die zweite Quelle der Meinungsbildung innerhalb der katholischen Kirche. Unter Nutzung der Ansätze in der christlichen Anthropologie ist es die Aufgabe der Sozialethik, die allgemeinen Sozialprinzipien darzulegen und zu begründen.[20] Allgemeine Prinzipien helfen aber zur Problemlösung nur dann, wenn sie in Verbindung mit den Sozialwissenschaften (bezüglich des Unternehmers vor allem der Wirtschaftswissenschaft) ihren Aufgabenbereich decken.[21] Schon der für seinen Sozialrealismus bekannte Thomas von Aquin meinte über die Verhältnisse seiner Zeit sagen zu können, daß Diagnose und Therapie der sozialen Umstände wesentlich schwieriger seien als die Krankheiten des menschlichen Körpers; womit er dar-

---

[19] Diese Sichtweise war für die sog. 68er Generation typisch.

[20] *Arno Anzenbacher:* Christliche Sozialethik. Paderborn 1998.

[21] Johannes Messner nannte seinen Lehrstuhl an der Universität Wien deshalb auch Ordinariat für „Ethik und Sozialwissenschaften", was heute besonders modern erscheint, wo immer mehr Wert auf Interdisziplinarität gelegt wird.

auf hindeuten wollte, daß die Funktionszusammenhänge in den Ordnungsverhältnissen der Gesellschaft wesentlich komplizierter und komplexer seien. Wenn heute also die Mediziner etwa 10 Jahre brauchen, um ihren Beruf kompetent auszuführen, so mag ersichtlich sein, welch' hohe Anforderungen an einen Sozialethiker bezüglich des Wissens um die essentiellen und konkreten funktionalen Zusammenhänge in den ökonomischen Prozessen in der Nachmoderne zu stellen sind!

f) Katholisches Denken und die allgemeine Unterbewertung des Ökonomischen

Durchforstet man die inzwischen in großer Zahl vorhandenen Aussagen kirchlicher Würdenträger (in Hirtenbriefen, Ansprachen oder Enzykliken) zur Wirtschaft, dann tritt eine Mentalität zutage, die auf eine reservierte Haltung hindeutet. Im „durchschnittlichen Denken" von vielen Katholiken mit höherer Ausbildung ist die Feststellung interessant, daß die Kultur erst jenseits der Wirtschaft beginne, was auf eine gewisse Skepsis gegenüber der Funktion der Wirtschaft, nämlich die Menschen mit knappen Gütern zu versorgen, hindeutet. Die Wirtschaft existiert bei ihnen kaum, und ihr Interesse an der tagtäglichen Weltgeschichte endet vor dem Wirtschaftsteil der Zeitung. Das will sagen, daß der Unternehmer in einer ganz anderen Welt lebt und für sie nicht in Erscheinung tritt. Diese Grundeinstellung wirkt sich zwangsläufig auch auf die innerkatholische öffentliche Meinung aus, was sich wiederum ebenfalls in der Akzentverschiebung auf das Soziale in der Soziallehre verdeutlicht. Hingegen erfährt das Ökonomische alles andere als die volle Würdigung als Kulturfunktion der Unterhaltsfürsorge und schon gar nicht in den Bereichen adäquate Beachtung, wo es um die harten und unnachgiebigen Realfaktoren des Wirtschaftens geht (z.B. Konkurrenz, weitreichende Entscheidungen[22]), mit denen der Unternehmer täglich zu kämpfen hat. Nun erfahren natürlich nicht alle Leiter von Unternehmen diese Realität mit gleicher Härte, vor allem diejenigen nicht in ihrer ganzen Ausprägung, die aufgrund des fremden Auftrags die Führung eines Unternehmens zu verantworten haben.[23] Bei allem Nachdenken über die Funktionen der

---

[22] *Alfred Klose,* Unternehmerethik. Linz 1988, 35. Demnach wird der Unternehmer durch immer neue Ereignisse im Wirtschaftsleben zu immer neuen Entscheidungen veranlaßt. Dabei kann er sich mehr als etwa der Politiker auf rational erarbeitete Entscheidungshilfen stützen. Das Quantitative spielt eine ungleich größere Rolle. Größtmögliche Rationalität, aber auch Intuition und Kreativität werden dabei zu entscheidenden Handlungsmaximen.

[23] Ethische Fragwürdigkeit bestimmter Machenschaften taucht bei Topmanagern dann auf, wenn sie falsch entschieden haben und dennoch mit hohen Geldsummen abgefertigt werden.

Unternehmer darf doch nie vergessen werden, daß die Kulturfunktion der Wirtschaft primär darin besteht, sich die Erde nutzbar zu machen, wobei schon diese biblische Aussage allein dem Unternehmer seinen wichtigen Rang in der Sozialethik absichern sollte.[24]

Andererseits wird man auch nicht verschweigen können, daß das katholische Unternehmertum selbst sehr lange nicht wirklich am Image in den „eigenen Reihen" interessiert war oder sich darum wesentlich gekümmert hätte.[25] Dieses Desinteresse geht wohl gleichsam auch darauf zurück, daß bis zur Amtszeit Papst Johannes XXIII. den kirchlichen Lehrschreiben prinzipiell keine überaus große Aufmerksamkeit geschenkt wurde; denn die Sozialenzykliken blieben hauptsächlich Gegenstand der Beschäftigung der Wissenschaftler und Sozialverbände. Dabei stand fast ausschließlich (auch in Abwehr der Klassenkampftheorie) das Verhältnis von Arbeitgebern und Arbeitnehmern im Zentrum der Diskussionen. Aus diesem Grund ist aber ebenfalls die Ideenwelt der christlichen Sozialreform ärmer geworden und verlor an Bedeutung. Seit einigen Dekaden bewegen sich die Konzepte und Diskurse im wesentlichen um den Themenkreis der Mitbestimmung, verstärkt durch den Zusammenbruch des Realsozialismus mit seinen Transformationsproblemen und der Restrukturierung des gesamten Ordnungsgefüges der jeweiligen Staaten und ganzer Kontinente.[26] Indem aber die gesamte Kraft auf die Diskussionsebene der Arbeitgeber/Arbeitnehmer-Perspektive gelenkt wurde, mußten die viel weiter gespannten Ziele der christlichen Sozialreform zurückgesteckt werden und können nur dann ins Blickfeld gerückt werden, wenn dem Unternehmen auch der Status eines Sozialgebildes zugebilligt wird, dessen Aufgabe es ist, das sozialpartnerschaftliche Höchstmaß der Unternehmerleistung in den Dienst des wohlverstandenen Allgemeininteresses zu stellen. Wird der Akzent auf den Profit und die Mitbestimmung gelegt, dann geht damit als Nebenfolge eine Unterbelichtung der Forderungen der Sozialreform zwangsläufig einher. Mit der Abnahme der Abwehr von Klassenkampftheorien sollte aber (durch die neuen politischen und ökonomischen Konditionen bedingt) auch eine Neugewichtung der Sozialreform möglich sein, die die Funktionen des Unternehmers nun aufwertet.

---

[24] *Johannes Messner:* Der Funktionär. Innsbruck/Wien/München 1961, 227.

[25] Erst die Gründung des BKU (Bund katholischer Unternehmer) hat zur Imageverbesserung und zur Bewußtseinsbildung wesentlich beigetragen.

[26] *Johannes Michael Schnarrer:* Aktuelle Herausforderungen der Ethik in Wirtschaft und Politik: Perspektiven für das 21. Jahrhundert. 3. Aufl. Wien 1999, 101–113.

3. Die christliche Soziallehre und die ökonomischen Aspekte des Unternehmerbildes

Am Unternehmer kann die Soziallehre der Kirche nicht vorbei, selbst wenn es den Anschein habe, sie kenne nur den Arbeitgeber, aber nicht den Erstbeweger des Wirtschaftsprozesses. In Verbindung mit der Sozialproblematik beschäftigt sich die Soziallehre gleichfalls mit den ökonomischen Realitäten, ja sie nötigt geradezu, die Funktionen und Voraussetzungen zu analysieren und anzuerkennen. Zwar wird der Unternehmer nicht namentlich genannt, es wird nicht seine Funktion bestimmt, nicht von der für diese Funktion wesenseigenen und auf Produktivität orientierten Kombination von den Faktoren der Produktion hingewiesen, nicht vom volkswirtschaftlichen Gemeinwohl gesprochen, welches von den Produktionsfaktoren abhängt, ebenso nicht von der Leistung des Unternehmers etwas ausgesagt, die gleichfalls als Voraussetzung für den sozialen Fortschritt anzusehen ist; und es werden auch nicht die Unternehmerfunktionen behandelt, die als eine wichtige Ursache des ökonomischen Wachstums der Masseneinkommen des einfachen Bürgers gelten. Trotz aller dieser Einwände und der Betonung der Sozialproblematik finden sich dennoch in den Lehrschreiben der Kirche Hinweise auf die essentiellen Grundlagen der Wirtschaft vom Blickpunkt des Unternehmers, wobei der Terminus „unternehmerische Wirtschaft“ die Volkswirtswirtschaft auf der Basis von Privatinitiative und Privateigentum verstehen möchte, die gleichzeitig weitgehend Wettbewerbswirtschaft ist. *Unternehmerische* Wirtschaft ist somit Teil des Gesamtverständnisses von Wirtschaft, spezifiziert durch eine bestimmte Richtung.[27]

a) Die Enzyklika „Rerum novarum“ von Papst Leo XIII. aus dem Jahre 1891 und ihr Bekenntnis zum Privateigentum als Institution

Der gesamte Grundtenor der Eigentumslehre der Kirche (und der in den Lehrschreiben bekannten Grundhaltung) zielt auf die unternehmerische Wirtschaft ab, was sich durch eine ideologisch voraussetzungslose Interpretation der genannten Enzyklika bestätigen läßt. Um sie aber richtig verstehen zu können, ist man gezwungen, sich die damalige Zeitsituation vor Augen zu halten.

Erstmals äußert sich ein Papst in einem Lehrschreiben über die Lage der Arbeiter und Armen (in 45 Punkten). Dabei benennt er verschiedene Grundsätze, die die Art und Weise des Umgangs mit diesen neu umschreiben. Auch die Sicht der Kirche bezüglich derjenigen, die als Arbeitnehmer in der Gesellschaft ihren Platz finden, aber auch der Arbeitgeber, der Funktion der staatlichen Organe, der Judikative und Exekutive wird in dieser Enzyklika herausgestellt;

---

[27] Die Planwirtschaft kennt dieses freie Unternehmertum nämlich nicht.

denn nur bei Harmonisierung, gegenseitiger Unterstützung und Interessenausgleich ist der Aufbau einer gerechten Gesellschaft möglich. Den Arbeitgebern kommt in diesem Prozeß eine Schlüsselfunktion zu, da mit ihrer Hilfe am ehesten die erhofften Veränderungen realisiert werden können, sind sie es doch, die über das Kapital (und das Eigentum) in ihren Händen verfügen und somit auch die Macht bündeln.[28]

In den meisten Kommentaren zu diesem Lehrschreiben wird betont, daß Papst Leo XIII. mit der Herausgabe dieses Werkes revolutionär wirkte. Damit ist die Stellungnahme des Papstes gemeint zum grundlegenden sozialen Wandel in der Welt.[29] Wer Stellung nimmt, setzt sich der Gefahr aus, zwischen die Fronten zu geraten und von einer Seite vereinnahmt zu werden. Offenbar hatte man sich auf das kapitalistische System, auch weil es keine Alternativen dazu gab, eingerichtet und wiegte sich in Selbstgenügsamkeit. Doch im Schatten des Kapitalismus entstand die Arbeiterbewegung, die in den folgenden Jahren immer stärker werden sollte. So schien es nicht verwunderlich, daß die einen die Enzyklika als „sozialistisches Programm" deklariert sehen wollten und die anderen, die Gläubigen, die ohne Bedacht auf die biblische Botschaft dem Zeitgeist folgten, ebenso überrascht waren.[30] In sehr deutlichen Worten zeigt der Papst, wo er die Probleme der Zeit sieht, nämlich in der politischen und auf diese angewiesen, auch in der volkswirtschaftlichen „verderblichen Wirkung" des Geistes, der zur Neuerung beiträgt, wobei beides – Individualismus und Kapitalismus – in die Kritik einbezogen werden.[31]

---

[28] *Walter Kerber* et. al. (Hg.): Katholische Gesellschaftslehre im Überblick. Frankfurt/M. 1991, 41–45, hier: 41f; Die fünf großen Themenkreise der Enzyklika „*Rerum novarum*" sind: 1. Die Situation der Armen und Arbeiter (Nr. 1–2); 2. Leitende Grundsätze (Nr. 4–38); 3. Die Rolle der Kirche (Nr. 13–24); 4. Rechte und Pflichten der Arbeiter bzw. Armen und der Arbeitgeber bzw. Reichen (Nr. 4–12, 16–19, 28, 34–39); 5. Rolle des Staates und des Rechts in der Gesellschaft (Nr. 11, 25–35, 38–39).

[29] *Marie-Dominique Chenu:* Kirchliche Soziallehre im Wandel. Fribourg/Luzern 1991, 18. „Wir haben heute einige Mühe, uns vorzustellen, welches Aufsehen Papst Leo XIII. im Mai 1891 erregte, als er seine Enzyklika über den ‚Geist der Neuerung' – mit diesen Worten beginnt das Lehrschreiben – verkündete."

[30] Ebd., 18.

[31] *Leo XIII.:* Rerum novarum. Rom 1891. In den folgenden Zitaten beruft sich der Autor auf: *Oswald von Nell-Breuning/Johannes Schasching:* Texte zur katholischen Soziallehre. Köln/Kevelaer 7. Auflage 1989, RN 1. „Viele Umstände begünstigten diese Entwicklung; die Industrie hat durch die Vervollkommnung der technischen Hilfsmittel und eine neue Produktionsweise mächtigen Aufschwung genommen; das gegenseitige Verhältnis der besitzenden Klasse und der Arbeiter hat sich wesentlich umgestaltet; das Kapital ist in den Händen einer geringen Zahl angehäuft, während die große Menge verarmt; es wächst in den Arbeitern das Selbstbewußtsein, ihre Organisation erstarkt; dazu gesellt sich der Niedergang der Sitten. Dies alles hat den sozialen Konflikt wachgerufen, vor welchem wir stehen. Die Arbeiterfrage ist geradezu in den Vordergrund der ganzen Zeitbewegung getreten." Der Unternehmer bleibt dabei unberücksichtigt.

Für besonders bedenklich hält er den wachsenden ‚gierigen Wucher', die ‚Habgier' und die ‚Gewinnsucht', die wenige sehr reich werden ließ, die Menge der Arbeitnehmer aber blieb arm und partizipierte nicht am erwirtschafteten Vorteil, was als Ungerechtigkeit besonders hervorgehoben wird; denn Handel und Produktion sind häufig zum Monopol geworden, was als Grund für den Aufbau und die Erweiterung des ungerechten Systems gesehen wird.[32] Ganz massiv prangert der Papst an, daß der Mensch zum Sklaven und somit ausgebeutet werde. Einen wesentlichen Fehler bei der Behandlung der sozialen Gegebenheiten, die immer mehr zur „sozialen Frage" werden sollte, spricht der Papst an, wenn er sagt, daß die Darstellung der unvereinbaren Gegensätze zwischen den Klassen der Arbeitenden und der Besitzenden unvermittelbar sei. Der geforderte Kampf der Arbeiterschaft (besonders durch marxistisches Gedankengut angeregt) ist ebenso inakzeptabel wie der zu niedrige Lohn, den die Arbeitgeber ausbezahlen. Deshalb vertritt Leo XIII. die Ansicht, daß gemäß der Natur, die alles auf Eintracht und Harmonie hinordnet (Naturrecht!), auch dieses wechselseitige Verhältnis nicht durch Kampf, sondern durch gegenseitige Verständigung verbessert werden sollte. Beide Klassen bedingen einander, ja sind aufeinander angewiesen. „So wenig das Kapital ohne die Arbeit, so wenig kann die Arbeit ohne das Kapital bestehen."[33] Die Klassengegensätze könnten auch mit Hilfe der Kirche, die Einfluß auf die gesamte Gesellschaft ausübt und in dieser eine Schlüsselfunktion einnimmt, ausgeräumt werden.

Dabei werden die Pflichten der Arbeitnehmer und Arbeitgeber genau umrissen (der Unternehmer kommt allerdings nicht vor). Die ersteren haben ihre Arbeitsleistung treu zu vollbringen, was mit einem Vertrag, der frei und gerecht geschlossen wird, zu bekunden ist; sie dürfen dem Arbeitgeber keinen Schaden zufügen und keine Gewalt anwenden, müssen aber auch ihre Interessen wahren, wobei der Umgang mit Übelgesinnten zu meiden ist.[34] Dagegen sehen die Pflichten der Arbeitgeber[35] folgendermaßen aus: Sie dürfen die Arbeiter nicht wie Sklaven ansehen oder gar behandeln, denn sie sind als menschliche Personen mit einer ihnen eigenen Würde ausgestattet; sie haben Rücksicht auf geistiges Wohl und die religiösen Bedürfnisse der Arbeiter zu nehmen; sie haben den Arbeitern die Möglichkeit zum Besuch des Gottesdienstes zu geben, sie nicht sittlichen Gefahren auszusetzen und sie nicht mit mehr Arbeit zu beauftragen, als für die Arbeiter auch zu bewältigen möglich ist.[36] Es ist ihnen ein ihrer Lei-

---

[32] Ebd., RN 2/16.

[33] Ebd., RN 15: „Eintracht ist überall die unerläßliche Vorbedingung von Schönheit und Ordnung; ein fortgesetzter Kampf dagegen erzeugt Verwilderung und Verwirrung."

[34] Ebd., RN 16.

[35] Wenn hier von Arbeitgebern die Rede ist, dann sind – aus dem Kontext folgend – die Unternehmer oftmals mit gemeint! Eine klare Trennung zwischen Arbeitgeber und Unternehmer scheint es hier nicht zu geben.

[36] Ebd., RN 16.

stung entsprechender Lohn auszuzahlen und die sowieso schon wenig Besitzenden auch noch von Arbeitgeberseite her nicht zu schädigen.[37] Außerdem ist den Armen, die unter dem Existenzminimum leben, die Deckung des eigenen Unterhalts zu gewährleisten, was die Lehre vom gerechten Gebrauch des Eigentums und Reichtums voraussetzt.[38]

Die Rechte der Arbeitgeber besagen, so Papst Leo XIII., daß ihnen Privateigentum zusteht und daß sie einen Schutz vor zu hohen und das Kapital aufzehrenden Steuern besitzen.[39] Weiter ausgeführt werden die Rechte der Arbeitnehmer, die ebenso ein Recht auf Privateigentum entweder durch Arbeit[40] oder durch staatliche Hilfe besitzen, wenn absolut keine andere Möglichkeit das Existenzminimum garantiert.[41] Weiterhin hat der Arbeiter ein Recht auf Beteiligung an der Frucht seiner Arbeit[42], auf Familie und Ehe[43] und auf Freiheit der Bewegung, so daß der Bürger und dessen Familie nicht in den Belangen des Staates aufgehen.[44] Der gerechte Lohn steht jedem zu, damit er die Familie ausreichend ernähren kann.[45] Auch besteht ein Recht der Arbeitnehmer auf die Bildung von Arbeitervereinigungen.[46] Die Hartherzigkeit der Arbeitgeber ist ebenso abzulehnen wie der gewaltsame Kampf der Arbeiterklasse gegen die ‚Kapitalisten'. Hier ist der Staat gefordert, wenn es um Ungerechtigkeiten in Wirtschaft und Politik geht.[47]

---

[37] Ebd., RN 17.

[38] Ebd., RN 19; Die Verpflichtung zur Wohltätigkeit ist eine praktische Übung, die von der Kirche gelehrt wird. Diese Lehre hat die Unterscheidung zwischen gerechtem Besitz und gerechtem Gebrauch des Besitzes zur Voraussetzung. Nur mit Überzeugung und den rechten Motiven ist die Welt positiv veränderbar.

[39] Ebd., RN 4–9, 12, 19 (zum Themenkreis des Privateigentums) und RN 35 (zum Bereich der Steuern).

[40] Ebd., RN 4, 7.

[41] Ebd., RN 11.

[42] Ebd., RN 8.

[43] Ebd., RN 9.

[44] Ebd., RN 28.

[45] Ebd., RN 34f.

[46] Ebd., RN 37–39.

[47] Ebd., RN 33: „Die Gerechtigkeit und die Menschlichkeit erheben Einspruch gegen die Arbeitsforderungen von solcher Höhe, daß der Körper unterliegt und der Geist sich abstumpft. Wie im Menschen alles seine Grenzen hat, so auch die Leistungsfähigkeit bei der Arbeit, und über die Schranken des Vermögens kann man nicht hinausgehen. … In Bezug auf die tägliche Arbeitszeit muß also der Grundsatz gelten, daß sie nicht länger sein darf, als es den Kräften der Arbeiter entspricht. Wie lange die Ruhe aber dauern müsse, das richtet sich nach der Art der Arbeit, nach Zeit und Ort, nach den körperlichen Kräften." Was hier Leo XIII. postuliert, sind die Voraussetzungen für eine humanere Arbeitswelt, die bis heute durchaus gültig sind.

Dem Staat fällt bei der Verwirklichung dieser Rechte und Pflichten der Stände, von denen Papst Leo XIII. ausging, eine eminente Rolle zu, denn er hat die Macht und die Mittel dazu. So ist es der Staat, der Kinderarbeit verbieten soll, der Frauen per decretum keine unzuträglichen Arbeiten zumutet. Das muß alles gesetzlich abgesichert sein, damit man sich darauf berufen kann. In der Gesetzgebung liegt auch eine Hauptaufgabe der staatlichen Gewalt. Dabei ist aber, dem Subsidiaritätsprinzip (Hilfe zur Selbsthilfe) folgend, der Staat verpflichtet, zur Behebung des Übels und zum Eliminieren der Gefahr beizutragen und mittels der zur Verfügung stehenden Maßnahmen in die Verhältnisse der Bürger einzugreifen, jedoch nie weiter, als es wirklich notwendig ist.[48] Beim Rechtsschutz der privaten Bürger ist der besitzlosen Masse besondere Hilfe zu geben, da die Wohlhabenden nicht so stark auf den öffentlichen Schutz angewiesen sind, denn sie können sich aus eigener Kraft heraus verteidigen. „... dagegen hängen die Besitzlosen, ohne eigenen Boden unter den Füßen, fast ganz von der Fürsorge des Staates ab."[49]

Der Papst hält es für seine Pflicht, auch dem Staat die Grenzen aufzuzeigen. Doch die Vermittlung von Zeitlichem und Geistlichem, zwischen der transzendentalen und der immanenten Dimension, zeigt auch in „*Rerum novarum*" eine große Spannung an. Nach Marie-Dominique Chenu erlangt die subjektiv moralische Abhilfe über die Reformen der Struktur und die christliche Wohltat über rechtliche Verpflichtungen die Oberhand.[50] Dies sei besonders dort gegeben, wo den Besitzenden die Pflicht zur Hilfe der Armen und Arbeitnehmer aufgetragen wird. Arbeit und Notlage sind nach christlicher Grundüberzeugung Ergebnis der Erbsünde. Deshalb sei ein Entkommen unmöglich. Zum Schluß bleibe nur das Aushalten im Unvermeidlichen – eine dürftige Hoffnung. Gewiß sind die Überlegungen im christlichen Sinne und in Übereinstimmung mit einer tiefen menschlichen Wahrheit korrekt, werden aber oft als „bloße Gemeinplätze" oder schwache Vertröstungen auf das Jenseits eingestuft. „Sozialistische Täuschungsmanöver" und die „Anschuldigungen...gegen die Prinzipien der Revolution von 1789" führten zur Verhärtung. „Dadurch werden die Aufforderungen zur Unterwerfung unter den Willen Gottes zu einer für die herrschende Ordnung bequemen Unterstützung und nähren eine schwerfällige konservative Spiritualität."[51]

Es wäre ungerecht, wenn man das revolutionäre Dokument „*Rerum novarum*" nicht aus dem Kontext der Zeit sehen wollte. Ein zeitloses Urteil dar-

[48] RN 29.

[49] Ebd., RN 29: „Die Lohnarbeiter also, die ja zumeist die Besitzlosen bilden, müssen vom Staat in besondere Obhut genommen werden." Somit hat der Staat die Position der schwachen Glieder in der Gesellschaft gebührend und in rechtem Maß zu stärken.

[50] *Marie-Dominique Chenu:* Kirchliche Soziallehre im Wandel. Fribourg 1991, 26f.

[51] Ebd., 27.

über ist deshalb nicht angebracht; obwohl festzustellen ist, daß eine Strukturanalyse der Ursachen der Not weithin fehlt, denn man ist gewohnt, neben dem Konstatieren eines Übels auch das genaue Warum dieses zu beleuchten. An sich ist es nicht die Hauptaufgabe der Kirche, die Ursachen der wirtschaftlichen oder politischen Fehlentwicklungen zu analysieren und die Position des Unternehmers zu stärken, doch sollte sie, um noch kompetenter mitreden zu können, den Dialog wagen, die Hindernisse zur Herzensumkehr hin zum Evangelium nennen und die Verderbtheiten, die zum sozialen Elend führen, sichtbar machen.[52] Und dies trifft nicht nur eine Gruppe, Schicht oder Klasse in der Gesellschaft, sondern alle!

Dennoch ist positiv festzustellen: „Die Denkrichtungen und auch die Handlungen, die sich vom Standpunkt dieser Enzyklika herleiteten, bezeugen in all ihren gegensätzlichen Wirkungen jedenfalls, welch fruchtbare Erneuerung sie für die Kirche und Welt darstellte."[53]

b) Rentabilität und Initiative der Wirtschaft als Grundpostulate der Enzyklika „Quadragesimo anno" von Papst Pius XI. aus dem Jahre 1931

Wie an den bisherigen Ausführungen deutlich geworden sein sollte, hängt die Frage des Unternehmerbildes in der Soziallehre der Kirche im besonderen mit der sozialen Frage und dem Eigentumsbegriff zusammen. Vehement wird in *„Quadragesimo anno"* der Vorwurf der individualistisch-ideologischen Infizierung der Eigentumsdoktrin der Soziallehre der Kirche zurückgewiesen. Zwei gefährliche Einseitigkeiten seien daher mit Bedacht zu meiden. Auf der einen Seite führt die Leugnung oder Abschwächung der Sozialfunktion des Eigentumsrechts zum Individualismus oder mindestens in seine Nähe; auf der anderen Seite treibt die Verkennung oder Aushöhlung seiner Individualfunktion zum Kollektivismus oder läßt wenigstens dessen Standpunkt bedenklich streifen. „Bleibt dies außer acht, so geht es auf abschüssiger Bahn reißend jenem moralischen, juristischen und sozialen Modernismus zu... Das sollen vor allem jene umstürzlerischen Geister sich merken, die ohne Scham der Kirche Schimpf antun durch die verleumderische Anklage, sie habe in die Lehre der Theologen einen angeblich heidnischen Eigentumsbegriff sich einschleichen lassen, der

[52] Ebd., 29f.

[53] Ebd., 29, 30. *Chenu* bemerkt bezüglich heutiger, christlicher Wirtschaftsweise: „Wir müssen nicht nur einen langen Weg hinter uns bringen, sondern auch die Bewegungsrichtung umkehren und von der Lehre (als Doktrin) zur Praxis als der lebendigen Erkenntnisquelle für eine christliche Ökonomie übergehen." Theorie allein kann keine Welt verändern, sondern nur in Übereinstimmung mit der Praxis kommt es zu einer wirklichen Wandlung und gerechteren Weltordnung, aber der Bewußtseinswandel bildet die Grundlage.

durch einen anderen zu ersetzen sei, dem sie in bemerkenswerter Unwissenheit die Bezeichnung ‚christlich' beilegen."[54]

In Verbindung mit dem gerechten Lohn und dessen Höhe kommt auch der Unternehmer und dessen Aufgaben in *„Quadragesimo anno"* zu Wort.[55] Dabei wird betont, daß es ungerecht ist, wenn von Seiten der Arbeitnehmerschaft aus überhöhte Löhne gefordert werden, die dann folgenschwer zum Zusammenbruch eines Unternehmens führen und auch gleichzeitig den Ruin eines Unternehmers (in den meisten Fällen jedenfalls) bedeuten. Im gleichen Absatz werden dann zwei Termini eingeführt, welche unzweideutig auf das Ordnungsbild einer unternehmerischen Wirtschaft hindeuten und welche ebenso essentielle Bestandteile der Unternehmerfunktion darstellen: die Begriffe Initiative und Rentabilität. Eine adäquate Unternehmerfunktion setzt als conditio sine qua non die Initiative des Unternehmers voraus, ebenso wie das Streben nach ökonomischer Rentabilität, wobei durch letzteres sowohl Arbeitsplätze gesichert werden als auch die Grundlage für den hinreichenden Lohn. „Steht … das Unternehmen selbst unter dem Druck ungerechter Vorbelastungen oder unter dem Zwang, seine Erzeugnisse unterpreisig abzugeben, so daß ihm zufolge dessen die Mittel zur Zahlung angemessener Löhne nicht zur Verfügung stehen, so machen diejenigen, die auf das Unternehmen diesen Druck ausüben, sich himmelschreiender Sünde schuldig; sind doch sie es, die dem Arbeiter, der notgedrungen zu einem Hungerlohn sich verdingt, den gerechten Lohn vorenthalten."[56] Diejenigen von der Leitung des Unternehmens getroffenen Fehlentscheidungen, ökonomische oder technische Nachteile im Konkurrenzkampf mit anderen, sollten nicht zu Lasten der Arbeiter gehen und z.B. in Lohnkürzungen Ausdruck finden (idealtypisch, aber die Wirklichkeit spricht oftmals eine andere Sprache). Einschränkend ist allerdings festzuhalten, daß einiges hermeneutisches Geschick im Bereich der Textanalyse notwendig ist, um tatsächlich die wichtigsten Elemente einer unternehmerischen Wirtschaft herauszufiltern. Jedoch ist ebenfalls hervorzuheben, daß *Quadragesimo anno* die unternehmerische Wirtschaft sowie die ihr jeweils eigenen Funktionen des Unternehmers als Anliegen anerkennt und ihr als Problematik hohen Stellenwert beimißt.

---

[54] *Oswald von Nell-Breuning/Johannes Schasching:* Texte zur katholischen Soziallehre. Köln/Kevelaer 7. Auflage 1989, QA 46.

[55] Ebd., QA 72.

[56] Ebd., QA 72.

c) Privateigentum an Produktionsmitteln, die Vorrangigkeit der Privatinitiative sowie die Entwicklungshilfe als Höhepunkte der Enzyklika „Mater et magistra" von Papst Johannes XXIII. aus dem Jahre 1961

Als stark betontes Ordnungsbild innerhalb der Volkswirtschaften wird die unternehmerische Wirtschaft in *„Mater et magistra"* herausgestellt. Die naturrechtliche Begründung des Privateigentums (auch der Produktionsmittel) kommt unter dem Verweis auf *„Rerum novarum"* zur Sprache.[57] Damit in Verbindung stehend werden drei prinzipielle Bemerkungen für die positive Annahme der unternehmerischen Wirtschaft gemacht:

Priorität hat die Abwehr einer Abwertung der Ordnungsfunktion des Privateigentums, wie dies zu jener Zeit gern von „linken Kreisen" getan wurde.[58] Die den Papst und dessen Enzyklika Angreifenden ließen Zweifel aufkommen, ob der von den vorangegangenen Päpsten bereits erörterte und vorgetragene gesellschaftsökonomische Grundsatz über das Privateigentum an Produktionsmitteln jetzt ebenfalls noch seine Geltung habe oder aber seine Bedeutsamkeit verloren gegangen sei. Johannes XXIII. hält solchen fragwürdigen Auslegungstendenzen entgegen: „Ein solcher Zweifel ist völlig unbegründet. Denn das Recht auf Privateigentum, auch an Produktionsmitteln, gilt für jede Zeit. Es ist in der Natur der Dinge selbst grundgelegt."[59] Diese klare Aussage steht ohne Frage auf dem Boden des Naturrechts.

Als zweiter Hinweis zur Bejahung der unternehmerischen Wirtschaft ist die Bemerkung zu werten, nach der die Anerkennung des Menschenrechts auf Privatinitiative dann gegenstandslos würde, wenn man dem Menschen nicht zugleich ebenso die Möglichkeit einräumt, daß er die für die Ausübung dieses Rechts zwingend notwendigen Mittel nicht auch selbst bestimmen und anwenden könnte. Dabei ist wiederum wichtig, daß es allerdings nicht nur um die Mittel allein geht, sondern ebenfalls auf die Anwendung ankommt. Diese Argumentation gibt eine Schlüsselstellung für die wirtschaftliche Mitbestimmung ab, weil nämlich durch diese das an das Eigentum geknüpfte Recht auf Anwendung zugunsten von Nichteigentümern halbiert würde.

Als dritte Argumentationsfigur, die uns in diesem Zusammenhang interessiert, wird eine in der erlebten Gegenwart klar hervorgetretene Begründung für das naturrechtliche Wesen des Privateigentums gegeben. Demnach bestätigen die Erfahrung und die historische Realität die Tatsache, daß dort, wo das politische Regime der Einzelperson das Privateigentum an Produktionsmitteln vor-

[57] Ebd., MM 18.

[58] Ebd., MM 108.

[59] Ebd., MM 109.

enthält, gleichfalls die Ausübung humaner Freiheit in den wesentlichen Menschenrechten entweder stark eingeschränkt oder ganz aufgehoben wird.

An zwei Stellen wird durch die Betonung der Privatinitiative noch in besonderer Weise die unternehmerische Wirtschaft als die der Naturordnung gemäße Wirtschaftsform herausgestellt. Mit auffallend scharfem Ton wird gesagt, daß von vornherein festzuhalten sei, in der Wirtschaft komme der Privatinitiative der einzelnen Vorrang zu, die entweder in komplexer Verbundenheit mit anderen oder eben allein die Verfolgung (gemeinsamer) Interessen angehen.[60]

Der Staat mag zwar in seiner Sorge um die Wirtschaft und deren Gedeihen die Rahmenbedingungen für sie festlegen, aber diese Sorge muß so geartet sein, daß der Raum der Privatinitiative der einzelnen Bürger nicht nur nicht eingeschränkt wird, sondern sogar noch ausgeweitet werde.[61] Dazu wird nun über die Privatinitiative das ausgesagt, was früher vom Privateigentum gehalten wurde: „Wo die Privatinitiative der einzelnen fehlt, herrscht politisch die Tyrannei“[62], ja dann fehle es auch an vielerlei Verbrauchsgütern und Dienstleistungen, auf die die Einzelperson aufgrund ihrer leiblichen und seelischen Natur nach angewiesen ist. Von der privaten Unternehmerfunktion wird daher angenommen, daß durch sie eine bessere Deckung der Bedürfnisse der Menschen ermöglicht wird, also dem sozialen Zweck der Wirtschaft entspricht und damit im Dienste sowohl am Konsumenten als auch am Gemeinwohl selbst in wesentlich höherem Maß steht.

„Mater et magistra“ nimmt das Subsidiaritätsprinzip zweimal als die Argumentation unterstützendes Element in Anspruch. In einer ersten Begründungsfigur wird es in bezug auf die Eigentumslehre angeführt. Bei der Erörterung des öffentlichen Eigentums wird dieses sozialethische Grundprinzip zu Rate gezogen, denn – so wird gesagt – es dürfen Staat wie öffentliche Institutionen den Umfang ihres Eigentums nur dann ausweiten, wenn das richtig verstandene Gemeinwohl dies verlangen würde.[63] Dabei liegt nun die Beweislast bezüglich einer solchen Forderung des Gemeinwohls bei den öffentlichen Institutionen selbst, wenn sie nach der Ausweitung des öffentlichen Eigentums streben wollen. Die zweite Begründungslinie argumentiert mit dem Subsidiaritätsprinzip bezüglich des Vorrangs der Privatinitiative. Denn in Übereinstimmung mit diesem Prinzip solle die öffentliche Hand die Privatinitiative dermaßen fördern und unterstützen, daß sie die von ihr selbst in die Wege geleiteten Unternehmungen sobald wie möglich privaten Händen zur Weiterführung überläßt.[64] An

---

[60] Ebd., MM 51.

[61] Ebd., MM 55.

[62] Ebd., MM 57.

[63] Ebd., MM 117.

[64] Ebd., MM 152. Eine Studie über die ökonomische Führung von Klöstern zeigte, daß dort, wo das Gemeinwesen kollektivisch (im Sinne von kollektivistisch) verwaltet

diesen zwei angeführten Beispielen wird ersichtlich, daß bereits in der Logik des Subsidiaritätsprinzips die unternehmerische Wirtschaft grundgelegt ist.

Die Unternehmerfunktion ist im besonderen angesprochen, wenn es bei der Erörterung der Hilfsmaßnahmen für die Entwicklungsländer in der Enzyklika geht. Ja es klingt geradezu wie ein Appell an die Unternehmer, wenn der Gedanke an die Zukunft und die harte Not der Gegenwart erwähnt wird, mehr und rationeller zu produzieren.[65] Die Unternehmerleistung besteht vorrangig in der zweckmäßigsten Kombination der Produktionsfaktoren zur bestmöglichen Ausnutzung der Naturgüter und der Organisation der Arbeitskräfte. Die beste Ausnutzung der Ressourcen und Kräfte ist nach dem Gebot der Rationalität eine Notwendigkeit aufgrund des Wachstums der Bevölkerung und ihrer Bedürfnisse im Verhältnis zu den für sie und ihre Befriedigung knappen Mitteln. Heutzutage ist man gewohnt, von Wohlstandsländern und der Überflußgesellschaft zu sprechen; aber das kann zu einem Trugschluß Anlaß geben, wonach das Knappheitsprinzip, von dem die Nationalökonomen nach wie vor ausgehen, eliminiert zu sein scheint. Aber nicht weniger als ein Drittel der Weltbevölkerung hungert noch in unserer Zeit, Tendenz steigend! Ebenso besteht in hochentwickelten Industriestaaten der Welt Kapitalknappheit, die immer neue Sorgen und Probleme ihrer Wohlfahrt sowie die Furcht vor Rückschlägen in ihrem Konjunkturverlauf zur Folge haben.

Die Begriffswendung mehr und rationeller zu produzieren, wird deutlich, wenn von den unterentwickelten Ländern die Rede ist, denn auch sie brauchen gute Unternehmer.[66] Daneben sind ihnen leistungsfähigere Produktionsverfahren zu vermitteln. Dabei komme es vor allem auf die berufliche und fachliche Ausbildung an, auf das erforderliche Kapital und die technische Ausstattung. Die Geschichte der Wirtschaft von der Epoche des Frühkapitalismus bis zur Nachmoderne sollte keinen Zweifel darüber aufkommen lassen, daß der ökonomische Aufstieg der einzelnen Völker bei der Bedürfnisbefriedigung ihrer Bewohner und Bürger des wachsenden Lebens- und Kulturbedarfs hauptsächlich von drei Elementen abhängig ist: vom Unternehmergeist der Führungselite, von der Kapitalbildung und von der Qualifikation der Arbeiter- und Angestelltenschaft. Aber sowohl ein Tadel hinsichtlich der Fehlinvestitionen in Prestigeobjekte, die echtem Unternehmergeist widersprechen und den ökonomischen Aufstieg verhindern, als auch ein ethisch wertender Hinweis auf die Unerläßlichkeit des Unternehmergeistes und der Kapitalbildung in den einzelnen Län-

---

wird, der Verschwendung Tür und Tor geöffnet sind. Gleiches läßt sich leicht über die planwirtschaftlich geführten Betriebe der ehemaligen Ostblockstaaten aussagen, wo Mißwirtschaft und Ineffizienz regierten.

[65] Ebd., MM 168.

[66] Ebd., MM 163ff.

dern der Dritten und Vierten Welt sind nicht ins Wort gehoben worden, was einen gewissen Mangel vereinseitigender Argumentation offenkundig macht.

Zwar wird der Unternehmer expressis verbis genannt und auf seine Sozialfunktion als Unternehmerleistung und die Funktion des Unternehmers hingewiesen, jedoch nur wiederum im Zusammenhang mit dem Problem der gerechten Verteilung, denn es gebühre ihm der Unternehmerlohn. „Eben diese Forderungen des volkswirtschaftlichen und gesamtmenschheitlichen Gemeinwohls sind selbstverständlich auch bei der Bemessung der Anteile gebührend zu berücksichtigen, die den leitenden Männern der Unternehmen als Entgelt für ihre unternehmerische Leistung oder den Kapitalgebern als Ausschüttungen zufließen.“[67]

Der Unternehmergewinn wird geflissentlich umgangen. Wenn schon sonst nichts weiter ausgeführt wird dazu, dann hätte der Gedanke der Entwicklungshilfe, für welche die Enzyklika so vehement eintritt, unbedingt auf gleicher Ebene als Ergänzung und Erklärung ein Wort zum Unternehmergewinn als Hauptquelle der Kapitalbildung[68] notwendig gehabt. Für den Fortschritt der Völker ist die Kapitalbildung ein ganz wesentliches Element, ja von ausschlaggebender Bedeutung, denn von ihr hängt das Produktivitätswachstum der Volkswirtschaft ab, ebenfalls bestimmt sie die Leistungskraft der hochentwikkelten Volkswirtschaften im Dienste des globalen Gemeinwohls, auch im Dienste der Entwicklungshilfe. Auch deshalb müßte über den Unternehmergewinn gesprochen werden, weil in der Soziallehre der Kirche die Sozialfunktion des Eigentums – eingeschlossen des Kapitalgebers – Erwähnung findet, welches letztlich doch zum größten Teil aus dem Unternehmergewinn hervorgeht.

Es fällt die vereinseitigende Betonung der Sozialfunktion des Eigentums auf, das nur unter dem Aspekt der Verteilung genannt wird.[69] Andererseits ist dies keine Überraschung, denn fast durchwegs wird in der Soziallehre der Kirche in Verbindung mit der Erörterung dieser Sozialfunktion die Frage nach der gerechten Verteilung hervorgehoben, sie zieht sich wie ein roter Faden durch viele kirchenamtliche Dokumente. Aber die Sozialfunktion ist nur die eine Seite der Medaille, denn das Eigentum hat natürlich noch andere, eine davon ist die Verwendung des Eigentums zur Erfüllung des Sozialzwecks der Wirtschaft, was

---

[67] Ebd., MM 81.

[68] Bei der Wiedervereinigung Deutschlands ist die fehlende Kapitalbildung im Osten eines der größten Hindernisse. Vgl. dazu: *Johannes Michael Schnarrer:* Die ganz unterschiedliche Vermögensbildung im Osten und Westen von Deutschland: Eine Untersuchung zu Fakten und Tendenzen als Augenblickaufnahme im Umformierungsprozeß. In: Diözesaninstitut für die Verbreitung der Soziallehre der Kirche Brünn (Hg.): Die sozialethische Sicht der ökonomischen Transformation in der Tschechischen Republik. Texte zur gleichnamigen Tagung in Velehrad (6.–8. Februar 1998), 135–156. Auf tschechisch: 47–62.

[69] MM 30, ausführlicher wird es in MM 119 behandelt.

den Gemeinwohlzweck einschließt, der die beste Verwendung der Eigentumsgüter im Dienste des gesellschaftlichen und globalen *Bonum commune* darstellt. In einer Zeit, wo mehr als ein Drittel der Weltbevölkerung nicht das Notwendigste zum Leben hat, da erhält dieser Aspekt einen besonderen Schwerpunkt. In Anbetracht dieser Situation wird es nach dem obersten Grundsatz der Eigentumslehre der Kirche, wonach die Erdengüter auf die humane Versorgung aller Menschen unseres Planeten hingeordnet sind, da alle Erdengüter heutzutage im Eigentum sind, zur zweiten Sozialfunktion des Eigentums gehören müssen, die Eigentumsgüter so effektiv und produktiv einzusetzen, daß eine menschenwürdige Versorgung möglichst aller erreicht wird, um damit die Welt menschlicher zu gestalten. Und genau diese produktive Nutzung aller Eigentumsgüter ist die Aufgabe und Anforderung des Unternehmers, weil darin eine seiner Hauptfunktionen liegt, wohl aber wiederum nicht allein der Unternehmensleitung überlassen, sondern auch der übrigen Arbeit aller Qualifikationsebenen. Durch gesellschaftliche Ordnungs- und Systemfaktoren ist ebenfalls sicher zu gewähren, daß ein dem heutigen Anforderungsprofil entsprechendes Ausmaß dieser Funktion der Produktivität erreicht werden kann. Im besonderen gehört der Wettbewerb zu diesen notwendigen Ordnungsfunktionen.[70] Somit sind beide Seiten der Sozialfunktion des Eigentums eng miteinander verwoben, denn es ist die humane Versorgung möglichst aller a priori ausgeschlossen, wenn nämlich nicht durch die notwendigerweise effektive Anwendung der Eigentumsgüter der für die Verteilung verfügbare Güterfond ganz essentiell eine Vergrößerung erfährt. Weil die in *„Mater et magistra“* vertretene Eigentumslehre die natürliche Begründung der Eigentumssituation und die mit dieser einhergehende Sozialverpflichtung des Eigentums im angegebenen Sinne vertritt, ergibt sich automatisch das Recht des Privateigentums, um seiner Sozialfunktion entsprechen zu können. Rechte und Pflichten werden hier als interdependente Größen deutlich gemacht, denn natürliche Rechte sind stets dort mitgegeben, wo Pflichten begründet sind.

Die hier angeführte Argumentation weist eine der Eigentumssituation innewohnende Logik auf, die weithin noch nicht ernsthaft erschüttert werden konnte. Aus dem Gesagtem kann nun folgende Schlußfolgerung gezogen werden: Die Verpflichtung sozialer Natur bezüglich des Eigentums erfordert in der Nachmoderne mehr denn je die für ihre Erfüllung notwendige (relative) Entscheidungsfreiheit, um bei der Ausübung der von dieser Sozialverpflichtung postulierten und in ihr begründeten Unternehmerfunktion gerecht werden zu können. Aus diesem Grund ergibt sich nun, daß die Mitbestimmung bei Unternehmerentscheidungen durch andere eingeschränkt sein muß, denn sie würde ja einen Eingriff in einen naturrechtlich begründeten Verpflichtungsbereich be-

---

[70] *Johannes Michael Schnarrer*, Aktuelle Herausforderungen der Ethik in Wirtschaft und Politik: Perspektiven für das 21. Jahrhundert. 3. Aufl. Wien 1999.

deuten. Andererseits trägt der Unternehmer dann auch die ganze Verantwortung der Entscheidungen auf seinen Schultern.

d) Bejahung des wirtschaftlichen und technischen Fortschritts: Die Pastoralkonstitution des II. Vaticanums „Gaudium et spes" aus dem Jahre 1965

Nach „*Rerum novarum*" und der Enzyklika „*Quadragesimo anno*" (Über die gesellschaftliche Ordnung, ihre Wiederherstellung und Vollendung, von Papst Pius XI. 1931) ist „*Gaudium et spes*" als wichtiges Dokument päpstlicher Lehrschreiben ins Wort zu heben.[71] Anfangs sollte es auf dem II.Vaticanum (1962-1965) nicht als Thema extra angesprochen werden, wie das Verhältnis von Kirche und Welt in der heutigen Zeit (1965) zu definieren sei. Erst auf die heftige Intervention einiger Konzilsväter hin, wurde die Problematik der Sendung der Kirche, auch nach außen hin – in die Welt von heute – aufgenommen.[72] In unserer Zeit wird dieses Konzilsdokument „bei vielen als das wichtigste Dokument der gesamten Tradition kirchlicher Soziallehre"[73] bewertet.

Besonders die Abschnitte 33–39 beschäftigen sich mit der menschlichen Arbeit in der Welt. Immer hat der Mensch danach gestrebt, durch seine Arbeit den Lebensstandard zu verbessern. Durch die multilateralen Beziehungen hat sich eine Arbeitsteilung und Spezialisierung durchgesetzt, die den Menschen zum Glied in einer Weltgemeinschaft macht. Was sind der Sinn, der Wert und das Ziel dieses Weges menschlichen Wirkens und Arbeitens?[74] Der Wert des menschlichen Schaffens (eingeschlossen der Unternehmer) besteht darin, daß die erzeugten Güter zunächst keinen Gegensatz zur Macht Gottes darstellen, sondern einerseits dem Schöpfungsauftrage dienen und andererseits als Zeichen für die Größe Gottes zu verstehen sind. Aber, so wird gewarnt, je mehr die

---

[71] Aus den Kommentaren zu dieser Enzyklika können nur einige ausgewählt werden. An dieser Stelle sei hingewiesen auf: *Gregory Baum/Donald A. Campion:* Commentary on Gaudium et Spes. New York 1967.

[72] *Walter Kerber:* Katholische Gesellschaftslehre im Überblick. Frankfurt a.M. 1991, 78–92, hier: 78f. In ihrer endgültigen Form stellt die Pastoralkonstitution eine bedeutsame Abkehr vom starren Traditionalismus der Vorbereitungskommission des Konzils dar und ist nicht zuletzt als Ausdruck der überwältigenden Mehrheit der Bischöfe aus aller Welt bemerkenswert. Bezüglich des Aufbaus von GS ist darauf hinzuweisen, daß es sich eigentlich um zwei Teile handelt, die aber eine gewisse Einheit bilden. Der erste trägt den Titel: „Die Kirche und die Berufung des Menschen" (GS 11–45), der zweite Teil nimmt Stellung zu „wichtigen Einzelfragen" (wie z.B. der Ehe, dem kulturellen Fortschritt, dem Wirtschaftsleben, der politischen Gemeinschaft und der Förderung des Friedens).

[73] Ebd., 78.

[74] II. Vaticanum, Gaudium et spes. 1965, Nr. 33.

Macht und Machbarkeit der Menschen wächst, um so schwerer lastet die Verantwortung auf ihren Schultern.[75]

Das zielgerichtete menschliche Schaffen bedarf einer Ordnung, denn das Schaffen und Wirken geht sowohl aus der menschlichen Person hervor, ist aber ebenso auf diese hingerichtet.[76] Das humane Individuum behandelt also beim Tätigsein nicht nur Materie, sondern vervollkommnet sich selbst auch dabei. Hier entsteht ein ‚natürliches Wachstum', das letztlich besser ist als Reichtum, der „zusammengerafft" ist. Vom christlichen Standpunkt aus gilt der Wert des Menschen als Person selbst mehr als sein Eigentum bzw. Reichtum. Alles das ist wertvoller und wichtiger, als der beinahe ungebremste menschliche Fortschritt einem besseren Zusammenleben in Brüderlichkeit und Gerechtigkeit sowie einer dem Menschen an sich immer stärker entsprechenden Ordnung dient. Der Maßstab des menschlichen Handelns und Schaffens ist demnach in Übereinstimmung mit dem Willen Gottes, der humanen Berufung als soziales und als individuelles Wesen, zu finden.[77]

Die Autonomie der Menschen wird auch dann nicht gefährdet, wenn eine christlich motivierte Verknüpfung des Schaffens und Wirkens sowie der Gesellschaft als auch der Wissenschaften mit der Religion gegeben ist. Es ist von einer gewissen Autonomie der irdischen Dinge auszugehen, die von seiten der Religion anerkannt wird, da der Mensch Werte und Gesetze Schritt für Schritt begreifen, gestalten und konkretisieren muß. Des Menschen Selbst-Stand ist deshalb mit dem Willen des Schöpfers völlig übereinstimmend. Ebenso ist der Wissenschaft Autonomie einzuräumen, denn sie wird nicht in Konflikt mit dem Willen Gottes geraten, da die Realitäten von Glauben und Wissenschaft im selben Schöpfer begründet sind.[78] Allerdings ist eine radikale Autonomie dann

[75] Ebd., 34. Daraus wird klar, daß die christliche Botschaft die Menschen nicht vom Aufbau der Welt ablenkt noch zur Vernachlässigung des Wohls ihrer Mitmenschen hintreibt, sondern sie vielmehr strenger zur Bewältigung dieser Aufgaben verpflichtet. Die Soziallehre soll Hilfen zum guten Gestalten der Erde anbieten und nicht, wie ihr von manchem Antipoden vorgeworfen wird, zur reinen Spiritualisierung der irdischen Schwierigkeiten hinlenken.

[76] Ebd., GS 35. In der Folge des Calvinismus kam es und kommt es bis heute zur Überbewertung des Reichtums. Nicht selten wird noch der Mensch, besonders im angloamerikanischen Raum, danach bewertet, wieviel er besitzt. In der gleichen Gefahr stehen die Menschen auch in Europa, denn neuerdings wird hier eine ‚amerikanisierte' Kulturmentalität übernommen, die beängstigend materialistisch wirkt.

[77] Ebd., GS 35.

[78] Ebd., GS 36. Deshalb sind gewisse Geisteshaltungen, die einst auch unter Christen wegen eines unzulänglichen Verständnisses für die legitime Autonomie der Wissenschaft vorkamen, zu bedauern. Durch die dadurch entfachten Streitigkeiten und Auseinandersetzungen schufen sie in der Mentalität vieler die Überzeugung von einem Widerspruch zwischen Glauben und Wissenschaft. (Vgl. hierzu: *Pio Paschini*; Vita e opere di Galileo Galilei; Rom 1964, Bände 1u. 2.) Noch bis heute ist die Meinung der Gegensätzlichkeit von Glauben und Wissenschaft anzutreffen.

bedenklich, wenn sich diese abkoppelt von Gott und alle anthropologisch-sozialen Gesellschaftsphänomene in Kultur und Wissenschaft ausschließlich vom Menschen per se ableitet, „denn das Geschöpf sinkt ohne den Schöpfer ins Nichts.“[79]

Aber das menschliche Schaffen kann auch sündig sein, denn oft werden heute Schlechtes und Gutes miteinander vermengt und dadurch immer schwieriger unterscheidbar, was zu welchem gehört. Die Welt ist bedroht durch die Machtbesessenheit der einzelnen Menschen oder Nationen. So ist jeder gefordert, den Kampf des Guten zu vollziehen, wird jedoch nur mit Gottes Hilfe und Führung zur inneren Authentizität gelangen.[80] Durch die Unvollkommenheit des Menschen und seines Umfeldes in Gesellschaft und Staat, ist darauf hinzuweisen, daß ein nicht zu leugnender Unterschied zwischen dem Wachstum des Reiches Gottes und dem irdischen Fortschritt besteht. Den Zeitpunkt der Vollendung der Basileia (=Gottesherrschaft im Himmel und auf Erden) wissen wir nicht, aber es wäre falsch, wenn der Blick auf die neue Erde alles andere, hiesige, so verstellen würde, daß das Hier und Heute, also Raum und Zeit plötzlich sekundär würden. Trotzdem hat natürlich der Fortschritt auf dieser Welt hervorragende Bedeutung für das Anbrechen der Basileia, da er die Gesellschaft und ihre Ordnungen zu humanisieren vermag. Deshalb sind Engagement und Erträgnisse der Natur Güter der menschlichen Würde, die in freier und sich gegenseitig unterstützender Gemeinschaft erzeugt und vermehrt werden. Die Basileia ist zwar angebrochen, wird aber erst bei der Wiederkunft des Herrn vollendet.[81]

Wie später in „*Laborem exercens*“ (1981) ist bereits in GS der Grundsatz festgelegt, wonach Arbeit Vorrang vor dem Kapital einzuräumen sei. (Auch konstruktive) Kritiker meinen, daß – pädagogisch vielleicht erfolgreicher – für „Gleichrangigkeit“ plädiert werden sollte; denn beide Faktoren seien insofern interdependente Größen, als auch der Umkehrschluß – ohne Kapitaleinsatz keine Arbeit – nicht ganz leicht widerlegbar erscheint. „Die in der Gütererzeugung, der Güterverteilung und in den Dienstleistungsgewerben geleistete menschliche Arbeit hat den Vorrang vor allen anderen Faktoren des wirtschaftlichen Lebens, denn diese sind nur werkzeuglicher Art.“[82] Mit dieser Prioritätensetzung ist zweierlei verbunden: einerseits ein gewisses Recht auf Arbeit und

---

[79] Ebd., GS 36.

[80] Ebd., GS 37.

[81] Ebd., GS 39.

[82] Ebd., GS 67. Folgende Begründung wird für diese Annahme gegeben: „Die Arbeit nämlich, gleichviel, ob selbständig ausgeübt oder im Lohnarbeitsverhältnis stehend, ist unmittelbarer Ausfluß der Person, die den stofflichen Dingen ihren Stempel aufprägt und sie ihrem Willen dienstbar macht. Durch die Arbeit erhält der Mensch sein und der Seinigen Leben, tritt in tätigen Verbund mit seinen Brüdern und dient ihnen; so kann er praktische Nächstenliebe üben und seinen Beitrag zur Vollendung des Schöpfungswerkes Gottes erbringen.“

andererseits die Pflicht zu gewissenhafter Erfüllung des Arbeitsauftrags. Dann ist die Arbeit gerecht zu entlohnen und damit verbunden wiederum die Aufgabe der Gesellschaft, dafür zu sorgen, daß ausreichend Möglichkeiten zur Arbeit geschaffen werden. Demnach sollten Gesellschaft und Staat durch geeignete Rahmenbedingungen den Unternehmern die Schaffung ausreichender Arbeitsplätze ermöglichen. Außerdem wäre dem Arbeitenden selbst die Verwirklichung seiner potentiellen und erlernten Anlagen bzw. Fähigkeiten zu gewährleisten, damit der Mensch durch seine Arbeit immer mehr Mensch werden kann.[83] Die erwähnten Kritiker an einem undifferenzierten Primat der Arbeit, bzw. an einer Polarisierung von Arbeit und Kapital überhaupt, d.h., die also neben Arbeit und Kapital gern auch die anderen „Stakeholder" (Interessenten, Betroffene, Kunden, Lieferanten, Staat, Gesellschaft etc.) nicht übersehen wissen möchten, sind in der Regel immerhin auch diejenigen, von denen die heute weitverbreitete Überschätzung des Kapitals, die durch die jüngst provokant stark in den Vordergrund gerückte Kennzahl „Shareholder-Value" zum Ausdruck kommt, ebensowenig akzeptiert wird.

Im wirtschaftlichen Leben ist ebenso die Person (gleich welcher Position im Arbeitsprozeß, als Arbeiter, Angestellter oder Unternehmer) als mit Würde ausgestattetes Wesen und ihre je spezifische vocatio zu akzeptieren, denn der Mensch ist Kulminationspunkt allen ökonomischen Tuns. Die Pastoralkonstitution macht überdies aufmerksam auf die Ungerechtigkeiten in der Welt. Denn ein großer Teil der Menschen, die auf der Erde leben, haben nicht das Notwendigste zu einer würdigen Existenz. Überfluß und Armut stehen einander gegenüber.[84] Die Gerechtigkeitsfrage wird auch hier ganz neu gestellt und in einem christlichen Kontext gesehen, der aber die weltlichen Probleme mit der Verteilung der Güter nicht spiritualisiert, sondern analytisch behandelt.

Das Wirtschaftsunternehmen zeichnet sich dadurch aus, daß hier verschiedene Menschen mit differenzierten Fähigkeiten zu einem gewissen Verbund zusammengeschlossen sind, wobei der eine immer auch von der Leistung des anderen abhängt. Von daher ist der Grundsatz korrekt, daß jeder nach seinen Möglichkeiten zum Gelingen des Unternehmens beitragen soll. Zwar werden gewichtige Entscheidungen über die Zukunft des Unternehmens und der Belegschaft auf oberster Ebene gefällt, aber gerade weil dies die Arbeiterschaft oft existentiell trifft, ist ihr ein Mitspracherecht einzuräumen. Dazu sind freie Or-

[83] Ebd., GS 67.

[84] Ebd., GS 63. Einige wenige erfreuen sich weitestgehender Entscheidungsfreiheit, während viele fast jeder Möglichkeit ermangeln, initiativ und eigenverantwortlich zu handeln, und sich oft in Lebens- und Arbeitsbedingungen befinden, die des Menschen unwürdig sind. Dabei unterscheiden sich zwar die Industriestaaten von den Entwicklungsländern, aber in allen Gesellschaften gibt es Reiche, die im Überfluß leben, während die Zahl in der sog. „Ersten Welt" wesentlich höher liegt als in den Ländern der „Zweiten" oder „Dritten Welt".

ganisationen notwendig, deren Bildung als Recht zu garantieren ist. Bei der Auseinandersetzung zwischen verschiedenen Interessensgruppen gilt der Grundsatz: Kompromiß vor Zuspitzung, der auch allgemein anerkannt ist. Aber selbst der Streik bleibe als Option offen, nämlich für den Fall, daß alle anderen Mittel zur Beseitigung der Konfliktlage erschöpft sind.[85]

Wirtschaftlicher Fortschritt ist dann zu fördern, wenn er im Dienste des Menschen geschieht. Auch hier kommt dem Unternehmer eine Schlüsselstellung zu: Nicht der Gewinn ist die Ziel- oder Zweckbestimmung der Wirtschaft und deren Fortschritt, sondern das, was dem Menschen als Menschen dient, die Versorgung mit knappen Gütern und die Würde des einzelnen. Partizipieren am wirtschaftlichen Aufschwung sollten möglichst viele Menschen und Nationen. Es kann existenzbedrohend sein, wenn man in weniger entwickelten Ländern private Mittel dem Einsatz zu Zwecken des Gemeinwohls vorenthält.[86] Die Frage der Gerechtigkeit ist nur lösbar, wenn die Ungleichheiten der ökonomischen Situationen einzelner Staaten und Regionen sowie deren Diskriminierung, besonders auf sozialer und individueller Ebene, abgebaut wird. Ausländer als Arbeitnehmer sind den Einheimischen nach Rechten und Pflichten gleichzustellen. Vor allem die Aufnahmestellen haben diese Menschen, die in ein anderes Land kommen, um zu arbeiten, nicht nur als bloße ‚Arbeitsobjekte' anzusehen, sondern sollen ihnen mit Rat und Tat zu Hilfe stehen. Allerdings ist zu allererst in den jeweiligen Ländern selbst Arbeit zu schaffen. Die Arbeitsermöglichung wird angesichts der Automation immer schwieriger. Deshalb ist an erster Stelle denen zu helfen, die aus gesundheitlichen oder Altersgründen nicht ausreichend für sich selber sorgen können.[87]

Auch zur Eigentumsfrage, die ja eng verbunden ist mit der Arbeit und dem Unternehmertum, nimmt „*Gaudium et spes*" Stellung, wenn gesagt wird, daß der Schöpfer die Erde als ganze nicht für wenige, besonders Auserwählte schuf, sondern für alle und zum Gebrauch und Nutzen aller Nationen, Völker und Menschen kreiert hat. Auf die allgemeine Nutzung und Designation der Güter kommt es an. Dinge, die sich jemand zu eigen macht, sind zwar als privates Gut anerkannt, verlieren aber trotzdem nicht den Charakter des Gemeingutes. Die Güter sind so zu verteilen, daß niemand Hunger leiden soll. Damit verbunden ist das Recht aller, genug zum Leben sowohl für sich selbst als auch für die Familie zu besitzen und damit eine Existenzgrundlage zu haben. Andererseits ist es die Pflicht derer, die im Überfluß haben, denen, die nichts haben, vom

---

[85] Ebd., GS 68.
[86] Ebd., GS 64–65.
[87] Ebd., GS 66.

Luxus abzugeben. Und wer sich in Not befindet, hat das Recht auf Unterstützung.[88] Diese Aussage ist eine kategorische, die mit der Bibel in Einklang steht.

Summarisch ist festzustellen, daß in der Pastoralkonstitution auch die wichtigen Fragen des Wirtschaftslebens, der Arbeit und der Gerechtigkeit angesprochen und aus der Sicht der christlichen Soziallehre beantwortet werden. Hervorzuheben ist dabei der Mut, sich in gesellschafts- und wirtschaftspolitische Angelegenheiten bewußt einzumischen und dort die Stimme zu erheben, wo Ungerechtigkeit geschieht. Weltliches und Transzendentes stehen in einer gewissen Spannung zueinander, aber schließen sich nicht gegenseitig aus, sondern das erste ist auf das zweite hingeordnet. Wenn der Mensch in der Neuzeit immer weniger in der Lage ist, diesen Bogen des einen mit dem anderen zu verbinden, dann wird gerade auch in diesem Dokument vor der Vereinseitigung gewarnt. Die Problematiken der Arbeit und des Unternehmertums, die in den Jahren nach 1965 an Gewicht gewinnen sollten (wie z.B. die ausländischen Arbeitnehmer) werden bereits Mitte der 60er Jahre fast prophetisch angesprochen, und es werden sowohl humaner Umgang als auch Rechtssicherheit gefordert. In den Jahrzehnten danach kam es zu großen Wirtschaftrezessionen, die Papst Johannes Paul II. in seinem Schreiben „*Laborem exercens*" thematisieren sollte.

e) Die Arbeitsenzyklika „Laborem exercens" von Papst Johannes Paul II. aus dem Jahre 1981[89]

Genau neunzig Jahre nach dem Erscheinen von „*Rerum novarum*" greift auch Papst Johannes Paul II. die von Papst Leo XIII. formulierte soziale Frage auf und nimmt Stellung zu ihr. Die Enzyklika ist fast vollständig aus der Feder des polnischen Papstes selbst entstanden. In ihr finden sich Aussagen über selbstgemachte Erfahrungen in Polen und die ersten drei Jahre seines Pontifikats. Dabei wird deutlich, daß er die Soziallehre der Kirche vor allem zum Thema Eigentum, Kritik an vorherrschenden Ideologien und Systemen wie Kapitalismus und Marxismus ins Blickfeld rückt und weiterentwickelt. Interessant ist, daß der Mittelpunkt der ‚sozialen Frage' der Würde der menschlichen Arbeit gewidmet ist, denn die menschliche Person ist der eigentliche Träger, das Subjekt schlechthin, in der Arbeit. Auch wird der Arbeit ob ihrer Wichtigkeit der Vorrang vor den Dingen eingeräumt. Ebenso werden die Systeme kritisiert, die diesem Anspruch nicht nachkommen. Besonders zu schützen sind die Rechte der Arbeiter und ihre Zusammenschlüsse (z.B. in Gewerkschaften). Am

[88] Ebd., GS 69.

[89] Im Hintergrund der folgenden Ausführungen steht der Kommentar zur Arbeitsenzyklika von: *Oswald von Nell-Breuning:* Der Wert der Arbeit und der Weg zur Gerechtigkeit. Freiburg/Basel/Wien 1981, 105–127.

Ende der Enzyklika befindet sich ein Abschnitt über Grundzüge einer Spiritualität der Arbeit.[90] Arbeit ist hier im weitesten Sinne zu verstehen, also auch als Tätigkeit des Unternehmers.

Bereits in der Einführung wird deutlich, daß die gesamte Frage der sozialen Problematik auf Arbeit abzielt[91], denn durch die Arbeit erhält der Einzelmensch seine Würde, erfährt Pein, Leid und Mühsal, aber ebenso ist sie Sozialisationselement in der Gesellschaft. Mit den neuen Entwicklungen im Produktivbereich (wie Automatisierung) zeichnen sich auch große Auswirkungen ab, die mit den umwälzenden Ereignissen der Industrierevolution des letzten Jahrhunderts verglichen werden. Auch wird ein stärker werdendes Umweltbewußtsein eingemahnt, da die Natur und die Rohstoffe als immer knapper gelten.[92] Welche Aufgabe kann nun daraus für die Kirche erwachsen? An sich ist es nicht die Aufgabe der Kirche, die Entwicklungen der Gesellschaft einer Prüfung zu unterziehen. Dennoch kommt es der Kirche gleichsam wie ein Recht bzw. eine Pflicht zu, die Würde des Arbeitenden zu betonen und dann auch auf Ungerechtigkeiten hinzuweisen.[93] Arbeit ist jedoch einer der wichtigsten Faktoren im Blick auf die soziale Frage hin.[94] Und wenn die Kirche ihrer Aufgabe zur positiven Gestaltung der Welt beizutragen gerecht werden möchte, ist Einmischung – auch in Kompetenzbereiche, die ihr nicht unmittelbar zugehören – zu postulieren.

Im zweiten Kapitel der Enzyklika handelt es sich um das Thema der Arbeit und des Menschen schlechthin, wobei zunächst wieder biblisch argumentierend und das Buch Genesis aufnehmend, vorgegangen wird. Der Mensch wird von Gott als Geschöpf dazu beauftragt, sich die Welt zu unterwerfen; dies ist also mit dem Willen Gottes identisch und entspringt keiner menschlichen Hybris. Mit der Verwirklichung des Auftrages zur Mitgestaltung der Schöpfung wird auch das Wirken Gottes sichtbar.[95] Danach trennt der Papst die Arbeit in objektiv und subjektiv, ihrem Gehalt und dem Sinn entsprechend. Der objektive Sinn

---

[90] *Walter Kerber* et al. (Hg.): Katholische Gesellschaftslehre im Überblick. Frankfurt/M. 1991; 121–130; hier: 121f.; Fünf Abschnitte behandeln vor allem sechs Themen: Die Würde der Arbeit, den Kapitalismus und Sozialismus, das Eigentum, die Gewerkschaften, die Beschäftigung allgemein sowie die Spiritualität der Arbeit.

[91] *Johannes Paul II.:* Laborem exercens. Rom 1981, 1.2.

[92] Ebd., LE 1.3.

[93] Ebd., LE 1.4. Wohl aber hält die Kirche es für ihre Aufgabe, immer wieder die Würde und Rechte der arbeitenden Menschen ins Licht zu stellen und die Verhältnisse anzuprangern, in denen diese Würde und diese Rechte verletzt werden, und den Wandel der Dinge in die Richtung zu lenken, daß ein echter Fortschritt für die Menschen und für die Gesellschaft herauskommt. Denn die Kirche ist als Teil des gesellschaftlichen bzw. öffentlichen Lebens mitverantwortlich für das Gelingen menschlichen Seins, wozu eben auch die Arbeit und das Unternehmertun als Spezialfall gehören.

[94] Ebd., LE 3.2.

[95] Ebd., LE 4.2.

der Arbeit meint das Objekthafte, das alles Produktive einschließt (Verfahren, Mittel etc.), aber auch das Ziel und das Ergebnis der Arbeit.[96] Die Technik ist nicht an sich schlecht, erleichtert sie doch unser Leben von Tag zu Tag; die negativen Aspekte können jedoch die guten und hilfreichen Ergebnisse überwiegen, wenn sie immer mehr zur Konkurrenz des Menschen wird, ihm seine Verantwortung stiehlt und zum Sklaven der Maschinerie macht.[97] Wenn eine Maschine einen höheren Wert zugedacht bekommt als der Mensch, der diese bedient, dann ist eine Überbewertung des einen auf Kosten des Humanum geschehen, wobei diese Überbewertung natürlich aus der Sicht der katholischen Soziallehre zu ändern ist. Wenn man von einem „*Evangelium der Arbeit*" spricht, dann ist auf Jesus selbst hinzuweisen, der die meiste Zeit seines erdenhaften Seins als Zimmermann verbracht hat – auf unauffällige und unpopuläre Art und Weise. Die Würde der menschlichen Arbeit hängt nicht vom Objekthaften ab, sondern von der Person selbst.[98] Grundsätzlich gilt, daß die Arbeit um des Menschen willen da ist und nicht umgekehrt;[99] denn es geht nicht darum, was der einzelne als Arbeiter, Angestellter oder Unternehmer verrichtet, sondern darum, *wie* er es tut und daß der *Mensch als Ziel der Arbeit* im Blickfeld bleibt, da das materielle Ziel keinen letztgültigen Eigenwert darstellt. Genau das ist mit „subjektivem Sinn" der Arbeit gemeint, nämlich daß die menschliche Person im Zentrum der Überlegungen vom Wert des Berufs und der Arbeit steht. Der Papst warnt vor materialistischen wie ökonomistischen Strömungen, denn die Arbeit dürfe nie nur als eine Ware behandelt werden oder eine funktionale Kraft, die zur Produktion nötig sei. In diesem Fall bliebe für das Menschsein des Menschen kein Raum mehr. Es war ein großer Fehler des Kapitalismus, den Arbeiter zu instrumentalisieren und ihm dadurch der Würde zu berauben, die ihm durch die Arbeit geschenkt wird.[100]

Ein weiteres Anliegen von Johannes Paul II. ist die Solidarität der Arbeitenden, denn die Arbeiterfrage hatte soziale Reaktionen ausgelöst und zu einer verstärkten Solidarität geführt, was wiederum „sozial-moralisch" völlig richtig war[101] (und noch bis heute ist). Die Solidarität als ein Grundsatz der katholi-

---

[96] Ebd., LE 4.3, 5.4, 6.2, 6.6.

[97] Ebd., LE 5.4.

[98] Ebd., LE 6.2. Als Person ist der Mensch das Subjekt der Arbeit. Als Person arbeitet er und vollzieht die verschiedenen Schritte des Arbeitsganges, die unabhängig von ihrem objektiven Gehalt alle zur Verwirklichung seines Menschseins dienen, zur Erfüllung der ihm eben aufgrund seines Menschseins eigenen Berufung zum Personsein. Die Priorität beim Betrachten der Arbeit ist nicht dem Arbeitsprozeß, der Produktion oder dem Gewinn zu geben, sondern einzig und allein dem arbeitenden Menschen selbst (im weitesten Sinne). Alles andere ist inhuman und damit auch unchristlich.

[99] Ebd., LE 6.6.

[100] Ebd., LE 7.2–3.

[101] Ebd., LE 8.2–3.

schen Soziallehre ist dann notwendig, wenn sich bestimmte Gruppen von Arbeitenden (die Intelligenz ist damit eingeschlossen) in „proletarischer Lebenslage" befindet.[102] Eine soziale Gerechtigkeit darf nicht nur ein theoretisches Postulat sein, sondern ist besonders von allen Teilnehmern am Marktgeschehen zu verwirklichen, wo es um Entwürdigung der Subjekte geht, die im Arbeitsprozeß stehen und wo es zu wachsender Ausbeutung der Arbeitnehmer kommt, womit nicht selten auch Hunger und Elend heraufbeschworen werden.[103] Der vierte Teil des zweiten Kapitels stellt den personalen und sozialen Charakter der Arbeit heraus. Arbeit ist trotz Mühe eine „Wohltat für den Menschen", da sie ihm die Gelegenheit zur Selbstverwirklichung gibt, so daß er immer mehr Mensch werden könne.[104] Denn die Arbeit kann auch in unterschiedlicher Art gegen die Menschen eingesetzt werden, zur Ausbeutung des Menschen durch andere führen, wobei sich dann die moralische Frage erhebt, inwieweit die soziale Ordnung die Arbeit abdeckt und in adäquater Weise die Voraussetzungen für die positive Gestaltung des Arbeitsprozesses schafft und die Absicherung der Arbeitnehmer gewährleistet.[105] Von der Arbeit hängen aber auch die Bereiche der Gruppen, Gemeinschaften und Familie ab. Arbeit und Familie dürfen nicht gegeneinander ausgespielt werden, da sie sich gegenseitig bedingen, ja Familie wird geradezu als Gemeinschaft konstituiert und durch Arbeit ermöglicht. Außerdem ist die Familie die „erste häusliche Schule der Arbeit."[106] Als nächst größere Zelle wird die Volksgemeinschaft erwähnt, die als Erzieherin der mittleren Ebene (Schule etc.) gilt und gleichzeitig die bisher lebenden Generationen manifestiert. Das menschliche Individuum kann nicht im luftleeren Raum seine

[102] Ebd., LE 8.5.

[103] Ebd., LE 8.6. Die Kirche weiß sich dazu strengstens verpflichtet, denn sie sieht es als ihre Sendung und ihren Dienst, als Prüfstein ihrer Treue zu Christus an und muß sich darin als ‚Kirche der Armen' bewähren.

[104] Ebd., LE 9.3. Arbeit ist ein ‚schwieriges Gut' (nach *Thomas von Aquin*), aber „... so bleibt doch die Arbeit als solche eine Wohltat für den Menschen und zwar nicht ein ‚nützliches' oder ein ‚angenehmes', sondern ein ‚würdiges', das heißt der Würde des Menschen entsprechendes Gut, ein Gut, das diese Würde zum Ausdruck bringt und sie vermehrt. Will man also die ethische Bedeutung der Arbeit genauer bestimmen, dann muß man an erster Stelle dies vor Augen haben. Die Arbeit ist eine Wohltat für den Menschen – für sein Menschsein –, weil er durch die Arbeit nicht nur die Natur umwandelt und seinen Bedürfnissen anpaßt, sondern auch sich selbst als Mensch verwirklicht, ja gewissermaßen ‚mehr Mensch wird'." Die ethische Betrachtung von Arbeit stellt also nicht so sehr die Pein in den Mittelpunkt, sondern die Freude, das Menschsein und die Selbstverwirklichung, die alle auch im Arbeitsprozeß wesentlich erfahren werden sollen und den Menschen humaner machen, also Sinn vermitteln können. Allerdings bleibt die Selbstverwirklichung oft als theoretisches Postulat hinter der praktischen Realität (besonders ökonomischer Zwänge) zurück.

[105] Ebd., LE 9.4.

[106] Ebd., LE 10.1–2. Insgesamt muß man daran erinnern und feststellen, die Familie ist einer der wichtigsten Bezugspunkte für die sozial-ethische Ordnung der menschlichen Arbeit.

Arbeit verrichten, sondern mehrt das Gemeinwohl mit seinen Landsleuten, und deshalb partizipiert es am Erbe der gesamten Menschheit.[107]

Im dritten Kapitel geht der Papst auf den Konflikt zwischen Arbeit und Kapital ein, der für ihn bereits mit dem Klassencharakter sozio-ökonomischen Konfliktpotentials gegeben ist. Ein ideologischer Kampf von Liberalismus und Marxismus fand statt, der auch auf politischer Ebene geführt wurde.[108] Da beinahe alle Bereiche des Arbeitslebens komplizierter geworden sind, sich die Diskussionen vor allem auf den technischen Fortschritt beziehen, soll wieder der Grundsatz von „Arbeit vor Kapital" erneuert werden.[109] Die angesprochene Priorität wird auf verschiedene Weise begründet: daß der Mensch selbst durch seine Arbeit das Kapital Stück für Stück erwirtschaftet hat und somit die Erstursache von Kapital die menschliche Arbeit ist und nicht umgekehrt;[110] daß der arbeitende Mensch zunächst einmal sich die Ergebnisse der vor ihm gelebten „geistig aneignen" muß[111] und daß im Prozeß der Produktion ein Primat der menschlichen Arbeitskraft vor den Produktionsmitteln besteht. Was zum Kapital gehört, wird nur als „eine Summe von Dingen" betrachtet.[112] Moralisch vertretbar könne nur eine Ordnung sein, die den schwierigen Gegensatz von Arbeit und Kapital bereits im Kern und an der Basis überwindet. Diese Priorität der *Arbeit vor Kapital* sei ein zu verwirklichendes Postulat, das wesenhaft und unbedingt in die Praxis umgesetzt werden müsse.[113] Es handle sich um einen expliziten Irrtum des Ökonomismus, daß man die Faktoren der Produktion, nämlich Arbeit und Kapital, zu stark auf ein und dieselbe Ebene stellt und verleitet zum Fehlschluß, die menschliche Arbeit ganz und gar auf die wirtschaftliche Nutzbarkeit zu reduzieren. Aber dieser „Irrtum" wird nicht mit der Forderung

---

[107] Ebd., LE 10.3.

[108] Ebd., LE 11.4. Aber nicht nur auf ideologischem und politischem Gebiet fand dieser Kampf statt, sondern auch auf ökonomischem, wie die Zeit der Abwendung der Ostblockstaaten vom Kommunismus Ende der 80er Jahre sehr deutlich offenbar machte. Denn ein Hauptgrund der Unzufriedenheit der Bevölkerung war der ausbleibende, aber stets versprochene, wirtschaftliche Aufschwung. Der erste Bundeskanzler der Bundesrepublik Deutschland, Dr. Konrad Adenauer (CDU), sah die Gewinnchancen des Westens gegen den sowjet-russischen Bolschewismus des Ostens nur durch Freiheit und Wirtschaft gegeben. Vierzig Jahre später erhielten seine prophetischen Worte vom Beginn der 50er Jahre ihre Verifikation.

[109] Ebd., LE 12.1: „Dieses Prinzip betrifft unmittelbar den Produktionsprozeß, bei dem die Arbeit immer den ersten Platz als Wirkursache einnimmt, während das Kapital, das ja in der Gesamtheit der sachlichen Produktionsmittel steht, bloß Instrument oder instrumentale Ursache ist. Dieses Prinzip ist eine offensichtliche Wahrheit, die aus der ganzen geschichtlichen Erfahrung des Menschen erfließt." Hierbei ist freilich nicht zu vernachlässigen, daß Kapital gleichermaßen nötig ist.

[110] Ebd., 12.4–5.

[111] Ebd., LE 12.5.

[112] Ebd., LE 12.6.

[113] Ebd., LE 13.1.

entschärft, daß Arbeit und Kapital einander bedingen, sondern verschiebt die Akzente in das genaue Gegenteil, nicht *Kapital vor Arbeit*, sondern *Arbeit vor Kapital* sei das Gebot der Stunde. Die Herausstreichung einer Priorität muß aber einen Faktor in dieser Bipolarität zwangsläufig überhöhen. Ebenso sei es ein „Irrtum des Materialismus", wenn im ökonomistischen Theorieansatz die Priorität des Materiellen verkündet wird.[114]

Auch zum Beziehungsgefüge von Arbeit und Eigentum macht der Papst grundsätzliche Anmerkungen. Mit einer Kurzformel läßt sich hier seine Argumentation umreißen: Allgemeineigentumsrecht vor Privateigentums-recht.[115] Denn die Mittel zur Produktion seien einzusetzen und nicht um des Besitzes willen zu haben, da nämlich die Begründung für den Besitz an Produktionsmitteln einzig und allein darin besteht, sie in den Dienst der Arbeit selbst zu stellen, um somit dem obersten Prinzip der Eigentumsordnung Folge zu leisten, was besagt, daß die Güter für alle da sind und daraus ein Recht auf die allgemeine Benutzung besteht.[116] Für Johannes Paul II. ist der harte Kapitalismus in seiner Überhöhung des Rechts auf Privateigentum an Produktionsmitteln, das gleichsam „dogmatisiert" erscheint, „unannehmbar", denn der Arbeit ist Achtung entgegenzubringen, was gleichzeitig das „Recht einer konstruktiven ... Revision" beinhaltet.[117] Besonders durch Beteiligung der Arbeiter an Produktionsmitteln (wie z.B. in Genossenschaften), an der Leitung und Führung eines Unternehmens, am Erfolg und Ertrag der Firma, wie in der katholischen Soziallehre immer wieder hervorgehoben,[118] wird hohes Augenmerk auf eine humanere Gestaltung des Arbeitsprozesses gelenkt, wobei Eigenverantwortung der Arbeitnehmer auch einen Motivationsschub für die bestmögliche Erreichung eines großen Produktionserfolgs bieten dürfte. Dennoch muß es Hauptverantwortliche eines Unternehmens geben. Andererseits reicht es nicht aus, wenn man das Eigentum an Produktionsmitteln der privaten Hand einfach entziehe, um dieses dann der Gemeinschaft zur Verfügung zu stellen, denn bei jeder Vergemeinschaftung sollte der einzelne Mensch trotzdem nicht „das Bewußtsein" verlie-

---

[114] Ebd., LE 13.3; Im Blick auf die Vorrangstellung des Materiellen gegenüber allem anderen tangierten einander der marxistisch-dialektische Materialismus und der utilitaristische Ökonomismus.

[115] Ebd., LE 14.2. Allerdings ist auch dieses Postulat eine Vereinseitigung.

[116] Ebd., LE 14.3.

[117] Ebd., LE 14.4.

[118] Ebd., LE 14.5: „Gleichviel wie diese Vorschläge (zur Mitbestimmung und zum Miteigentum an Produktionsmitteln durch Arbeitnehmer; *J. M. S.*) konkret verwirklicht mögen werden, erfordert die Anerkennung der richtig verstandenen Stellung der Arbeit und des arbeitenden Menschen im Produktionsprozeß unverkennbar verschiedene Anpassungen im Bereich der rechtlichen Ordnung des Eigentums an Produktionsmitteln." Nun muß es aber nach der theoretischen Erkenntnis gerade auch um eine entsprechende Umsetzung dessen in die Praxis gehen, aber von den bereits beschriebenen Grundsätzen ausgehend.

ren, daß er es um seinetwillen tut und in „eigener Sache“ handelt.[119] Wer also arbeitet, die Mittel zur Produktion nutzt, um Güter herzustellen, erwirbt durch seinen „*human input*“ (Arbeitseinsatz) auch das Recht zur Partizipation an den Erfolgen seiner Leistung – für sich und andere – sowie die Möglichkeit zur Mitgestaltung und Mitverantwortung an seinem Arbeitsplatz.[120]

Um das Recht des arbeitenden Menschen geht es im vierten Kapitel der Arbeitsenzyklika. Die Menschenrechte und die, die aus der Arbeit entspringen, sind in enger Verbindung zu sehen, da sie aus der menschlichen Natur entspringen.[121] Arbeit ist eine Pflicht, an die der Mensch gebunden ist, weil sie vom Schöpfer selbst aufgetragen wurde und weil die Natur des Menschen die Erhaltung und Fortentwicklung des Seins verlangt. Aber durch Arbeit verwirklicht der Mensch auch die verantwortungsvolle Aufgabe, die Existenz der eigenen Familie, der Gesellschaft, der Nation, ja der umfassenden Weltgemeinschaft und der künftigen Generationen zu sichern.[122] Das ausschließliche Prinzip der Gewinnmaximierung ist gefährlich, wenn Rechte des Arbeiters nur noch unter dem Blick der Nützlichkeit gesehen werden bzw. deren Verwirklichung dem Wirtschaftssystem und seinen Zielen subsumiert wird. Nur durch Berücksichtigung der Rechte, die objektiv gegeben sind, wird eine dem Menschen entsprechende Wirtschaft aufgebaut werden können.[123]

Punkt 18 des Lehrschreibens widmet der Papst der Beschäftigungsfrage, die eine der zentralsten darstellt. Er spricht von der Verpflichtung derer, die Ar-

---

[119] Ebd., LE 14.6., 15.2. Dieses Bewußtsein wird im Arbeiter ausgelöscht durch ein System übermäßiger bürokratischer Zentralisierung, wo sich der Arbeitnehmer eher als Rädchen in einem von oben bewegten Mechanismus vorkommt und sich aus mehr als einem Grund eher als bloßes Produktionsmittel denn als echtes, mit Eigeninitiative begabtes Subjekt der Arbeit fühlt. Die Zwangskollektivierungen im Ostblock waren auch deshalb abzulehnen, weil die Würde des Menschen dem Kollektiv und der staatlichen Doktrin untergeordnet wurden.

[120] Ebd., LE 15.1: „So ist das Prinzip des Primates der Arbeit vor dem Kapital eine Forderung sozial-ethischer Natur. Diese Forderung bildet den Dreh- und Angelpunkt sowohl des Systems, das auf dem Grundsatz des privaten Eigentums an Produktionsmitteln beruht, als auch in jenem, in dem diese Art von Eigentum bis zum äußersten eingeschränkt wird.“ In beiden vorherrschenden Ansätzen und Systemen (Kapitalismus und Sozialismus) sei also der Vorrang des Menschen vor den Instrumenten, dem Kapital und den Produktionsmitteln einzufordern.

[121] Ebd., LE 16.1. Ist die Arbeit eine Pflicht im mehrfachen Sinn dieses Wortes, oder eine Obliegenheit, dann ist sie doch zugleich auch eine Quelle von Rechten des arbeitenden Menschen selbst. Die der Arbeit entspringenden Menschenrechte fügen sich in den weiten Rahmen dieser fundamentalen Rechte der Person ohne weiteres ein. Das heißt, daß die Menschenrechte und die des Arbeitenden einander bedingen, denn in beiden Fällen geht es um die menschliche Person schlechthin, nur mit dem Unterschied, daß es sich einmal um den Arbeiter handelt und bei den Menschenrechten allgemein um jede Person, egal ob sie im Arbeitsprozeß steht oder nicht.

[122] Ebd., LE 16.2.

[123] Ebd., LE 17.4.

beitgeber sind, die „Arbeitslosigkeit zu bekämpfen", aber auch denjenigen, die davon betroffen sind, genügend Mittel für sie und ihre Familien zur Verfügung zu stellen.[124] Es muß als Ziel darum gehen, allen Arbeitsfähigen auch die Gelegenheit dazu einzuräumen. Unfreiwillige Arbeitslosigkeit ist genau das Gegenteil davon und gilt als ein Grundübel unserer Gesellschaft. Die verantwortlichen Institutionen und Instanzen haben (bei drohender Arbeitslosigkeit) einen Plan zu erarbeiten für die Unternehmen und sind verpflichtet zum rechten Einsatz der Arbeit.[125] Außerdem ist es sinnvoll, wenn im Bereich der Planung und im Arbeitsrecht internationale Zusammenarbeit und gegenseitige Unterstützung geschieht (wie z.B. in der EU), damit durch Verträge erreicht wird, daß die Ungerechtigkeit der sehr differierenden Lebensstandards in den unterschiedlichen Staaten und Regionen langsam abgebaut wird.[126]

Ein weiteres Anliegen des Papstes ist die Lohnpolitik und die damit zusammenhängenden Sozialleistungen, die in der Frage „nach dem gerechten Lohn für die geleistete Arbeit" kulminiert.[127] Denn dabei geht es nicht nur um den Arbeitnehmer an sich, sondern auch um alle Glieder, die vom Arbeitnehmer (ebenso gilt dies für den Unternehmer) abhängig sind (gewöhnlich Familienangehörige), denn der erarbeitete Lohn muß angemessen sein, um eine Familie gründen zu können und darüber hinaus ihren Fortbestand abzusichern, ohne in finanzökonomische Konflikte zu geraten.[128] Vor allem sind die Aufgaben der

---

[124] Ebd., LE 18.1.

[125] Ebd., LE 18.2. Es geht um eine gerechte und überlegte Verteilung und Koordinierung der Zuständigkeiten, wobei die freie Initiative der einzelnen Personen, der unabhängigen Gruppen, der örtlichen Betriebe und Unternehmen gewährleistet sein muß. Es ist wichtig, für den Fall des plötzlichen Eintritts der Arbeitslosigkeit, einen ‚Notfallplan' bereits erarbeitet zu haben.

[126] Ebd., 18.3. Dieser Prozeß und die Diskussion darum wird besonders innerhalb der Europäischen Union in den letzten Jahren recht heftig geführt, wenn es um anzugleichendes Lebensniveau der einzelnen Mitglieder geht. Recht drastisch ist dies heute im ehemals bolschewistischen Teil Deutschlands („DDR"), den fünf neuen Bundesländern, im Vergleich zu den alten Bundesländern sichtbar.

[127] Ebd., LE 19.1: „Für die Gerechtigkeit im Verhältnis zwischen Arbeitnehmern und Arbeitgebern ist heutzutage nichts wichtiger als die gerechte Entlohnung der Arbeit." Die viel umstrittene Gerechtigkeitsdebatte hat also einen Hauptgrund, der mit der Frage nach dem richtigen Maß an Lohn und Gehalt zusammenfällt, was Arbeitnehmer, Arbeitgeber und Unternehmer (Anteilseigner oder Shareholders) gleichermaßen trifft.

[128] Ebd., LE 19.3. Der Papst nennt konkrete Möglichkeiten zur familiengerechten Entlohnung. Eine solche Entlohnung kann entweder durch eine sogenannte familiengerechte Bezahlung zustande kommen – das heißt durch einen dem Familienvorstand für seine Arbeit ausbezahlten Gesamtlohn, der für die Erfordernisse der Familie ausreicht, ohne daß die Ehefrau einem außerhäuslichen Erwerb nachgehen muß – oder durch besondere Sozialleistungen, wie Familienbeihilfen oder Zulagen für die Mutter, die sich ausschließlich der Familie widmet. Das Familienbudget ist so anzulegen, daß die Familie entsprechend ihren je eigenen Bedürfnissen leben kann und nicht in den sozialen Notstand abrutscht aufgrund von ungerechter Entlohnung.

Mütter höher zu bewerten als es bisher der Fall war; dabei muß es um eine Aufwertung der Frauen und Mütter gehen, die ihren Ausdruck darin findet, daß die Ordnung des Arbeitslebens mehr ihnen und ihren Bedürfnissen angepaßt ist, ohne daß sie sekundär durch Aufgeben eines Teils ihrer Identität sublim doch benachteiligt würden.[129] Dann werden noch andere Rechte des Arbeitnehmers aufgezählt, die folgendes umfassen: Gesundheitsfürsorge, eine regelmäßige Ruhezeit (möglichst auch am Sonntag), Erholungsurlaub; finanzielle Absicherung in der Pension als Altersvorsorge und bei einem potentiellen Betriebsunfall, sowie die Inanspruchnahme von Produktionsmitteln und Arbeitsräumen, die nicht gesundheitsschädigend sind.[130]

Neben den Arbeitgebern und Arbeitnehmern kommt den Gewerkschaften eine gewisse Schlüsselstellung zu, die der Papst ebenfalls beleuchtet; sind es doch gerade sie, denen eine regulierende Ausgleichsfunktion zwischen den Interessengruppen zugewiesen ist. So besitzen die Arbeitnehmer das genuine Recht, sich zusammenzuschließen, um dadurch die verschiedenen Interessen der Berufstätigen in den verschiedensten Bereichen besser zu vertreten.[131] Gemäß dem historischen Prozess sind solche Organisationen unerläßlich für die gesamte Gesellschaft, ja werden zu Pfeilern eines modernen Sozialstaates (vgl. „Sozialpartnerschaft" in der Republik Österreich oder die „Tarifverträge" in der Bundesrepublik Deutschland).[132] Einem Vorurteil will der Papst vorbeugen, wenn er sagt, daß die katholische Soziallehre die Gewerkschaften keinesfalls als Ausdruck des Klassencharakters innerhalb einer Gesellschaft betrachte, obwohl sie als Elemente und ‚Vorkämpfer' der Gerechtigkeit angesehen werden können. Wenn in diesem Zusammenhang von ‚Kampf' gesprochen wird, dann ist damit eine Aktion für ein ‚gerechtes Gut' gemeint und nicht, wie fälschlicherweise angenommen wurde, gegen andere Personen oder Klassen; dann wären nämlich die Gewerkschaften ihres eigentlichen Sinnes, des Ausgleichs, beraubt.[133] Al-

---

[129] Ebd., LE 19.4–5.

[130] Ebd., LE 19.6.

[131] Ebd., LE 20.1. Die Lebensinteressen der Arbeitnehmer sind bis zu einem gewissen Punkt allen gemeinsam; zugleich jedoch weist jede Art von Arbeit, jeder Beruf, jedes Unternehmertum, bestimmte Eigenheiten auf, die in diesen Organisationen ihre besondere Berücksichtigung finden. Arbeitnehmer haben somit das Recht zur Bildung ihnen entsprechender Gewerkschaften, die auf die Anliegen der jeweiligen Berufsgruppe eingehen.

[132] Ebd., LE 20.2. Die Gewerkschaften haben eine lange Tradition und gehen ihrem Ansatz nach auf die mittelalterlichen Zünfte zurück, die bereits einzelne Berufsgruppen umfaßten und sich deshalb zusammenschlossen.

[133] Ebd., LE 20.3. Dieser ‚Kampf' sollte jedoch als regelrechter Einsatz ‚für' ein gerechtes Gut angesehen werden; in diesem Fall für das, was den Bedürfnissen und Verdiensten der je nach ihren Funktionen zusammengeschlossenen Arbeitnehmer entspricht. Dieser Kampf um das Gute und Gerechte hat aber keinen aggressiv-revolutionären Charakter, wie dies z.B. im sowjetrussischen Bolschewismus immer wieder gefordert wurde.

lerdings ist davor zu warnen, wenn die Forderungen der Gewerkschaften zu überzogenen Gruppenegoismen führen und ohne ausreichende Berücksichtigung der wirtschaftlichen und unternehmerischen Situation des jeweiligen Landes durchgesetzt oder erkämpft werden sollten; denn die unrealistischen Forderungen der einen müssen in einem Gesellschaftssystem zwangsläufig auf Kosten anderer (Gruppen) gehen.[134] Auch sollten die Gewerkschaften auf starke Trennung von politischen Parteien achten, nicht von der Willensbildung dieser abhängen oder gar in nahem Verhältnis zu ihnen stehen; denn die Interessen der Gewerkschaft sind von denen der Parteien oftmals verschieden, ebenso die Mitglieder und deren Gesinnung.[135] Was im Kommunismus geschah, daß die Gewerkschaftsfunktionäre von den kommunistischen Parteiorganen eingesetzt wurden, ist völlig gegen den eigentlichen Sinn und die Aufgabe der unabhängigen Gewerkschaften gerichtet und damit inakzeptabel. Auch der Streik wird im päpstlichen Dokument als probates Mittel anerkannt, gilt aber als ein ‚äußerstes Mittel', sollte keine Nachteile für den Streikenden nach sich ziehen und darf keinesfalls mißbraucht werden; jedoch sind die Serviceleistungen nie, auch nicht durch Streik, zu gefährden.[136]

Am Ende des vierten Kapitels kommen noch die besonders schwierigen Gruppen auf dem Arbeitsmarkt zur Sprache. So wird den in der Landwirtschaft Tätigen wieder mehr Aufmerksamkeit zu schenken sein, um ihnen die berechtigte ‚Wertschätzung' zu entbieten, die ihnen in einem Wirtschaftssystem eines Landes und deren Gesamtentwicklung in der Gesellschaft zukommt.[137] Eine

[134] Ebd., LE 20.4. Das gesellschaftliche wirtschaftlich-soziale Leben ist gewissermaßen ein System ‚kommunizierender Röhren', worin eine jede soziale Aktivität zugunsten der Rechte einzelner Gruppen sich einfügen muß. Nur ein ausgleichendes System, das in sich stimmig ist, kann zu Kompromissen hinlenken. (Vgl. dazu auch: *Johannes Michael Schnarrer*, Art. „Vom Wert des politischen Kompromisses". In: Ludwig-Erhard-Stiftung (Hg.): Orientierungen zur Wirtschafts- und Gesellschaftspolitik. Nr. 77, Bonn, September 1998, 85.

[135] Ebd., LE 20.5.

[136] Ebd., LE 20. 7: „Auch darf man nie außer Acht lassen, daß die für das Leben und Zusammenleben der Bürger unentbehrlichen Dienstleistungen auf jeden Fall sichergestellt sein müssen, wenn nötig durch besondere gesetzliche Vorschriften. Ein Übermaß an Streik kann zu einem Stillstand des ganzen sozio-ökonomischen Lebens führen; das widerspricht den Erfordernissen des Gemeinwohls der Gesellschaft, das auch dem richtig verstandenen Interesse der Arbeiter selbst dient." Streiks können deshalb auch die gesamte Wirtschaftssituation verschlechtern, was sich wiederum negativ auf die einzelnen Glieder der Gesellschaft auswirkt (worunter dann der streikende Arbeiter ebenso zu leiden hat).

[137] Ebd., LE 21.1–3. Die Diskussion um den Stand der Bauern ist in der Republik Österreich nach Beitritt in die Europäische Union besonders stark, da die EU mit Quoten bei der Erzeugung tierischer und pflanzlicher Produkte die Herstellung bewußt regulieren will, um den Preisverfall zu stoppen. Darunter leiden die Bauern, selbst wenn viele Lasten durch Subventionen ausgeglichen werden. Subventionen sind aber kein Allheilmittel und schon gar nicht auf Dauer zu ermöglichen.

andere schwierige Gruppe der Arbeitnehmer sind die Behinderten, die ‚vollmenschliche Subjekte' darstellen und deren Rechte wie die eines jeden anderen als heilig, angeboren und unverletzlich gelten; denn oft fehlen für sie ausreichende Möglichkeiten zum Arbeiten. Andererseits zeigt sich bei Behinderten eine besondere Würde, Leiden, Schmerzen auszuhalten, wo die eigentliche Größe einer menschlichen Person hervortritt.[138] Es ist die Gemeinschaft, die gefordert ist, wenn es um ausgleichende Maßnahmen geht und die Ermöglichung von Arbeitsplätzen im Hinblick auf die Behinderten.[139] Eine weitere Gruppe des Arbeitsmarktes sind die ‚Wanderarbeiter', für die sehr oft nicht die gleichen Einstellkriterien und Arbeitsschutzmaßnahmen gelten wie für Einheimische – das ist ungerecht. Aber da sie viele Arbeiten im Dienstleistungsbereich verrichten, die andere, Einheimische nicht mehr tun, wird oft großzügig hinweggesehen, was ebenfalls ethisch nicht zu akzeptieren ist. Dabei hat jeder Arbeitnehmer das Recht, aus seiner Heimat wegzugehen, wie ebenso, in seine Heimat zurückzukehren – aus verschiedensten Gründen. Wer sein Land verläßt, um sich irgendwo anders in der Welt niederzulassen, geht als Arbeitskraft seinem Heimatland verloren.[140] Es ist völlig inakzeptabel, wenn die Zwangslage eines ausländischen Arbeitnehmers von den Einheimischen ausgenutzt wird; denn die Wertigkeit einer Arbeit hängt weder von der Rasse, der Sprache, der Kultur, der Religion, der Nationalität oder der Staatsbürgerschaft ab, sondern von der eines jeden Menschen zukommenden Würde, die bereits durch das Menschsein mit- und aufgegeben ist.[141] Welche Gruppe auch immer auf den Arbeitsmarkt drängt und ungerecht behandelt wird, ihr ist nach den Regeln und Sozialprinzipien der katholischen Soziallehre solidarisch und subsidiär zu begegnen, um die Welt (inklusive die Arbeitswelt) humaner zu gestalten und ihr den menschlichen Charakter wieder deutlicher vor Augen zu führen.

Ansätze einer Spiritualität der Arbeit zeigt Johannes Paul II. im fünften und damit abschließenden Kapitel. Dabei kommt der Frohen Botschaft in den Evan-

---

[138] Ebd., LE 22.1. Es wäre den Menschen von Grund auf unwürdig und eine Verleugnung der gemeinsamen Menschennatur, wollte man zum Leben der Gesellschaft und so auch zur Arbeit nur voll Leistungsfähige zulassen, denn damit verfiele man in eine schwere Form von Diskriminierung, nämlich Aufteilung in Starke und Gesunde auf der einen und in Schwache und Kranke auf der anderen Seite. Unsere Gesellschaft wird deshalb unter dem wachsenden Leistungsdruck auch dehumanisiert, weil häufig nur das Geleistete gilt, menschliche Werte aber unberücksichtigt bleiben.

[139] Ebd., LE 22.2.

[140] Ebd., LE 23.1.

[141] Ebd., LE 23.3. Denn auch in diesem Zusammenhang gilt der bereits oben erwähnte aber wesentlich zu hinterfragende Grundsatz: „ … die Rangordnung der Werte und das vertiefte Verständnis der Arbeit fordern, daß das Kapital der Arbeit diene und nicht die Arbeit dem Kapital." Diese Priorität wird heute vielfach in Frage gestellt; man möchte Gleichrangigkeit vor Unterordnung, egal welche Arbeitnehmer oder Unternehmer ins Blickfeld rücken.

gelien eine besondere Heilsbedeutung zu, da in ihnen einige ‚Lehrstücke' aufgeführt werden, die wichtig für die menschliche Arbeit sind. Der Mensch ist als Abbild Gottes berufen, am Werk der Schöpfung verantwortungsvoll zu partizipieren, es fortzuführen und damit auch einer Vollendung näher zu bringen. Gleichzeitig soll die menschliche Person Gott imitieren, ihm auch mittels der Arbeit nachfolgen und so immer mehr Mensch werden.[142] Es ist ein Trugschluß zu glauben, daß die durch Menschenhand und Geist geschaffenen Dinge konträr zum Heilsplan Gottes stehen oder aber daß der vernunftbegabte Mensch zum Gegner Gottes wird.[143] Wie die Evangelien Basis christlicher Spiritualität bekunden, so ist es auch das exemplarische Handeln von Jesus Christus, der selbst als Zimmermann arbeitete und damit zum ‚Werkvolk' gehörte.[144]

Im letzten Punkt seiner Arbeitsenzyklika verweist der Papst auf die menschliche Arbeit und was sie im Lichte von Kreuz und Auferstehung bedeutet. Gleich welche Arbeit, sie ist, wie das Tragen des Kreuzes, mit Mühsal, Pein und Anstrengung verbunden. Arbeit und Mühsal sind Kennzeichen menschlicher Existenz und gehören bis zu einem gewissen Punkt ebenfalls zusammen und stellen auch die Vorankündigung des Todes dar.[145] Aber Mühsal und Transpiration ermöglichen dem einzelnen Menschen, daß er partizipiert an der ‚Imitatio Jesu', im Heilsplan Gottes. Genauso wie Christus für die Menschen litt und sein Kreuz trug, so ist es dem Menschen aufgetragen, in der Communio und Einheit mit dem Gekreuzigten, die Mühe der Arbeit anzunehmen und dadurch auf die Erlösung der gesamten Menschheit hinzuwirken. So wird der Arbeiter zum echten Jünger Jesu, wenn er in Demut die Last des Arbeitsalltags trägt.[146] Bereits in der Arbeit findet der Mensch ein kleines Stück Kreuz Christi und opfert sich, Christus gleich, um des guten und Heil vermittelnden Werkes willen.[147]

Zusammenfassend ist festzustellen, daß Papst Johannes Paul II. in seiner Arbeitsenzyklika eine Reihe wichtiger Themen des Arbeits- und Berufslebens und

---

[142] Ebd., LE 25.3.

[143] Ebd., LE 25.5. Die Christen sind überzeugt, daß die Siege der Menschheit ein Zeichen der Größe Gottes und die Frucht seines unergründlichen Ratschlusses sind. Allerdings ist hinzuzufügen, daß die menschliche Verantwortung wächst mit dem Grade der größeren Machbarkeit, was ethisch-moralisch mehr und mehr zum Problem wird.

[144] Ebd., LE 26.1. Jesus wird zum Vorbild für den arbeitenden Menschen, weil er als Sohn Gottes sowohl menschliche Arbeit als auch das Wirken für das Reich Gottes explizit verwirklicht.

[145] Ebd., LE 27.1.

[146] Ebd., LE 27.3.

[147] Ebd., LE 27.5. Dank dem Licht, das von der Auferstehung Christi her zu uns dringt, entdecken wir in der Arbeit einen Schimmer des neuen Lebens und der neuen Güterwelt, gleichsam eine Ankündigung des ‚neuen Himmels und der neuen Erde' (Vgl. 2 Petr 3,13), woran die Menschen und die Welt gerade durch die Mühsal der Arbeit Anteil gewinnen; durch die Mühsal – und niemals ohne sie. Offenbar gilt Mühsal als Wesenselement der Arbeit schlechthin, Unternehmertum eingeschlossen.

deren Organisation anspricht. Dabei ist bemerkenswert, daß er die damals vorherrschenden Wirtschaftssysteme, die in Kapitalismus und Sozialismus eingebettet sind, scharf kritisiert, denn beide verwirklichen den sozialethischen Grundsatz von „Arbeit vor Kapital" nicht. Im Sozialismus geht der Arbeiter im Kollektiv auf und im Kapitalismus wird das Individuum zum Maßstab aller Dinge. Die Eigentumsfrage sieht für den Papst so aus, daß man, je mehr man hat, auch um so verantwortlicher damit umgehen muß und das Eigentum im Dienst an der Gemeinschaft einzusetzen ist, was, juristisch gesprochen, den Kernpunkt „Allgemeineigentumsrecht vor Privateigentumsrecht" trifft. Durch Selbstbeteiligung der Arbeiter an den Produktionsmitteln wird eine höhere Verantwortung erreicht. Auch besitzen die Arbeiter das Recht auf freien Zusammenschluß, der gewöhnlich durch Gewerkschaften verwirklicht wird. Bei den Randgruppen auf dem Arbeitsmarkt sieht der Papst besonders große Ungerechtigkeiten im Blick auf die Ausländer, die Behinderten und die Bauern. Diese ungerechten Situationen sind ethisch nicht zu rechtfertigen. Am Ende des Schreibens ist die Spiritualität der Arbeit angesprochen, die dem Gläubigen helfen kann, die Mühsal der täglichen Arbeitslast – mit dem Blick auf das Kreuz – positiv zu bewältigen und ihr einen genuinen Sinn abzuringen.[148]

f) Die soziale Frage nach dem Fall der kommunistischen Regime – Die Enzyklika „Centesimus annus" von Papst Johannes Paul II. aus dem Jahre 1991[149]

Das reiche Erbe der katholischen Soziallehre wird mit diesem Lehrschreiben, das anläßlich des 100jährigen Erscheinens von „*Rerum novarum*" entstand, fortgesetzt und erweitert.[150] Im Gegensatz zu „*Laborem exercens*", wo es um das Thema Arbeit und ihre wichtigsten Grenzgebiete ging, werden hier mehr gesamtgesellschaftliche Wandlungsprozesse in das Blickfeld gerückt, was sich in Anbetracht der friedlichen Revolutionen des Ostblocks als Notwendigkeit erwies. So bestehen die Themen der Enzyklika im Gedenken der Historie, was seit 1891 in der katholischen Soziallehre und der Gesellschaft geschah, im Aufzeigen des zurückgelegten Weges, im Beleuchten des denkwürdigen osteuropä-

---

[148] Dazu die überaus ergiebigen Ausführungen bei: *Tadeusz Pyzdek*: Das Evangelium der Arbeit nach Johannes Paul II. Tarnow 1997.

[149] Obwohl in den Ausführungen dieser Enzyklika ökonomische Probleme nur am Rande vermerkt werden, ist sie dennoch hier zu behandeln, weil Alexander Maculan in seinem Vortrag beim Salzburger Symposium vor allem auf die soziale Frage und die politischen, sozialen und kulturellen Transformationsprobleme der sog. „Neuen Demokratien" des ehemaligen Ostblocks einging. Genau diese Probleme thematisiert auch der Papst in der Enzyklika „Centesimus annus". Ersichtlich wird daraus die enge Verbindung von politischen und ökonomischen Verhältnissen.

[150] Dazu den Kommentar zur Enzyklika „Centesimus annus" von *Johannes Schasching:* Unterwegs mit den Menschen. Wien 1991.

ischen Revolutionsjahres 1989, im Darstellen des Spannungsverhältnisses von Privateigentum und der universellen Bestimmung der Güter, im Schildern der Wechselbeziehung von Staat und Kultur sowie im Hinweis auf den anthropologischen Ansatz der Kirche.

Einerseits steht zwar der Mensch im Mittelpunkt aller Überlegungen, doch gerade dieses Faktum wird der Sozialethik immer wieder zum Vorwurf gemacht; dies sei zu abstrakt und habe zu wenig praktische Relevanz. Doch dieses Problem ist ein Spannungsverhältnis, da einerseits die Lehrdokumente globale Orientierung anbieten müssen und andererseits in den jeweiligen soziokulturellen Kontext zu transformieren sind. Das eine ist ebenso notwendig wie das andere. Deshalb läßt sich feststellen, daß die Orientierungen globaler Art nicht einfach und unreflektiert angenommen werden können, sondern diese Grundsätze sind durch dynamische Prozesse des Suchens nach Lösungen auf möglichst konkretem Boden der regionalen, nationalen und mentalen Vorgegebenheiten zu stellen. Verschiedenheit und Komplexität sind daher in die Praxis zu übertragen und fruchtbar zu machen.[151] Bei der Fülle der angesprochenen Themen in „*Centesimus annus*" ist jedoch auch anzufragen, ob bei der Kürze alles sachgerecht, adäquat und in Verantwortung ausreichend behandelt werden kann; deshalb wird auf überlanges Erklären und die Sichtbarmachung der ursächlichen Verbindungen im Wesentlichen verzichtet; denn weltumspannendes Zuordnen und Hinlenken auf die additiven Nebeneinanderstellungen sollten ausreichen.[152]

Als Hauptfrage der Enzyklika ist zu formulieren, welchen Weg die alten und neuen demokratischen Staaten gehen sollten, und welche Aufgaben sich für die konkrete Zukunft stellen. Nicht nur das Politische ist zu berücksichtigen, sondern vor allem auch der wirtschaftliche Aspekt, denn die „soziale Marktwirtschaft" wird als gegenwärtig bestbewährtes Mittel zur Versorgung der Bürger mit knappen Gütern angesehen, doch ihre gerechte Ausformung bleibt eine immer bestehende Herausforderung. Entwicklungen, soziale Vorgänge und durchgreifende Umwälzungen sind nicht nur Sache von Wirtschaft und Politik, sondern ebenso Angelegenheit der Religion.

Die katholische Soziallehre wird hier als eine Art ‚Lehrgebäude' aufgezeigt, das die Analyse der sozialen Wirklichkeit in der Welt ermöglicht, Urteile fällt und Richtlinien für die Schaffung einer gerechteren Ordnung aufstellt. Dabei darf sie aber nie vereinseitigen oder sich von politischen Gruppen vereinnahmen lassen. Ein Hauptpfeiler christlichen Denkens ist die Tradition, die auf

---

[151] *Konrad Hilpert:* Art. „Soziale Gerechtigkeit nach dem Zusammenbruch der kommunistischen Regime". In: Stimmen der Zeit 9/91. Freiburg 1991, 609–623.

[152] Allerdings wird Kritik laut, daß bestimmte Themen, wie Stellung der Frau in der Gesellschaft oder wie das Bevölkerungswachstum ausgeblendet bleiben in dieser Enzyklika (ebd., 613).

einer rd. 3000jährigen Historie beruht.[153] Doch ebenso unterliegt diese Lehre einer Dynamik, die sich mit unveränderlichen Normen und Prinzipien auseinanderzusetzen hat.[154]

Schon Papst Leo XIII. erkannte die marxistische Form des Sozialismus nicht als positive Lösungsmöglichkeit der sozialen (Arbeiter-)Frage und des Wirtschaftssystems.[155] Dies hat sich, durch die Geschichte verifiziert, als Wahrheit herausgestellt. Andererseits ergeht eine Warnung an die vermeintlichen Sieger der gesellschaftlichen Prozesse von 1989, den Zusammenbruch des Sozialismus überheblich und selbstgerecht zu feiern und zu genießen. Als Grundirrtum des Sozialismus wird herausgearbeitet, daß er ein falsches – nur anthropologisches – Bild vom Menschen hatte, in dem der Mensch instrumentalisiert wird und im Kollektiv aufgeht. Dadurch wird die menschliche Person auf eine gewisse Zahl von Elementen im gesellschaftlichen Beziehungsgeflecht reduziert.[156] Dagegen wird ein christliches, d.h. humanes Gesellschaftsbild als Bild der „sozialen Marktwirtschaft“ gesetzt. Nicht im Staat kommt die Natur des Menschen zu ihrer unvergleichlichen Entfaltung, sondern in den sehr verschiedenen Unter- und Zwischengruppen, begonnen bei der kleinsten Zelle der Gesellschaft, der Familie bis zu den großen Gruppen und Gemeinschaften des öffentlichen Lebens im politischen, sozialen, ökonomischen und kulturellen Bereich.[157]

In Anlehnung an *„Rerum novarum“* werden die Aufgaben von Staat und Gesellschaft umrissen und Rahmenbedingungen für die Wirtschaft bzw. die Unternehmer eingemahnt, wobei allerdings der Wirtschaft ein gewisser Freiraum, der von staatlichen Eingriffen verschont bleibt, zugestanden wird. Der juristische Rahmen für die Wirtschaft ist also vom Staat vorzugeben. Der Schutz vor Ar-

---

[153] *Johannes Paul II.:* Centesimus annus. Rom 1991, 3 (auch hier werden, wie bei päpstlichen Lehrschreiben üblich, die einzelnen Nummern und nicht die Seiten angegeben).

[154] *Johannes Michael Schnarrer:* Norm und Naturrecht verstehen. Frankfurt a.M./Berlin/Bern/New York/Paris/Wien 1999.

[155] *Johannes Paul II.:* Centesimus annus. Rom 1991, 12.

[156] Ebd., CA 13. Es verschwindet der Begriff der Person als autonomes Subjekt moralischer Entscheidung, das gerade dadurch die gesellschaftliche Ordnung aufbaut. Aus dieser verfehlten Sicht der Person folgen die Verkehrung des Rechtes, das den Raum der Ausübung der Freiheit bestimmt, und ebenso die Ablehnung des Privateigentums. Der Mensch, der gar nichts hat, was er „sein eigen“ nennen kann, und jeder Möglichkeit entbehrt, sich durch eigene Initiative seinen Lebensunterhalt zu verdienen, wird völlig abhängig von den gesellschaftlichen Mechanismen und von denen, die sie kontrollieren. Es wird dem Menschen äußerst schwer, seine Würde als Person zu erkennen. Damit aber wird der Weg zur Errichtung echter menschlicher Gemeinschaften verbaut. Eine Gesellschaft, die dem Einzelglied die Individualrechte verweigert und auf Gott als Schöpfer allen Seins verzichtet, muß zwangsläufig dehumanisiert werden, da man Grundrechte und -bedürfnisse mißachtet. Die Gegenthese dazu könnte lauten, daß alles erlaubt wäre, wenn es Gott nicht gäbe.

[157] Ebd., CA 13f.

beitslosigkeit, der Arbeitsschutz schlechthin (‚menschliche' Arbeitszeit und Erholung) sowie die Rolle der Arbeiterbewegung werden erneut gewürdigt.[158]

Als Gründe für den Zusammenbruch des Kommunismus spricht der Papst drei Dinge an: 1.) die Verletzung der Rechte der Arbeit[159], 2.) die Untragbarkeit und Untauglichkeit des gesamten bolschewistischen Wirtschaftssystems, das die Menschenrechte auf wirtschaftliche Initiative, Eigentum, Freiheit und die Berücksichtigung der je besonderen nationalen Spezifika vernachlässigte[160] sowie 3.) die bereits im anthropologischen Zusammenhang aufgezeigte Falscheinschätzung der Natur des Menschen, dem mit persönlicher Freiheit und nicht mit staatlicher Willkür oder gar Gewalt zu begegnen ist. Die menschliche Person ist freilich potentiell immer auch zum Bösen veranlagt, was durch das Kollektiv noch verstärkt werden kann und vielfach zur Absolutsetzung von Politik, Partei oder Staat hinführt. Das System erstickt dann die Freiheit, Kreativität und Initiative, wenn die staatliche Kontrolle verbürokratisiert ist und nicht genug Raum läßt. Zur Überwindung der ‚alten Götzen' kam es, nachdem viel gelitten wurde, durch Vertrauen auf Gott und Bereitschaft zur Mäßigung.[161] Dabei wird die Art und Weise des Kampfes hervorgehoben, um die gesellschaftlichen Wandlungen durchzusetzen. Jedoch ist der Papst realistisch genug zu sehen, daß die eigentlichen Herausforderungen erst noch in der nahen Zukunft liegen; denn man habe in den betreffenden Reformländern eine „Hypothek schmerzlicher Ungerechtigkeit und Verbitterung" zurückgelassen.[162]

Diese Ereignisse in Mittel- und Osteuropa fanden in einem bestimmten territorialen Raum statt, doch haben sie globale Bedeutung erlangt.[163] Aber die Enzyklika hebt auch die Sorge hervor, daß die Wendeereignisse nicht zu Haß, nicht zu Resignation, nicht zu unlösbaren Konflikten, nicht zu Frustration und Niedergeschlagenheit führen dürfen; denn andererseits braucht der Wiederaufbau der Wirtschaft und des Wertesystems moralische, soziale, materielle und wissenschaftliche Unterstützung – Frustration würde die Umsetzung der positiven Ziele behindern.[164] Nun kommt es aber darauf an, daß die reicheren Staaten

---

[158] Ebd., CA 15f.

[159] Ebd., CA 23.

[160] Ebd., CA 24.

[161] Ebd., CA 25ff.

[162] Ebd., CA 22.

[163] Ebd., CA 26. Die Ereignisse von 1989 haben insofern eine weltweite Bedeutung, als von ihnen positive und negative Folgen ausgehen, die die ganze Menschheitsfamilie betreffen. Da noch immer Utopien des sozialistischen Gedankenguts in der Welt herumirren, ist das Faktum der friedlichen Revolution der jüngsten Vergangenheit zugleich Falsifikation der Theorien von Marx, Engels und Lenin.

[164] Ebd., CA 27. Der Zusammenbruch des Marxismus hatte natürlich Auswirkungen von großer Tragweite auf die Spaltung der Erde in voneinander abgeschlossene und miteinander eifersüchtig ringende Welten. Er rückt die Wirklichkeit der gegenseitigen

den ärmeren wirksam helfen, getreu dem Solidaritäts- und Subsidiaritätsprinzip. Um den Reformstaaten der ehemaligen ‚Zweiten Welt' genauso helfen zu können wie den Entwicklungsländern der ‚Dritten Welt', sind sowohl Neudefinition der Prioritäten in den reicheren Ländern, als auch genereller Wandel von Bewußtsein, Struktur und Gesinnung postuliert.[165] Gerade im großen Auftrag zur Beseitigung der Armut liegt ein hoher sittlicher Anspruch, den es einzulösen gilt. Aber auch das ist nicht nur theoretisch nötig, sondern vor allem praktisch umzusetzen, durch den Weg der kleinen Schritte; wenn, dem Solidaritätsprinzip entsprechend, jeder wieder neu lernt, an die Bedürfnisse des anderen zu denken und wirksam zu helfen, wie es ihm am besten möglich ist. Grundvoraussetzung dafür ist eine Gesinnung, die den Nächsten unter den gleichen Ansprüchen sieht, die man an sich selbst auch stellt und demjenigen das Notwendigste zukommen läßt, das dem Ärmeren ein würdevolles Leben erlaubt. Deshalb fordert die Enzyklika, daß man die Priorität ‚Macht vor Vernunft' ändert, denn besonders das Gewissen sollte wieder sein Recht erhalten.[166] Das menschliche Gewissen verleiht der Person eine genuine Würde und ermöglicht den Aufbau freier politischer und wirtschaftlicher Ordnungen, die wiederum im Dienst am Menschen zu sehen sind und von dort ihre Berechtigung erhalten.[167]

Abhängigkeit der Völker klarer ins Licht und ebenso die Tatsache, daß die menschliche Natur dazu bestimmt ist, die Völker zu verbinden, nicht aber sie zu spalten. Friede und Wohlfahrt sind Werte, die dem ganzen Menschengeschlecht gehören.

[165] Ebd., CA 28. Europa wird nicht im Frieden leben können, wenn die vielfältigen Konflikte, die als Folge der Vergangenheit aufbrechen, sich durch wirtschaftlichen Niedergang, geistige Unzufriedenheit und Verzweiflung verschärfen. Es ist ein Irrtum unserer Tage, wenn man glaubt durch politische und administrative Entscheidungen (z.B. Radikalisierung der Ausländergesetze) die Türen der reichen Staaten gegenüber anderen schließen zu können und dadurch die Probleme zu begrenzen oder gar zu lösen.

[166] Ebd., CA 29. Voraussetzung für die Wiedereinsetzung des Gewissens in die ihm gebührende Stellung ist aber die Gewissensbildung, die heute häufig ausfällt oder an Institutionen (z.B. Schule) deligiert wird, die wiederum nicht in der Lage sind, diese Aufgabe zu erfüllen, nämlich die familiäre Erziehung zu komplementieren.

[167] Ebd., CA 29. Die Einsetzung des Rechts des humanen Gewissens steht im Kontext von mehreren Gründen, wobei die Enzyklika nur drei nennt: a) Die alten Formen des Totalitarismus und Autoritarismus sind noch nicht vollständig besiegt und es besteht die Gefahr, daß sie neuen Auftrieb bekommen. b) Es gibt in den Industrieländern bisweilen eine geradezu besessene Propaganda für die rein utilitaristischen Werte, verbunden mit einer Enthemmung der Triebe und einem Drang zum unmittelbaren Genuß, die ein Erkennen und Anerkennen einer Werthierarchie im Leben geradezu unmöglich macht. c) In einigen Ländern zeigen sich neue Formen eines religiösen Fundamentalismus. Verschleiert, aber auch offen, wird den Bürgern eines anderen Glaubensbekenntnisses die freie Ausübung ihrer bürgerlichen und religiösen Rechte verwehrt. Diese hier aufgeführten Gefahren können gewiß noch ergänzt werden durch verschiedene andere Argumente, denn Totalitarismus, Utilitarismus und Fundamentalismus sind zwar wichtige Zeitströmungen aber es gibt noch eine Reihe weiterer, wie z.B. Nationalismus und Globalismus. Die sogenannten ‚-ismen' sind aber stets nur die Betonung einer Richtung

Das Prinzip der Leistungsorientierung steht in der Gefahr, die Macht, die dem Menschen gewöhnlich auch erst durch andere verliehen wurde, zu mißbrauchen. Diese Entwicklung wird gesehen und daraus gefolgert, zur Marktwirtschaft ‚Ja' zu sagen, aber ‚Nein' zum Kapitalismus ohne soziale Verbindlichkeiten.

Der Markt scheint zur Zeit durchaus das wirksamste Instrument für die Erwirtschaftung und Verteilung knapper Güter, bei der Anlage der Ressourcen und zur Befriedigung der Bedürfnisse zu sein. Unternehmertum und Arbeiterschaft sind hierbei kooperierende Faktoren. Dabei darf aber die ungehinderte Entfaltung der Wirtschaft keinesfalls zu einem alleinherrschenden Regulationsprinzip für alle gesamtgesellschaftlichen Lebensprozesse aufgebauscht werden.[168] Es liegt eine große Gefahr darin, daß die westlichen Länder den Zusammenbruch des sowjetrussischen Bolschewismus mit seiner kommunistischen Ideologie diesen Sieg einseitig als Sieg ihres Wirtschaftssystems sehen und daraus den Fehlschluß ziehen, ihre Marktwirtschaft sei nicht reformbedürftig und brauche ob des Sieges keine Korrekturen, denn der Krisenzustand des Kommunismus eliminiert noch lange keine Ungerechtigkeit oder Unterdrükkung prinzipieller Natur, auch wenn ein Teil der Welt nun die Möglichkeit zur Neuorientierung und Demokratisierung erhält.[169] Es kommt nun wesentlich darauf an, die Weichenstellungen der Zeit zu erkennen und sie zum Aufbau einer humaneren Welt und Wirtschaft zu nutzen; denn in Umbruchsituationen werden neue Wege eröffnet, die in Verantwortung zu gehen sind.

Die Enzyklika anerkennt sowohl das Positive des Marktes als auch des Unternehmens, unter der Bedingung, daß beide auf das Bonum Commune hingeordnet sind, ansonsten würden sie dem Zweck entfremdet existieren und somit die Daseinsberechtigung verlieren.[170]

Die Marktwirtschaft muß sich den neuen Erfordernissen der Zeit anpassen, was Korrekturen notwendig macht. Der Papst hebt drei Problemkreise hervor:

---

oder eines Aspekts, die radikalisiert zu einem Extrem und einer Ideologie ausufern (können).

[168] Ebd., CA 34. Viele Dinge, die im menschlichen Leben relevant sind, sind nicht ‚käuflich' oder ‚bezahlbar'. „Es gibt ... unzählige menschliche Bedürfnisse, die keinen Zugang zum Markt haben." In „Rerum novarum" wurde die Problematik mit der Dritten Welt noch nicht in den Blick genommen. Aber auch für sie gelten die gleichen Ziele wie die Prinzipien in den reicheren Staaten. Es ist „zu vermeiden, daß die Arbeit des Menschen und der Mensch selber auf das Niveau einer bloßen Ware herabgedrückt werden (in manchen Fällen ein Ziel, das zu erreichen noch aussteht): familiengerechter Lohn, Sozialversicherungen für Alter und Arbeitslosigkeit, angemessener Schutz der Arbeitsbedingungen." Das Problem liegt oft sowohl in der Struktur der Gesellschaft als auch in der konkreten Umsetzung von theoretischen Forderungen nach Gerechtigkeit in die jeweilige praktische Situation. (Vgl. hierzu auch: Ebd., CA 40.)

[169] Ebd., CA 26.

[170] Ebd., CA 43.

Zunächst wird aufgezeigt, daß die große Mehrheit der Menschheit nicht über genügend Ressourcen verfügt, um den Eintritt in das Wirtschaftssystem zu schaffen, in welchem die Arbeit und das Unternehmertum entscheidend sind. Gemeint sind hier auch die Arbeitslosen, diejenigen, die mit der Hast und den raschen Veränderungen in der Gesellschaft nicht mehr zurechtkommen, die Alten und Jugendlichen, die sozial Schwachen, Ausländer etc.[171] Zweitens ist der Markt als Steuerungselement und Instrument an sich nur in der Lage, die Bedürfnisse zu decken, die man geldlich begleichen kann (nach dem Prinzip von Angebot und Nachfrage).[172] Als drittes Problem wird die ökologische Situation angesprochen. Beides müsse man zusammen sehen: die Zerstörung der humanen Lebenswelten und die der natürlichen Umwelt. Vor allem sind hier der Staat und die internationale Völkergemeinschaft gefordert, den Markt zu begrenzen, daß er nicht seine Kompetenzen überschreite und die eigenen Maxime gegen die ökologischen Grundbedürfnisse der Menschheit ausspiele.[173] Was der Kapitalismus brauche, ist eine Rechtsordnung, die fest verankert ist in dem demokratischen System, die positive und grundlegende Rolle der Unternehmen und Unternehmer, die Herausforderung der Verantwortung und die Ermöglichung der freien Kreativität des einzelnen sowie die Freiheit mit ihrem ethischen und religiösen Zentrum anerkennt.[174]

Auch die Arbeit (im weitesten Sinne, eingeschlossen wirtschaftliche und politische Prozesse) wird in „*Centesimus annus*" beleuchtet. Dabei ist sie primär als eine soziale Tätigkeit deklariert, da sie meistens mit anderen zusammen und

---

[171] Ebd., CA 33: „Viele Menschen... verfügen heute nicht über jene Mittel, die ihnen auf Dauer und in menschenwürdiger Weise den Zugang zu einem Produktionssystem erlauben, in dem die Arbeit die zentrale Stellung einnimmt. Sie haben keine Möglichkeit, jene Grundkenntnisse zu erwerben, die es ihnen ermöglichen würden, ihre Kreativität zum Ausdruck zu bringen und ihre Leistungsfähigkeit zu entfalten ..., miteinander in Verbindung zu treten, um dadurch ihre Fähigkeiten kennenzulernen und fruchtbringend einzusetzen. Sie sind, wenn nicht gerade Ausgebeutete, doch weithin Randexistenzen." Das Heer derjenigen, die von der Arbeit und damit wesentlich auch vom gesellschaftlichen Leben ausgeschlossen werden, wird immer größer; mit diesen wächst auch die potentielle Zahl der Straffälligen, da sie stärker als andere in der Gefahr stehen, kriminelle Taten zu begehen als jene, die einer geregelten Arbeit nachgehen. Das ist als soziale Frage herauszuheben.

[172] Ebd., CA 34.

[173] Ebd., CA 40: „... so haben Staat und Gesellschaft angesichts des neuen Kapitalismus die Pflicht, die gemeinsamen Güter zu verteidigen, die unter anderem den Rahmen bilden, in dem allein es jedem einzelnen möglich ist, seine persönlichen Ziele auf gerechte Weise zu verwirklichen." Der Staat als Regulationsfaktor hat dort seiner Verantwortung nachzukommen, wo unbezahlbare Güter durch den Markt übergebührend vereinnahmt oder gar mißbraucht werden. Die Politik hat die Pflicht, den uneingeschränkten Markt zu limitieren. (*Johannes Michael Schnarrer:* Art. „Die ökologische Debatte als Prüfstein der Verantwortung – der Umgang mit Werten und Gütern". In: *Gerhard Pretzmann* (Hg.): AGEMUS Nr. 43, Wien, April 1996, 9–12.

[174] Ebd., CA 42.

für andere getan wird. Der Papst stellt deshalb den Dienstcharakter heraus.[175] Die Arbeit steht in einer „Solidaritätskette“, die bei den Lieferanten beginnt und bis zu den Verbrauchern reicht (und unabhängig von ihrem bewußten Vollzug existiert). Eine große Schwierigkeit stellt sich in der Arbeit dar, wenn sie trotz gerechter Entlohnung nur unter dem Blickwinkel maximalen Gewinns bzw. größtmöglicher Erträge gesehen wird, wobei der Mensch in dieser Betrachtungsweise zwangsläufig zum Objekt degradiert wird. Hier werden Mittel und Ziel pervertiert, denn der Mensch arbeitet nicht um der Arbeit willen, sondern um der Menschen willen. Werden Ziel und Mittel vertauscht, muß es zu negativen Erscheinungen durch die Arbeit kommen, wie z.B. Entfremdung.[176]

Als große neue Gefahr für die Reformländer wird der aufkommende konsumistische Lebensstil, der in den reicheren Industrienationen immer latent vorhanden war und ist, gesehen. Und es ist ein wesentlicher Fehler, wenn man anstelle des Guten, Schönen und Wahren[177], anstatt Selbsthingabe und Bildung wirklicher Gemeinschaft zu suchen und zu etablieren[178], sich lieber mit dem Schein betrügt, sich von Dingen, Tätigkeiten, Stimmungen und Gefühlen vereinnahmen läßt, die man käuflich, genießbar und besitzbar erwerben kann, ohne damit die Wirklichkeit zu treffen. Aber der Konsumismus, der seine Wurzeln im überzogenen rational- individualistischen Utilitarismus hat, wird immer mehr zur Gefahr für den Menschen selbst, denn er kreiert artifiziell, d.h. unnatürliche und unechte Bedürfnisse, die mit Hilfe von Produktion, Konsum und Werbung, gleichsam als ein Gegenüber zur Wirtschaftsweise, den Wunsch nach Genuß, nach Besitz zu schaffen, ohne aber eine Relativierung durch andere Elemente, die Sinn verleihen, zuzulassen und eine Selbstbeschränkung vorzunehmen.[179] Der überzogene Konsumismus ist Indikator für Funktionsstörungen in der Gesellschaft (besonders deutlich durch Drogen, Alkohol und Pornographie). Wer bewußt künstliches Verlangen nach unechten Konsumbefriedigun-

---

[175] Ebd., CA 31, 32, 43.

[176] Ebd., CA 41. Entfremdung ist vielschichtig. Es ist aber falsch, wenn man annimmt, daß es sie nur im Kapitalismus gibt. Der Marxismus trat mit der Forderung an, dem kapitalistischen Arbeitsprozeß die Entfremdung zu nehmen, was aber nicht gelang. Die historische Erfahrung der sozialistischen Länder hat auf traurige Weise gezeigt, daß der Kollektivismus die Entfremdung nicht beseitigt, sondern noch steigert, weil der Mangel am Notwendigsten und das wirtschaftliche Versagen hinzukommen. Als Illusion stellte sich im Realsozialismus die Hoffnung heraus, daß man mit der Veränderung des politischen und wirtschaftlichen Systems den Prozeß der Arbeit humanisieren könne.

[177] Ebd., CA 36.

[178] Ebd., CA 41.

[179] Ebd., CA 36. Nicht das Verlangen nach einem besseren Leben ist schlecht, sondern falsch ist ein Lebensstil, der vorgibt, dann besser zu sein, wenn er auf das Haben und nicht auf das Sein ausgerichtet ist. Man will mehr haben, nicht um mehr zu sein, sondern um den Lebensgenuß als Ziel in sich selbst anzustreben. Lebensziel darf nicht hedonistische Genußmaximierung sein, sondern muß, der Natur des Menschen entsprechend, sich an Sinn und Werten orientieren.

gen schafft, der blockiert die Herausbildung der Persönlichkeit und bringt gemeinschaftsfeindliche Effekte materialistischer und lebensentfremdender Natur in die Gesellschaft. Entfremdung ist aber nicht nur im Sozialismus ein existierendes Problem gewesen, sondern in den westlichen Gesellschaften stets ebenso eine Realität; denn auch hier ist der Verlust wahren Lebenssinns immer häufiger anzutreffen.

Die eigentliche Gefahr wird in der Überschätzung des Habens gesehen, nämlich dann, wenn das Sein an Bedeutung verliert. Beides, Haben und Sein, ist zu trennen.[180] Das Haben steigert die Lebensqualität und erlangt dadurch seine Berechtigung, doch es darf nicht überschätzt und schon gar nicht verabsolutiert werden. Es benötigt immer Neues und geht aber über das im Leben Notwendige hinaus. Die Konzentration auf das Haben vernachlässigt die tieferen und existentielleren Wünsche des Menschen, genau die, die auf Sein orientiert sind, auf das schöpferische Wachstum des Seins, die hinzielen auf Werte, Tugenden, Sinn und Sinnvermittlung, Wahrheitsanspruch, Solidarität und Selbsthingabe. Kommen Haben und Sein in Konflikt miteinander, ist dem Sein die Priorität zuzuweisen, denn es vermittelt das Wesen und entspricht dem Menschen und seinen Grundbedürfnissen mehr als die Seite des Habens, die auch ihre Legitimität besitzt, aber in den ihm zugewiesenen Grenzen.[181] Der Kompetenzbereich des Habens ist daher genau zu definieren, damit er nicht Übergewicht zum Sein erhält.

Als Aufgabe sieht die Enzyklika die Erziehung der Konsumenten zu einem verantwortungsvollen Verhalten; aber gleichzeitig ist an die Unternehmer zu appellieren, nicht alles herzustellen, was zwar Gewinn bringt, aber ethisch nicht verantwortlich ist. Ebenso kommt den Medien bei der Meinungsbildung und Übermittlung von Informationen eine Schlüsselrolle zu. Einerseits befürwortet der Papst den Pluralismus[182], andererseits ist es ihm ein großes Anliegen, daß die menschliche Person nicht in die vereinseitigende Einflußsphäre der totalen Über-Ökonomisierung hineingerate. Eine „Vergötzung des Marktes" sei deshalb völlig abzulehnen, weil es hier zu einer Überhöhung komme, die nicht dem eigentlichen Sinn des Marktes, Diener des Menschen zu sein, gerecht wird, sondern zum Selbstzweck erhoben wird. Weiterhin spricht die Enzyklika eine doppelte Aufforderung aus, sowohl die reale Situation im sozialen Bereich wahrzunehmen, als auch diese konkrete Lage, eine Herausforderung an den Menschen herantragend und am Heilsplan Gottes partizipierend, zu verstehen.

---

[180] Ebd., CA 36. In folgenden päpstlichen Lehrdokumenten wird das Haben vom Sein unterschieden: Gaudium et spes 35; Populorum progressio 19/51; Sollicitudo rei socialis 28; (Vgl. auch die Ausführungen bei: *Erich Fromm:* To have or to be? New York 1976.)

[181] Ebd., CA 36/41.

[182] Ebd., CA 46.

Der anthropologische Grundirrtum des Sozialismus sei im Rationalismus der Aufklärung zu suchen, denn dort wurde die Wirklichkeit der menschlichen Vielfalt und der geschichtlichen Prozesse rein mechanisch gedeutet. Die „Theologie der Befreiung" wird hier mahnend angesprochen: „Das ehrliche Verlangen, auf der Seite der Unterdrückten zu stehen und nicht vom Lauf der Geschichte abgeschnitten zu werden, hat in jüngster Vergangenheit viele Gläubige dazu verleitet, auf verschiedene Weise einen nicht möglichen Kompromiß zwischen Marxismus und Christentum zu versuchen."[183] Dennoch nahm und nimmt die katholische Soziallehre einige Anliegen der Befreiungstheologie auf, die auch in diesem päpstlichen Lehrschreiben Erwähnung finden: die Option für die Armen[184]; die Verbindung von Befreiung und Entwicklung[185]; der Zusammenhang der strukturellen Sünde in potentieller Anlage und realisierter Form[186] sowie die Ermöglichung des gerechten Zugangs zum Weltmarkt.[187] An diesen Beispielen zeigt sich wiederum die enge Verknüpfung von politischen, ökonomischen und sozio-kulturellen Elementen. Das Wirtschaftssystem mit Arbeitern, Unternehmern und Konsumenten steht eben in unmittelbarem Verhältnis zur Politik.

Zusammenfassend ist festzustellen, daß die Ereignisse in Europa in „*Centesimus annus*" im Mittelpunkt stehen, auch wenn der globale Blick im Hintergrund vorhanden ist und somit die Argumentation über rein europäisches Denken hinausgeht. Das Lehrschreiben ist nicht nur an Katholiken oder Christen allgemein gerichtet, sondern auch an Nichtreligiöse und besonders die Regierenden.[188] Zwar fehlt die Darstellung der innerkirchlichen Situation (im Hirten-

---

[183] Ebd., CA 26. Der Befreiungstheologie wird eine Absage erteilt. Unsere Zeit legt nahe, die Schwächen all dieser Versuche zu überwinden, um den positiven Wert einer ganzheitlichen Theologie mit einem umfassenden Begriff der menschlichen Befreiung zu verkünden. (Vgl. auch: Kongregation für die Glaubenslehre; Libertatis conscientia – Instruktion über christliche Freiheit und Befreiung, Rom 1986, AAS 79 aus dem Jahre 1987, 554–599.) Von diesem Standpunkt aus könnten die Wendeereignisse in Mittel- und Osteuropa eine gewisse Signalwirkung für die Länder der Dritten Welt besitzen, da auch diese nach Ausweglösungen bezüglich ihrer ungerechten wirtschaftlichen und politischen Lage Ausschau halten.

[184] Ebd., CA 57.

[185] Ebd., CA 52.

[186] Ebd., CA 38.

[187] Ebd., CA 33. Das größte Problem scheint also darin zu bestehen, einen gerechten Zugang zum internationalen Markt zu finden, der nicht auf dem einseitigen Prinzip der Ausbeutung der natürlichen Ressourcen, sondern auf der Achtung der menschlichen Arbeit und der Entwicklung funktionierender Unternehmen beruht. Allerdings ist die Voraussetzung für den ungehinderten Zugang zum Weltmarkt für die Länder der Dritten Welt, daß man in den Industrienationen die Einfuhrlimits und Protektionen abschafft oder wenigstens stark reduziert. Geschieht dies nicht, wird sich die Lage der ärmeren Länder der Erde noch weiter verschlechtern. Auch hier setzt globales Denken an.

[188] Ebd., CA 60. Einerseits geht der päpstliche Appell an alle großen Weltreligionen, andererseits an alle Menschen guten Willens. Die Bereitschaft zum Dialog und zur Zusammenarbeit gilt in der Tat für alle Menschen guten Willens und insbesondere für jene

brief), aber dennoch repräsentiert die Kirche als soziales und theologisches Gebilde eine gewisse Botschaft, die aber vielmehr im Zeugnis der Werke und Taten christlicher Caritas Überzeugungskraft von der Echtheit des Evangeliums erlangt als durch bloße Worte und wenig wirkungsvolle Appelle. Die Position der Kirche wird dargestellt, als ob sie selbst nicht betroffen wäre. Das fällt besonders auf in der positiven Anerkennung der Arbeit der Gewerkschaften[189]; dem Aufzeigen der fast uneingeschränkten Verdienste und die Hervorhebung der Errungenschaften des demokratischen Systems, der sozialen Marktwirtschaft und der Rechtsstaatlichkeit[190]; der Honorierung der Erfolge der Gewaltenteilung[191] und der häufig wiederholten Forderung nach Partizipation[192]. Kirche ist soziale Realität schlechthin. Und auch sie muß sich immer wieder Rechenschaft geben über das, was innerhalb und außerhalb ihrer selbst geschieht. Dieses Mindestmaß an politischem und ökonomischem Denken, an Selbstkontrolle und Überprüfung der Einstellung des Handelns ist ein unerläßliches Proprium der katholischen Soziallehre, um stets den Realitätsbezug in den verschiedensten Teilen der Gesellschaft bzw. des Staates, den politischen, ökonomischen, sozialen, kulturellen und religiösen Bereichen herzustellen. Der hier genannte Anspruch ist auch in der Kirche unvermeidlich, möchte sie kompetent und verantwortungsvoll im öffentlichen Leben mitreden.[193]

Personen und Gruppen, die sowohl auf nationaler wie auf internationaler Ebene eine besondere Verantwortung auf politischem, wirtschaftlichem und sozialem Gebiet tragen. Besonders die Regierenden und Verantwortlichen in Staat, Gesellschaft und Wirtschaft (Arbeitgeber und Unternehmer, Manager) in den verschiedenen Bereichen sind angesprochen, denn bei ihnen liegt vor allen anderen die Macht zur grundlegenden Veränderung innerhalb einer Gesellschaft.

[189] Ebd., CA 35.

[190] Ebd., CA 46: „Die Kirche weiß das System der Demokratie zu schätzen, insoweit es die Beteiligung der Bürger an den politischen Entscheidungen sicherstellt und den Regierten die Möglichkeit garantiert, ihre Regierungen zu wählen, sie zur Rechenschaft zu ziehen und sie dort, wo es sich als notwendig erweist, auf friedliche Weise zu ersetzen." Gegenwärtig gibt es offensichtlich auch für den Papst zur Demokratie keine ernsthafte Alternative.

[191] Ebd., CA 44.

[192] Ebd., CA 28, 35, 46. Die Demokratie erfordert die Herstellung der notwendigen Bedingungen für die Förderung sowohl der einzelnen Menschen durch die Erziehung und Bildung im Geist der echten überlieferten Werte als auch für die Erstellung des ‚Subjektcharakters' der Gesellschaft durch die Schaffung von Strukturen der Beteiligung und Mitverantwortung. Es ist ein Grundelement demokratischen Handelns, daß die einzelnen Glieder der Gesellschaft am Entscheidungsprozeß beteiligt werden (und nicht nur die Führer und Lenker der Geschicke in Gesellschaft und Wirtschaft).

[193] *Oswald von Nell-Breuning:* Soziale Sicherheit? Zu Grundfragen der Sozialordnung aus christlicher Verantwortung. Freiburg 1979, 202–210.

4. Zusammenfassung und Schlußfolgerungen

Die in den Enzykliken behandelte soziale Frage steht in unmittelbarer Interdependenz mit den Aufgaben, Funktionen und Arbeitsbereichen des Unternehmertums. In jeder Form der Wirtschaft gibt es nicht nur die soziale Frage, sondern auch die leitenden Personen, die Funktionäre, Manager und Unternehmer. Besonders in der Marktwirtschaft wird der Terminus Unternehmer herausgebildet.[194] Hingegen sind die planwirtschaftlichen Ökonomien so organisiert, daß die Aufgabenstellung der Leitung von Unternehmen durch die Bürokratie des Apparates unter Aufsicht politischer Institutionen, wie Parteien oder Eliten, kontrolliert wird; wobei die Direktoren und Abteilungsleiter nur organisatorischen Aufgaben folgen, aber wenig zu entscheiden haben. Auch spart man sich die Ausschüttung von Gewinnen, da sie im kollektivistischen System nur den Eliten zugute kommen. Dabei werden Unfreiheit, Korruption, Ausschaltung der marktwirtschaftlichen Gesetze, schlechte Versorgung und geringe Produktivität in Kauf genommen.[195]

Der Unternehmer ist gezwungen, um Gewinne zu machen, preisgünstige Angebote zu schaffen, was auch mit der Nachfrage korreliert. Außerdem wird dadurch der Markt mit Konsumgütern besser versorgt, weil damit neue Absatzmöglichkeiten erschlossen werden, denn wirtschaftliche Innovationen kommen dem Verbraucher zugute. Diese produktionsintensiven Fortschritte sollten ebenfalls mit besseren sozialen Konditionen im Unternehmen wie Schonung der Umwelt, Energiesparen etc. einhergehen. Nicht unerwähnt darf jedoch bleiben, daß auch unethische Motivationsantriebe für den Unternehmer, wie z.B. dem Machttrieb zu folgen (und damit verbunden das bewußte Einwirken auf politische Prozesse), sehr wichtig sein können.

Von den Prinzipien der Soziallehre her sind einige Aspekte der Unternehmerfunktionen konkret zu benennen. Es besteht ein natürlicher Antrieb von der Einzelperson aus (Personprinzip), in den ökonomischen Tauschverkehr unternehmerisch einzutreten. Dabei entspringt die Unternehmertätigkeit der Eigenverantwortung des einzelnen und der kleineren Lebenskreise, was sich im Subsidiaritätsprinzip verdeutlicht. Von der Person aus gesehen folgt das Unternehmerische in der Ökonomie dem Aufbauprinzip der Gesellschaft von unten nach oben. Dem Gemeinwohlprinzip entsprechend hat dieses nur soviel Dynamik wie es Mitarbeiter hat. So ergibt sich das Postulat, daß es eine größtmögliche Zahl von interessierten Mitwirkenden an der Ökonomie geben sollte, was sich im

---

[194] *Rudolf Weiler:* Wirtschaftsethik. Graz 1993, 56–62, hier besonders: 67.

[195] In den Ostblockstaaten war es üblich, daß für ein neugeborenes Kind z.B. ein Auto und eine Wohnung bestellt wurden, damit es bei Volljährigkeit – also etwa nach 18 bis 20 Jahren – diese bekommen konnte.

Partizipationsprinzip verdeutlicht. Bei einer Vielzahl von Unternehmern ist auch die Machtverteilung besser gewährleistet als beim Alleinunternehmer Staat; dies wird ersichtlich in den Forderungen des Freiheitsprinzips. Wenn anhand der erbrachten Leistungen die Zuteilung geschieht, dann ist dies als sozial gerecht (suum cuique = das jedem Zustehende) verantwortbar zu evaluieren.

Nach der ökonomischen Entwicklung richtet sich das Hervortreten der Unternehmerfunktion: Im Mittelalter wurde eher statisch und manufakturbedingt nach bewährten Methoden produziert. Das änderte sich mit dem Anbruch der Neuzeit. Mit der rapid zunehmenden Dynamik in der ökonomischen Entwicklung wuchsen auch neue Gewinnchancen sowie eine Erweiterung des Angebots. Daraus ergab sich als Folge, daß das Bild des Unternehmers in seinen Konturen wesentlich stärker hervortreten konnte.

Im nachmodernen Zeitalter kommt heute die Frage nach dem Gemeinwohl an eine soziale Grenze des individuellen Gewinnstrebens. Immer stärker werden Problemfelder zum Diskussionsgegenstand in den Mittelpunkt des Interesses gerückt, die die Bewahrung der Schöpfung (theologisch gesprochen) bzw. der Ökobilanz sowie des sozialen Ausgleichs (sozialphilosophisch gesprochen) von Gruppen und Schichten untereinander bis hin zu einer globalen Dimension behandeln und bewältigen möchten. Das überzogen einseitige reine Leistungsdenken dehumanisiert, auch auf der Ebene der Unternehmerschaft, weil damit sowohl das Berufsethos als auch die Bereitschaft zum Dienst verloren geht; denn – auch dies gilt es hier ins Wort zu heben – bei weitem nicht alle Leistungen produktiver Art und Weise können finanziell entlohnt werden. Und so sollten nicht alle Lebensvorgänge unter das Aufwand-Nutzen-Kalkül[196] der Effizienz gestellt werden, weil damit die Umwelt entmenschlicht wird, wie auch in den Dokumenten der Soziallehre der Kirche immer wieder herausgestellt wird.

Ein Unternehmerbegriff bildet sich bereits im 13. Jahrhundert heraus, geht aber in der Reformationszeit wieder verloren. Erst im 17. Jahrhundert kommt der Terminus des „Entrepreneurs" für alle diejenigen in Gebrauch, die etwas mehr oder weniger Eigenständiges unternehmen, die Erbauer und Architekten sind oder als Leiter von Expeditionen fungieren. Doch der Begriff wandelte sich in fortlaufender Zeit weiter. In der Mitte des 18. Jahrhunderts bezeichnete man Leute als Unternehmer, die Material kauften und Produkte der Landwirtschaft, im Gewerbe und in der Industrie verkauften. Erst um das Jahr 1870 wird in den USA zwischen dem Eigentümer (shareholder) – im Sinne des Kapitalisten – und einem Unternehmer, der einen Betrieb führt (manager), scharf getrennt. Damit

---

[196] Dieser Gedanke ist im Ansatz *Gary S. Beckers* grundgelegt.

treten die beiden Aspekte des Unternehmerischen stärker in den Vordergrund.[197]

Nach Werner Sombart ist der Unternehmer im Grunde ein Entdecker und Erfinder (oder „Pionier“), einer der sich durch seine Kreativität (Stärke im Schöpferisch-Dynamischen) auszeichnet. Den Gedanken der Innovationsgabe betont dann auch Joseph Schumpeter, neben der Gabe, ökonomische Entwicklungen vorherzuplanen und durch neue Verbindungen der Einzelfaktoren der Produktion zu einem Ganzen zu verknüpfen, das effizient und rational-logisch besser ist als Vorhergeganges. Diesem Typus entsprechen nicht nur die Manager eines Unternehmens (als typische „Organisatoren“), sondern auch die durch beide Stärken (kreative und organisatorisch-dispositive Begabungen (des „Allrounders“)[198] hervortreten. Das Risiko der Manager ist allerdings nicht mehr – wie früher in den meisten Fällen – der Verlust des Eigentums, sondern mehr der Verlust einer finanziell oftmals sehr gut ausgestatteten Position. Wilhelm Weber unterscheidet die Unternehmerfunktion in drei Teilen. Erstens nennt er den positiven Unternehmerbegriff, wonach der Unternehmer im Betrieb die höchste Autorität ist. Zweitens hebt er den ökonomischen Unternehmerbegriff hervor; demnach wird der Unternehmer in seinen Eigenschaften als Innovateur, Entdekker und Logiker des Betriebssystems gesehen. Drittens ist er im juristischen Sinne auch unter dem Blickwinkel des Wirtschafts- und Arbeitsrechts zu sehen.

In der Soziallehre der Kirche wird seit 1891 vor allem die soziale Frage des Verhältnisses von Arbeitgebern und Arbeitnehmern behandelt. Der Unternehmer erfährt dabei in den meisten Fällen keine adäquate Würdigung, was sich jedoch in den letzten Dekaden geändert hat, wo die Hirten der Kirche die Angst vor dem Verlust der Arbeiterschaft langsam ablegten und nun auch dem Bild des Unternehmers gebührende Würdigung zukommen lassen, vor allem unter dem Aspekt der Gemeinwohlförderung und der Schaffung von Arbeitsplätzen.

Zusammenfassend ist festzuhalten, daß Arbeit und Unternehmertum existentiell korrelieren, wie Arbeit und Kapital, oder wie Privateigentumsrecht und Allgemeineigentumsrecht. Nur in der freien marktwirtschaftlichen Ökonomie gibt es das Bild des Unternehmers im eigentlichen Sinne, denn in der zentral verwalteten Planwirtschaft gibt es kein freies Unternehmertum, weil dies von den partei-elitären Kreisen von vornherein unterbunden wird. Damit ist der wirtschaftlich effiziente Typus des Unternehmers auf eine gewisse Freiheit in der Wirtschaft und der Gesellschaft, die die Rahmenbedingungen für sie aufzustellen hat, angewiesen. Allerdings heißt dies nicht, daß für das Gewinnstreben

---

[197] Hier liegt auch einer der größten Irrtümer im System von *Karl Marx*. Er sieht nur den Kapitalisten, der als Profitnehmer und Ausbeuter in Erscheinung tritt, nicht aber das Risiko und die eigentliche kreative Leistung des Unternehmers.

[198] *Fröhlich,* E./*Pichler,* J. H.: Werte und Typen mittelständischer Unternehmer, Berlin 1988.

eine absolute Vorrangigkeit bestehe; denn der Unternehmer ist vielmehr auch an die sittlichen und rechtlichen Ordnungsgehalte der Ökonomie gebunden. Diese Ordnungsgehalte sollen aber nicht auf die Funktion des Unternehmers hinderlich wirken, sondern begünstigend. Wenn dies weithin ermöglicht ist, dann dient er auch maßgeblich der Gesellschaft; denn neben der ökonomischen Komponente ist er ebenfalls ein Garant des politischen und sozialen Friedens, der mit seiner Tätigkeit Stabilität und Partizipation bringt. Letztlich ist er aber auch auf Kooperation angewiesen, um seine Funktionen erfüllen zu können, denn bei der Durchsetzung seiner Vorstellungen ist er auf andere angewiesen. Im Unterschied zu nicht selten bestehenden antikapitalistischen Affekten ist heute offensichtlich das Image der Unternehmer in der nachmodernen Gesellschaft kein prinzipiell negatives mehr, aus zwei Gründen: Erstens wird eingesehen, daß es Unternehmertum braucht, um Arbeitsplätze zu schaffen. Zweitens haben Topmanager kaum noch Privatleben, weil ihre Arbeitszeit oft wesentlich über das menschliche Maß und die Normalarbeitszeit hinausgeht. Das heißt, daß sie für die Realisierung der Leitung eines Unternehmens starke Einschränkungen ihrer sozialen und privaten Freizeit opfern, auch wenn dies finanziell oft überproportional entlohnt wird. Das findet heute mehr und mehr Anerkennung in der breiten Masse der Gesellschaft, denn – so sind sich Fachleute wie Laien einig – aufgrund der größer werdenden Komplexität wird es auch schwieriger, einen guten, kompetenten und erfolgreichen Unternehmer abzugeben!

Literatur

Anzenbacher, Arno (1998): Christliche Sozialethik. Paderborn.

Baum, Gregory/*Campion*, Donald A. (1967): Commentary on Gaudium et Spes. New York.

Chenu, Marie-Dominique (1991): Kirchliche Soziallehre im Wandel. Fribourg/Luzern.

Fromm, Erich (1976): To have or to be? New York.

Fröhlich, Erwin A./*Pichler*, J. Hanns (1988): Werte und Typen mittelständischer Unternehmer, Berlin.

Gabriel; Leo (1961): Mensch und Welt in der Entscheidung. Wien.

Heinrichs, Johannes: Sprung aus dem Teufelskreis: Logik des Sozialen und Natürliche Wirtschaftslehre. Wien o.J.

Hilpert, Konrad (1991): Art. „Soziale Gerechtigkeit nach dem Zusammenbruch der kommunistischen Regime". In: Stimmen der Zeit 9/91. Freiburg.

Johannes Paul II. (1981): Laborem exercens. Rom.

– (1991): Centesimus annus, Rom.

Keller, Franz (1912): Unternehmung und Mehrwert. Köln.

Kerber, Walter et al. (Hg.) (1991): Katholische Gesellschaftslehre im Überblick. Frankfurt a.M.

Keynes, John Maynard (1946): The General Theory of Employment, Interest and Money. 1946, 352f. Dt.: Allgemeine Theorie der Beschäftigung, des Zinses und des Geldes. München/Leipzig 1936.

Klose, Alfred (Hg.) (1964): Katholisches Soziallexikon. Innsbruck/Wien/München.

– (1988): Unternehmerethik. Linz.

Leo XIII. (1981): Rerum novarum. Rom.

Marx, Karl (1844): Ökonomisch-philosophische Manuskripte. Paris.

Messner, Johannes (1956): Die soziale Frage. 6. Aufl. Innsbruck/Wien/München.

– (1961): Der Funktionär. Innsbruck, Wien, München 1961.

Nell-Breuning, Oswald v. (1981): Der Wert der Arbeit und der Weg zur Gerechtigkeit; Freiburg, Basel/Wien.

– (1979): Soziale Sicherheit? Zu Grundfragen der Sozialordnung aus christlicher Verantwortung. Freiburg.

Nell-Breuning, Oswald v. /*Schasching*, Johannes et al. (Hg.) (1989): Texte zur katholischen Soziallehre. Köln, Kevelaer 7. Auflage.

Pyzdek, Tadeusz (1997): Das Evangelium der Arbeit nach Johannes Paul II. Tarnow.

Schasching, Johannes (1991): Unterwegs mit den Menschen. Wien.

Schnarrer, Johannes Michael (1996): Arbeit und Wertewandel im postmodernen Deutschland. Hamburg.

– (1999): Aktuelle Herausforderungen der Ethik in Wirtschaft und Politik: Perspektiven für das 21. Jahrhundert. 3. Aufl. Wien.

– (1999): Norm und Naturrecht verstehen. Frankfurt a.M./Berlin/Bern/New York/Paris/Wien.

Schumpeter, Joseph (1952): Theorie der wirtschaftlichen Entwicklung, 5. Aufl. Berlin.

Sombart, Werner (1913): Der Bourgeois. Zur Geistesgeschichte des modernen Wirtschaftsmenschen. München.

Strieder, Jakob (1925): Studien zur Geschichte kapitalistischer Organisationsformen: Monopole, Kartelle und Aktiengesellschaften im Mittelalter und zu Beginn der Neuzeit. 2. Aufl. München.

– (1968): Zur Genesis des modernen Kapitalismus: Forschungen zur Entstehung des großen bürgerlichen Kapitalvermögens am Ausgange des Mittelalters und zu Beginn der Neuzeit. 2. Aufl. New York.

Treue, Wilhelm (1990): Deutsche Geschichte. Teil 1. Stuttgart.

Weiler, Rudolf (1993): Wirtschaftsethik. Graz.

Begriffsverwirrung in der Ethik

Andreas Laun

1. Interdisziplinäre Urteile

Meine Erfahrungen mit dem, was man „Ethik" nennt, begannen ein erstes Mal besonders zu schmerzen, als ich an der Universität Wien in eine sogenannte „Ethikkommission" zum Thema der In-vitro-Fertilisierung berufen wurde. Ich merkte nämlich bald, daß eine Reihe der Mitglieder dieser Kommission nicht die geringste Ahnung von einem ethischen Argument besitzen. Während ich mich – wie ich glaube erfolgreich – bemühte zu verstehen, was, medizinisch gesehen, IVF bedeutet und was dabei geschieht, war bei vielen anderen Mitgliedern der Kommission von solchem Bemühen, das andere Fach, nämlich die Ethik, zu verstehen, nichts zu bemerken. Vielmehr nennen sie ihre aus ungeprüften Quellen zusammengeflossenen „Meinungen" einfach „Ethik" und geben sich seriös! Wie lächerlich wäre es, wollte ich über eine medizinische Frage auf der medizinischen Ebene urteilen! Aber umgekehrt soll es möglich sein? Natürlich, der Vergleich hinkt: Medizinisches Wissen hat wirklich nur der Fachmann, aber ein Gewissen hat jeder und auf Grund dessen kann er sein Urteil einbringen.

Zugegeben, dennoch beharre ich auf zwei wichtigen Unterscheidungen:

Erstens ist es ein Unterschied, ob jemand im Gewissen („gefühlsmäßig") spürt, was gut und böse ist, ohne sein Urteil begründen zu können, obwohl es sich um wirkliche Erkenntnis handelt, oder ob er in der Lage ist, eine Position argumentativ zu vertreten.

Zweitens, und das ist noch wichtiger, macht es ja das Wesen einer interdisziplinären Erkenntnis aus, daß der Betreffende beide Arten von Argumentation verstanden und zueinander in Beziehung gebracht hat. Erst vor kurzem hatte ich mit einigen „grünen" Katholiken eine Auseinandersetzung über das Patentrecht. Anlaß des Streites war meine Weigerung, einen Protest gegen ein Gesetz zu Patenten im Bereich der Gentechnologie zu unterschreiben. Mein Argument, daß ich zu wenig davon verstünde, ließen sie nicht gelten. Statt dessen stellte man meine Moralität in Frage. Aber es ist unabdingbar: Wer über die Moralität des europäischen Gen-Patentrechtes redet, muß nicht nur wissen, was gentechnisch gemacht wird und wie man ethisch argumentiert, er muß offenkundig auch die Möglichkeiten und Grenzen des Patentrechtes überhaupt verstanden haben. Dasselbe gilt für die Wirtschaftethik. Pointiert gesagt: Wer darüber redet, sollte wenigstens in etwa wissen, wie man einen Gemüse-Laden führt. Von O. v. Nell-Breuning stammt sinngemäß der provokante Satz: Vielen kirchlichen Äußerungen über Wirtschaft steht das Nicht-Wissen auf die Stirn geschrieben! In manchen katholischen Kreisen ist es hingegen leider üblich geworden, zwar nicht mehr an den Teufel zu glauben, wohl aber, in einer verspäteten Rezeption der 68er, in den internationalen Konzernen und überstaatlichen Regelungen das Böse schlechthin zu erkennen, und weh dem, der ihren Kreuzzug nicht mitmachen will.

Mit einem Wort: Es wäre in meinen Augen von größter Wichtigkeit, sich in wichtigen Fragen von heute nicht mit dem moralischen Eifer zu begnügen. Dieser mag auslösendes Motiv sein, dann aber bedarf es einer nachvoll-ziehbaren ethischen Argumentation auf der einen Seite und eines Fachwissens auf der anderen Seite in dem Ausmaß, wie es für das interdisziplinäre Urteil notwendig ist.

2. Pluralismus in der Ethik und Wahrheitsanspruch

Der Pluralismus in unserer Gesellschaft hat in mancher Hinsicht Gutes bewirkt, aber er hat auch seine Schattenseiten, wie so vieles im Leben. Eines der „pluralistischen Übel“ ist die Annahme, es gäbe Moral im Plural, und zwar so, daß eine solche Mehrzahl nicht nur nicht schlecht, sondern eine Bereicherung wäre – etwa so wie eine Vielfalt von Kulturen.

Aber Moral verträgt keinen Plural, und es ist ein Unsinn zu denken, ein und dieselbe Tat könnte unter den gleichen Umständen in Japan eine Sünde, in Indien neutral und in Europa eine Tugend sein. Beispiele, die eine solche Relativität auf das Land oder Volk zu beweisen scheinen, halten einer genauen Analyse nicht stand. Nehmen wir ein Beispiel: Das Gießen eines Gartens oder gar das Waschen eines Autos ist in einem Land, das um jeden Tropfen Wasser kämpft, möglicherweise ein schwerer Verstoß gegen das Gemeinwohl, vielleicht wirklich eine Sünde, bei uns aber nicht, schon gar nicht in Salzburg, wo wir im Wasser manchmal mehr schwimmen, als uns lieb ist. Aber es ist leicht zu sehen: Wäre es bei uns so trocken wie in bestimmten anderen Ländern, wäre Autowaschen auch bei uns Wasserverschwendung und daher auch bei uns eine Sünde.

In einem anderen Sinn freilich gibt es einen ethischen Pluralismus, und den versteht man dann, wenn man unterscheidet zwischen Wert- und Sachurteil. Denn in allen Handlungen lassen sich diese beiden Elemente unterscheiden. Auch hier ist ein Beispiel hilfreich: Eine Sache ist die Erkenntnis (das Werturteil), daß man fremdes Eigentum nicht wegnehmen darf und wo die Grenzen des

Eigentums-Rechtes verlaufen; etwas anderes ist es festzustellen (Sachurteil), ob irgendeine bestimmte Sache Eigentum dieses oder jenes Menschen ist und welchen Wert sie besitzt.

Viele Beispiele dafür, daß man in ethischen Fragen verschiedener Meinung sein könne, weil sich die ethischen Überzeugungen doch schon oft geändert hätten, lassen sich als Unterschiede in den Sachurteilen aufzeigen, deren gemeinsamer Nenner ein bleibendes Werturteil ist. Wieder ein Beispiel:

Jedermann ist entsetzt bei dem Gedanken an Hexenverfolgungen. Allerdings, das moralische Urteil der Menschen hat sich in der „Sache" geändert, nicht bezüglich des Werturteils und des entsprechenden Imperativs, daß man Unschuldige nicht bestrafen sollte. Das heißt: Wären die Menschen heute noch überzeugt, ein anderer hätte ihnen durch irgendeine Verwünschung oder einen Trick schweren Schaden zugefügt, würden sie selbstredend seine Bestrafung fordern. Mit anderen Worten: Geändert hat sich die Meinung darüber, ob es Hexen gibt oder nicht, nicht aber die Auffassung, daß man Übeltäter bestrafen soll.

Allerdings, bezüglich des Strafrechtes hat es eine Änderung des Werturteils gegeben: So überzeugt wir sind, daß das Böse – vor allem, wenn es schwerwiegend ist oder gar uns selbst betrifft – bestraft werden muß, so lehnen wir dennoch auf der anderen Seite Folter oder die Verbrennung eines Verbrechers ab, ganz gleich, was er getan hat. Aber – ein anderes „Werturteil" in dieser Frage würde man auch keineswegs als legitimen Pluralismus hinnehmen, sondern empört zurückweisen.

Die Schlußfolgerung lautet: Bezüglich des Werturteils wissen alle Menschen, in vorreflexiver Weise, daß es nur *eine* Moral geben kann. Was hingegen das Sachurteil anlangt, können „gleich moralische" Menschen verschiedener Meinung sein und von verschiedenen Handlungs-Imperativen überzeugt sein.

Ein Beispiel, das mir ein Freund vom Opus Dei erzählt hat, veranschaulicht das Gemeinte in hervorragender Weise: Zwei Mitglieder des Opus Dei wohnten unter einem Dach, gehörten aber verschiedenen politischen Parteien an. Der eine gab eine Oppositions-Zeitung heraus, der andere aber, der als Minister Mitglied der Regierung war, ließ eben diese Zeitung eines Tages verbieten. Ich weiß nicht, wie sehr der Unterlegene darunter litt, jedenfalls haben sich die beiden Männer weiter gut vertragen, miteinander gegessen und miteinander gebetet. Der Gründer des Opus Dei habe dieses Beispiel rühmend erzählt: Beide waren beseelt davon, für das Gemeinwohl zu arbeiten (= das von beiden geteilte Werturteil), aber über das sachliche Wie (= Sachurteil) waren sie offenkundig je anderer, entgegengesetzter Meinung – und respektierten doch die Entscheidung des anderen.

Die Verwirrung in der Ethik heute besteht darin: Während der legitime Pluralismus in ethisch durchaus wichtigen *Sachfragen* oft und oft nicht gesehen und anerkannt wird, fordert man Pluralismus und Toleranz in *Wertfragen*. So zum Beispiel behaupten manche, etwa die Vertreter des sogenannten Kirchenvolks-Begehrens, man könne legitimerweise in Fragen der Sexualmoral „verschiedener Meinung" sein. Die Erfahrung zeigt allerdings: In der Praxis können auch diese Leute die behauptete Toleranz und den ethischen Pluralismus nicht leben: Dort, wo sie etwas zu sagen haben, nehmen sie jedem anderen das Wort.

An diesem Punkt möchte ich eine innerkirchliche Anmerkung machen: Aufgabe der Bischöfe und Priester ist es, die Zehn Gebote zu verkünden, samt ihrer Implikationen. Aber dort, wo es um die Anwendung auf weltliche Gebiete geht, sind primär die Laien zuständig. Von Bischöfen ein Urteil über Atomkraftwerke zu fordern, ist eine Einladung zum Klerikalismus, und der Bischof sollte sich zurückhalten sogar dann, wenn er zufällig etwas von der Frage versteht. Denn wenn er redet, redet immer der Bischof, und es ist praktisch unmöglich, daß die Leute zwischen ihm als Bischof und ihm als Mensch unterscheiden.

3. Ethik und Wahrheit

Johannes Paul II. hat vor einiger Zeit eine Enyzklika zu den Grundfragen der Ethik publiziert, nämlich „Veritatis splendor" (VS), die zwar nicht sehr viel Beachtung fand, im Grunde aber viel dramatischer war als sogar „Humanae vitae" mit ihrem Nein zur künstlichen Verhütung. Denn in VS ortet der Papst eine Krise der Ethik, die die Grundlagen derselben erschüttern und zum Einsturz bringen kann. Ursache ist der Versuch, die Ethik von der Wahrheit zu lösen.

Das heißt: Gut und böse werden nicht mehr in den Kategorien von Wahrheit und Irrtum diskutiert, sondern diese werden verdrängt durch die Frage, ob jemand „selbst" und „in Freiheit" entschieden habe oder nicht. Aber „Selbstbestimmung" im Bereich der Gebote Gottes läuft auf Selbst-Vergötzung hinaus. Es ist fast wie bei manchen Kinderspielen: Es gibt einen Platz, wo es „nicht mehr gilt". So auch hier: Für ethische Positionen beruft man sich auf das Gewissen in einer Weise, als ob damit jede Diskussion ein Ende habe müsse.

Ein anschauliches Beispiel liefern die derzeit laufenden Diskussionen im österreichischen Justizministerium über die Neufassung des Sexualstrafrechtes. Der Grund- und Leitnorm-Begriff lautet dabei: „Sexuelle Selbstbestimmung". Wahrscheinlich stehen bestimmte Ideologien aus der Welt jenes radikalen Feminismus dahinter, der das marxistische Denken auf die Geschlechter überträgt und von daher nicht eine „klassenlose", sondern „geschlechtsfreie" Gesellschaft im Sinne von „Jeder kann sich sein Geschlecht wählen!" bauen möchte. Hier wird das Phänomen besonders deutlich: Die Frage von „wahr" oder „falsch" stellt sich nicht mehr; es geht nur um „Selbstbestimmung", eine Vorgabe der „Natur" bzw. durch den Schöpfer ist außerhalb des Denkmöglichen. Freilich, eine gewisse „Natur" wird auch dabei vorausgesetzt: nämlich eine Menschennatur, die man sich bezüglich ihrer sexuellen Orientierung selbst „einrichten" kann.

Eine Variante dieser ethischen Selbstherrlichkeit ist die Bestimmung des Sittlichen als das, was gesellschaftlich erwünscht ist. Nach welchem Maßstab? Den großen Diktatoren hätten solche Thesen gefallen! Genauer gesagt: Sie selbst forderten und proklamierten solche Unterordnung der Ethik unter andere, unter ihre Interessen.

Auch in einem demokratischen Staat wirkt diese Veränderung der Ethik verheerend. Denn wenn „Selbstbestimmung" ohne Bindung an die Wahrheit das Grundprinzip der Ethik ist, ist es folgerichtig, für gesellschaftlich wichtige Fragen auf die Mehrheit zu achten. Aber dieser Position hält der Papst in „Evangelium vitae" beschwörend entgegen: Das Prinzip, daß Mehrheiten das Recht begründen, führt in die Diktatur.

Besonders schmerzlich habe ich das Unheil des Mehrheits-Prinzips in der Debatte um die Fristenregelung erlebt. Damals hat sich, wie man weiß, die Mehrheit durchgesetzt. Die Folge war nicht nur ein liberales Abtreibungsgesetz, sondern eine Bewußtseinsveränderung, die auch tief in die katholische Welt eingedrungen ist. Wenn ich heute in Kreisen der katholischen Aktion die Fristenregelung kritisiere, stoße ich auf Unverständnis oder sogar Aggressionen. Ich erinnere mich an eine Diskussion, bei der mir Leute, die seinerzeit das Volksbegehren mitgetragen hatten, jene Argumente entgegenhielten, die damals nur von den Sozialisten kamen und die wir alle zu widerlegen wußten. Aber die Zeit hat diese Menschen „umgedreht". Damals, bei dieser für mich so schmerzlichen Diskussion, gab mir nach langer Debatte nur ein Jurist recht. Aber er war der einzige.

Das Problem in der Ethik ist heute wesentlich ein Problem der Wahrheit. Zumindest in ethischen Fragen meinen viele, daß die Pilatusfrage berechtigt sei und jeder eben „selbst" entscheiden müsse. Zumindest in manchen Fragen wird deutlich, daß eine dem sittlichen Imperativ voraus- und zugrunde-liegende Realität für abwegig gehalten wird. Das wird besonders deutlich bei den Fragen der Sexualmoral und im Feminismus mit seinem Versuch, es jedem Menschen anheimzustellen, ob er Mann oder Frau sein wolle.

Ähnliche Entwicklungen gibt es übrigens auch in der sogenannten Religions-Theologie. Auch da behauptet man: Alle Religionen seien nur Versuche der Gotteserkenntnis, und jeder, der Wahrheit in Anspruch nimmt, ist totalitär und eigentlich gefährlich. Dabei setzt man voraus: Jeder, der von etwas überzeugt ist, werde Gewalt gegen andere anwenden. Aber wäre es so, hätten größte Friedensstifter wie Franziskus und Gandhi gewalttätig sein müssen: Sie waren ja „überzeugt"!

Die angedeutete Wahrheitskrise kann nur durch eine Neubegründung der Ethik überwunden werden, und zwar auf der Grundlage der Einsicht: Ethik ist an die Wahrheit gebunden. Nach alter katholischer Überzeugung sind auch die Zehn Gebote nicht eine Art Willkürforderung Gottes, sondern, sit venia verbo, eine Anleitung für die „artgerechte Haltung" des Menschen, das heißt, sie ermöglichen sein Leben. Jede Beliebigkeit führt ins Unglück und in Diktatur.

Hier ist auch an die zeitlos gültige Lehre des hl. Thomas von Aquin zu erinnern: Jede menschliche Gesetzgebung, die im Widerspruch steht zum göttlichen Gesetz, ist null und nichtig. Darum gibt es nicht nur einen heiligen Gehorsam, sondern, gegenüber menschlichen Geboten, auch einen heiligen Ungehorsam als Form des Gehorsams gegenüber Gott.

4. Umbenennungen

Eine Folge und ein Symptom der Verwirrung und der Abwendung von der Wahrheit sind auch die Umbenennungen. Man tut so, als ob man durch eine andere Bezeichnung die Wirklichkeit verändern könnte.

Man will die Verbindung zweier Homosexueller „Ehe" nennen und meint, damit könne man bewirken, daß es eine homosexuelle „Ehe" wirklich gibt.

Man fordert eine „ergebnisoffene" Beratung. Sogar Vertreter von Lebens-Bewegungen verteidigen diesen „Neusprech", aber sie merken gar nicht, daß nur das „Soll" einer solchen Beratung dem Berater aufgegeben sein kann. Aber damit geben sie ihr Ziel, das Leben zu retten und zu verteidigen auf. Es ist, als ob der Arzt mich „ergebnisoffen" behandeln wollte! Das soll er nicht, er soll meine Gesundheit anstreben. Daß er sie nicht erzwingen kann, steht auf einem anderen Blatt.

Ganz typisch sind auch die anderen Sprachregelungen im Dunstkreis der Abtreibung: Man spricht von Schwangerschafts-Beendigung, Schwangerschafts-Unterbrechung oder auch Schwangerschafts-Abbruch – aber sogar dabei scheint das Kind nicht mehr auf. Beim Wort „abtreiben" fragt man unwillkürlich: „Wen oder was abtreiben?", aber die Schwangerschaft ist ein Zustand der Frau, sprachlich kommt das Kind nicht vor.

5. Neuaufleben einer „Natur"-Ethik

Eigenartig ist übrigens auch die Tatsache, daß in „grünen" Kreisen ein bestimmtes Naturrechtsdenken neu auflebt. So verächtlich man sich über das alte Naturrechts-Denken zu äußern pflegt, so argumentieren heute wieder viele Kreise mit der „Natur" und stellen sie als heilig und unantastbar hin. Ich erinnere an die Zeit von „Humanae vitae“: Mit welcher Leidenschaft warfen die Kritiker dem Papst vor, er begehe den Fehler des Biologismus, weil er glaube, man könne aus biologischen Gegebenheiten moralische Normen ableiten. Paul VI. hat diesen Fehler keineswegs begangen, und Johannes Paul II. hat sich mit der Frage nochmals in „Veritatis splendor“ auseinandergesetzt. Aber heute kehrt ein tatsächlich biologistisches Naturrecht zurück: etwa wenn man so tut, als wäre es in sich unmoralisch, in genetische Zusammenhänge einzugreifen.

In diesem Zusammenhang ist eine Unterscheidung von größter Bedeutung: In den Diskussionen um die Bewahrung der Schöpfung dreht es sich bei näherem Zusehen fast immer nur um die möglicherweise schlimmen Folgen für den Menschen. Natürlich sind diese „moralisch bedeutsam“. Aber – Heilige oder Verbrecher, Gläubige oder Atheisten, niemand will vergiftet oder sonstwie geschädigt werden, und es bedarf keiner besonderen Moral, um die Zerstörung der Erde nicht zu wollen.

Wenn aber jemand sagt: Eine Zelle ist, unabhängig von den Folgen für die Menschen, etwas in sich Heiliges, in das der Mensch nicht eingreifen darf, argumentiert er „biologistisch“. Aber es ist nicht biologistisch zu sagen: Der Mensch hat niemals das Recht, mit menschlichen Embryonen zu experimentieren.

Mit anderen Worten: Fast alle Eingriffe in die nicht-personale Natur sind nur an den Folgen für den Menschen zu messen. Aber der Eingriff in den menschlichen Embryo ist nicht wegen schlimmer Auswirkungen auf die anderen Menschen abzulehnen, sondern um jener Würde willen, die einem Menschen auch im Embryostadium bereits zukommt. Mit Embryonen soll man nicht deswegen nicht experimentieren, weil dies gefährlich wäre oder weil lebendige Zellen unantastbar wären, sondern weil es ein Mensch ist, der verbraucht wird.

Schlußbemerkung: Die Beispiele zeigen, wie sehr die Antworten der Ethik tief in das Leben eingreifen. Es geht dabei nicht um ein harmloses „Meinen“, sondern um die Existenz jedes Menschen. Aus der Sicht des Glaubens füge ich hinzu: Die Gebote Gottes haben nicht nur für das Überleben auf Erden Bedeutung, sondern für die Ewigkeit.

Unternehmerethos als Zentrum der Unternehmenskultur

Bernhard Weber

Seit Beginn der 80er Jahre ist unter Managementtheoretikern, Praktikern und Unternehmensberatern sehr viel von „Unternehmenskultur" die Rede. Die Definitionen, welche man in der Literatur dazu findet, decken sich etwa mit jener zweier Schweizer Autoren, die Unternehmenskultur als die „Gesamtheit der in einer Unternehmung wirksamen Denkmuster und Wertorientierungen, Einstellungen und Verhaltensnormen"[1] bezeichnen. Dahinter steht der Gedanke, daß eine Unternehmung nicht einfach nach technokratischen Grundsätzen funktioniert. Die Unternehmung ist eine Lebenswelt, so wie auch die Familie, eine Stadt oder eine bestimmte Gesellschaft verschiedene Lebenswelten sind.

Die eben genannte und ähnliche Begriffsbestimmungen sind zweifellos richtig, bleiben aber rein deskriptiv. Auch die verschiedentlich angestellten Versuche, konkrete Äußerungen von Unternehmenskultur festzuhalten oder Unternehmenskultur-Profile zu erstellen, tragen – so scheint mir – zur Klärung des Phänomens „Unternehmenskultur" nur wenig Substantielles bei. Nicht nur oberflächlich, sondern zumeist auch irrig und irreführend, sind jene „How-to-do"-Beiträge, welche mit „Tools" und „Management-by"-Techniken das Thema Unternehmenskultur in Angriff nehmen. Von daher kann ich die Skepsis vieler Unternehmer und Manager gegenüber dem Begriff der „Unternehmenskultur" gut verstehen.

---

[1] *Ulrich*, P./*Fluri*, E.: Management. Eine konzentrierte Einführung; Verlag Paul Haupt, Bern-Stuttgart 1992, S. 38. Einen recht extensiven, inhaltlich aber sehr ähnlichen Definitionsversuch von Unternehmenskultur findet man bei *Schein*, E. H.: Unternehmenskultur. Ein Handbuch für Führungskräfte, Campus Verlag, Frankfurt/New York 1995, S. 18–27. Vgl. dazu auch *Smircich*, L.: Concepts of Culture and Organizational Analysis, in: Administrative Science Quarterly, Sept. 1983, S. 339–358. Der Artikel von Smircich stellte einen Markstein in der Analyse des Unternehmenskultur-Begriffes dar und bietet eine Zusammenschau und eine Systematik der bis dahin wichtigsten Unternehmenskultur-Definitionen von Autoren, die bis heute die Diskussion prägen.

1. Unternehmenskultur als aristotelische Metapher

Die Schwierigkeiten, welche der Unternehmenskultur-Begriff vielen Managementtheoretikern und -praktikern macht, dürften mit dem Verlust des teleologischen Denkens zu tun haben. Teleologisch – von „Telos", Ziel – ist das Betrachten des Menschen im Hinblick auf sein Ziel, auf das „Wozu" seines Lebens; Teleologie versucht den Menschen ganzheitlich zu verstehen und begreift ihn als ein Wesen, dem es um etwas geht, für den etwas gut, förderlich, bedeutend ist.[2]

Lassen wir einmal die wissenschaftstheoretische Debatte um die Legitimität teleologischen Denkens beiseite. Es soll uns hier der knappe Verweis auf unsere Alltagserfahrung genügen, in welcher wir uns als eine teleologisch verfaßte Wirklichkeit, als eine „entelecheia", erleben: Alles, was wir tun, tun wir um eines Zieles willen, und zwar irgendwo um eines letzten Zieles willen. Deswegen kann es uns passieren, daß sich manchmal das, was wir erstreben und auch erreichen, nicht als das herausstellt, was wir erstrebt hätten, wenn wir gewußt hätten, was wir erreichen würden; daß wir „Fehler" – im gewöhnlichen Wortsinne – machen können. Den alle unsere konkreten Einzelziele umgreifenden Horizont menschlichen Strebens nennt Aristoteles „Eudaimonia", ein Begriff, der im Deutschen eigentlich keine Entsprechung hat und mit „Glückseligkeit" oder „Gelingen des Lebens" mehr schlecht als recht übersetzt ist.

Die Betrachtung des Menschen und des menschlichen Handelns im Hinblick auf sein Telos ist ohne Zweifel rein kontemplativ. Die Teleologie versucht den Menschen ganzheitlich zu verstehen, nicht aber zu erklären im Sinne eines naturwissenschaftlich-technischen Anspruchs. Das Telos des Menschen als eines

---

[2] Der Ausdruck „Teleologie" wurde im 18. Jahrhundert vom deutschen Philosophen Christian Wolff eingeführt. Der erste Systematiker teleologischen Denkens war allerdings Aristoteles, wobei seine Teleologie in ontologischen Annahmen gründete. Gerade um auf diese ontologische Dimension des teleologischen Denkens zu verweisen, ist im folgenden von „aristotelischer Teleologie" die Rede. Denn wenn heute etwa in der Kybernetik oder der Systemtheorie von Teleologie gesprochen oder sie einfach geltend gemacht wird, dann gerade oft als „Teleonomie" in einer nicht-ontologisch verwurzelten Weise. Unter dem Begriff der „Teleonomie" wird versucht, dem teleologischen Charakter der Wirklichkeit gerecht zu werden, ohne sich damit auf eine ontologische Begriffsbildung einlassen zu wollen bzw. es wird versucht, die Wirklichkeit unter dem Aspekt ihrer Zielgerichtetheit zu betrachten, ohne jedoch von Zielen zu sprechen. Zur Differenz zwischen (aristotelischer) Teleologie und Teleonomie vgl. *Spaemann,* R./*Löw,* R.: Die Frage wozu? Geschichte und Wiederentdeckung des teleologischen Denkens, Verlag Piper, München/Zürich 1985, S. 300–309. Dazu, daß die durch das neuzeitliche Denken in Mißkredit geratene aristotelische Teleologie nur rehabilitiert werden kann, wenn auf deren ontologische Voraussetzungen zurückgekommen wird, vgl. *Engels,* E.-M.: Die Teleologie des Lebendigen. Kritische Überlegungen zur Neuformulierung des Teleologieproblems in der angloamerikanischen Wissenschaftstheorie, Verlag Duncker & Humblot, Berlin 1981, S. 19.

freien Wesens ist kein klarer und distinkter Begriff, der sich als Lebensziel definieren ließe, wie sich das Bruttonationalprodukt einer Volkswirtschaft oder der Cash flow einer Unternehmung definieren läßt. Das Nachdenken darüber, was der Mensch will, wie er handeln und wofür er sich entscheiden soll, kann deshalb keine formelhaften Maximierungsstrategien zutage bringen. Und die teleologische Reflexion liefert deshalb dem Manager auch keine Kontroll- und Steuergewicht, was aber nicht heißt, daß er darauf verzichten darf.

Wird die teleologische Betrachtungsweise aufgegeben, bekommt man die Frage nach dem Sinn und Wert menschlicher Lebensvollzüge nicht mehr in den Blick und wird daher auch das Reden von Kultur und Kultivierung zu einer „façon de parler", zu einem systematischen Selbstmißverständnis. Unternehmenskultur heißt dann die irrationale Umsetzung äußerlicher Verhaltensmuster, sie besteht in einer beliebigen Etikette der Höflichkeit, welche von der Unternehmensleitung nicht aus einer Einsicht in die Erfordernisse der unternehmerischen Wirklichkeit, sondern aus einem geistlosen Weltverbesserertum oder aus Snobismus festgesetzt wurde. Weltverbesserertum und Snobismus zählen aber in der Welt der Wirtschaft wenig. Bei einer nicht-teleologischen Begriffsbildung setzt sich daher in der Theorie und in der Praxis meistens die Vorstellung von Unternehmenskultur als einem „wertfreien" Kontroll-Instrumentarium der Unternehmensführung durch; Unternehmenskultur als ein exklusives Management-Werkzeug, um den Humanfaktor im Unternehmen in den Griff zu bekommen.

Der Begriff der Unternehmenskultur ist eine Metapher, eine interpretative Stütze, um das Phänomen der Organisation als Lebenswelt in ihrer subjektiven und objektiven Dimension, als Daseinsdeutung und als Lebensordung, zu ergründen. Damit aber Unternehmenskultur Bild und nicht Trugbild ist und zu den erhofften Einsichten in das Phänomen Organisation führen kann, muß der Begriff eine gültige Analogie darstellen, muß der Begriff aus dem Verständnis des Zusammenhangs erwachsen, in welchem der Kultur-Begriff seinen Ort hat.

Ein entwurzelter Unternehmens-Kultur-Begriff kann nicht als „root metaphor" (Smircich) dienen, sondern stellt obiges Zerfallsprodukt aus neuzeitlicher Wissenschaft und vormaligem common sense dar.[3] Im aristotelisch-teleolo-

---

[3] Was hier für die Metapher der Unternehmenskultur gesagt wird, gilt auch für die Vielzahl der Metaphern, welche *Gareth Morgan*, in dessen Forschungsgruppe Smircich arbeitet, in seinem bekannten Werk „Images of Organization" vorstellt. Images und Bilder können mehr oder weniger zutreffen, je nachdem ob ihr eigentlicher, nicht-analoger Sinn mit dem, was Organisation ist und was eben nur analog bestimmt werden kann, übereinstimmt. Dies sieht auch Smircich so, wenn sie die Maschinenmetapher und die Metapher eines geistlosen Organismus zur Analyse der Organisation als weniger geeignet als die Kultur-Metapher beurteilt. Dies scheint allerdings Morgan nicht so zu sehen, wenn er mit seiner bekannten Parabel von den sechs blinden Männern, die auf einen Elefanten stoßen und ihn alle unterschiedlich auffassen, den Wert der diversen

gischen Denken ist Unternehmenskultur etwas sowohl An-sich-Gedachtes als auch Für-sich-Erlebtes und bildet der Begriff der Unternehmenskultur daher irgendwo eine Analogie zu jenem Horizont des Absoluten, des Subjektiven *und* Objektiven, den Aristoteles unter dem Terminus der Eudaimonia auf den Begriff gebracht hat.

2. Unternehmen und Kultur

Die Klärung des Begriffs der Unternehmenskultur, der Eigenheit der kulturellen Leistung des Unternehmens, hängt sehr stark mit der Frage zusammen, worin denn diese teleologische Perspektive seitens des Unternehmers oder des unternehmerischen Entscheidungsträgers liegt. Was heißt es, den Mitarbeiter teleologisch zu begreifen, ihn als ein nach-Sinn-strebendes Wesen zu sehen? Zur Beantwortung dieser Fragen ist es hilfreich, auf zwei Wesenszüge des Menschen zu reflektieren, wie sie bei näherer Betrachtung in der aristotelischen Anthropologie ansichtig werden.[4]

Der Mensch ist, so lautet eine bekannte Aussage von Aristoteles, ein „zoón politikón"[5], ein soziales Wesen. Er ist ein Wesen, das für sich zählt, aber nach Maßgabe seiner Einbindung in die Polis, in die Gemeinschaft. Der Mensch zählt für sich, das heißt, er darf nie unabhängig von seinem je eigenen Mensch-Sein betrachtet werden, er ist in gewissem Sinne absolut. Insoferne der Mensch Teil der Gemeinschaft ist und immer auch als solcher zählt, ist er nach seinem Wesen auch und notwendigerweise relativ im Vergleich mit den anderen. Der Mensch ist also zugleich absolut und relativ. Er ist aber vor allem absolut, denn niemals darf er eben ausschließlich relativ im Vergleich mit anderen gesehen werden. Er ist nie nur zu etwas gut, er ist niemals nur Mittel zum Zweck. Der

---

Metapher zur Erhellung des Phänomens Organisation in einer unzulässigen Weise relativiert.

[4] Aristoteles hat uns kein abgeschlossenes System anthropologischer Aussagen hinterlassen, er hat uns auf dem Gebiet der Philosophie vom Menschen vor allem eine Ethik vermacht. In dieser sind oft nur implizit anthropologische Erkenntnisse enthalten, die zu entdecken, zu formulieren und zu entfalten sich die aristotelische Tradition zur Aufgabe gemacht hat. Die Bezugnahme auf Aristoteles geschieht hier im Hinblick auf diese ganze philosphische Tradition, die er repräsentiert, eine Tradition, als deren Signum die Gutheißung des finalursächlichen, teleologischen Denkens bezeichnet werden könnte.

Zur nachfolgenden Sichtung des Menschen als „absolutes" und als „totales" Wesen und zu der sich von diesen beiden Wesenszügen her erhellenden Einsicht in den Mittlerstatus der Unternehmung zwischen Familie und Staat vgl. *Alvira,* R.: Der Unternehmer als Humanist, in: Prat, H. E. (Hrsg.): Ökonomie, Ethik und Menschenbild, Verlag Fassbaender, Wien 1993, S. 150–153.

[5] Vgl. *Aristoteles*: Nikomachische Ethik IX, 1169b-1170b; Politik I, 1253a.

Mensch hat so auch keinen Wert, für den er gehandelt werden könnte, sondern er hat Würde.

Ein anderer Wesenszug des Menschen ist, daß er grundsätzlich offensteht im Hinblick auf die Entwicklung dessen, was er ist. Worin das letzte Ziel des Menschen besteht, ist so ja auch nicht auszusprechen. Der Mensch hat eine Vielzahl verschiedener Neigungen, mannigfaltige Möglichkeiten, er ist in gewissem Sinne ein totales Wesen. Und so kann er im Zuge seines Lebens gar nicht alles realisieren, was er von seinem Wesen her, von seinem Potential des Menschseins her, zu verwirklichen vermöchte. Aber in dem Maße, wie er sein Potential ausschöpft, ist er Mensch. Und nach Maßgabe dessen, was er ist, ist er auch Teil der Gemeinschaft, ist er für sie gut, wertvoll, hat Würde.

Der Begriff der Würde drückt den anthropologisch-ethischen Status aus, welcher dem Menschen als mit Geistseele, mit Wille und mit Verstand, ausgestattetem Wesen in der aristotelischen Philosophie zukommt. Der Mensch ist eben nicht ein Tier mit besonderen Eigenschaften; er ist Person und besitzt eine transzendentale Natur, ist in gewissem Sinne ein absolutes und totales Wesen. Und den Mitarbeiter ernst nehmen heißt demnach auch, das absolute und das totale Wesen der Menschen im Unternehmen zu achten und zur Entfaltung zu bringen.

Das Unternehmen kann allerdings weder dem einen noch dem anderen Wesenszug des Menschen voll Rechnung tragen. Eine nicht-relativierende, bedingungslose Wertschätzung erfährt der Mensch allein in seinem Zuhause, in der Familie, wo er angenommen und geliebt wird, weil er ist, was er ist. Die Unternehmensführung sieht demgegenüber auf die Qualifikationen der Mitarbeiter; das, was einer ist, muß nicht reichen, damit er eingestellt oder befördert wird. Für das Unternehmen geht es auch nicht um eine totale Betrachtungsweise des Menschen. Diese fällt nämlich gerade der Polis zu, in der für die Befriedigung aller wahren Bedürfnisse der Gesellschaft und daher eines jeden Individuums Sorge getragen wird oder wenigstens Sorge getragen werden sollte; in der der Mensch „alles hat" und „alles sein kann". Das Unternehmen schaut hingegen eben auf spezifische Fähigkeiten von Menschen und kümmert sich nur um die Entwicklung eines Teiles der Möglichkeiten und Fähigkeiten seiner Mitarbeiter.

Wir sehen, daß das Unternehmen als Kultur, als Lebenswelt, sich zwischen den Lebenswelten der Familie und der Polis befindet, eine Einsicht, die wiederum die kulturelle Leistung der Unternehmung näherhin bestimmen läßt. Das Unternehmen hat eine Mittlerfunktion vom Standpunkt der Polis aus, weil es einen Teil der Aufgaben der Polis im gesamten übernimmt, indem es das verfügbar macht, wodurch sich der Mensch zu einem wichtigen Teil vervollkommnet und verwirklicht: die Arbeit. Und das Unternehmen hat eine Schutzfunktion vom Standpunkt der Person aus, weil es das Absolute des Menschen bei seiner Integration in die Polis zu wahren hilft, indem es seine Mitarbeiter eben auch als Personen und nicht nur als beliebig austauschbare Produktionsfaktoren ansieht: indem es die Arbeit „würdig“ gestaltet.

Was es bedeutet, das Unternehmen zu kultivieren oder eben Arbeit würdig zu gestalten, muß daher nun einerseits von der Polis, andererseits von der einzelnen Person her gesehen werden. Was würdige Arbeit für einen Mitarbeiter ist, hängt also davon ab, was der betreffende für ein Mensch ist und in welcher Polis eine Unternehmung sich befindet. So kommt es auch, daß Arbeitsbedingungen, mit denen man am Anfang unseres Jahrhunderts in den Vereinigten Staaten und in Europa sehr gut leben konnte, heute gerade in diesen Kontinenten als inakzeptabel und menschenunwürdig beurteilt würden. Daher muß es auch nicht Ausdruck einer imperialistischen Haltung sein, wenn heute Unternehmen aus den Industrieländern in Entwicklungsländern viel günstiger produzieren und nicht dieselben Arbeitsverträge und Arbeitsbedingungen anbieten. Es kann daher auch japanischer Organisationsstil in Europa oder den USA nicht einfach kopiert werden. Und deswegen können auch innerhalb einer Unternehmung nicht alle Mitarbeiter über einen Kamm geschoren werden, sondern muß es Unterschiede in der Arbeitsplatzgestaltung ganz allgemein geben; einem, der sich auf sich selbst beschränkt, der sich nicht in den Dienst der Unternehmung stellen möchte, dem kann überhaupt keine würdige Arbeit geboten werden.

Die Arbeit würdig zu gestalten, das kann auf vielerlei Weisen geschehen und die diesbezügliche Politik kann auch vielerlei Namen tragen. Unabhängig aber davon, ob sie jetzt als Mitarbeiterorientierung oder partizipatives, ganzheitliches oder etwa auch personales Management bezeichnet wird, immer geht es darum, dem Menschen den Vorrang vor dem ökonomischen Kalkül zu geben. Wer den Menschen wirklich in den Mittelpunkt stellt, für den sind Cash Flow und Marktanteile notwendige Bedingungen, aber nicht letztes Ziel. Man kann die Bemühung um Unternehmenskultur nicht funktionalisieren; Unternehmenskultur entsteht nicht aus einem instrumentalistischen Streben nach Effizienz und Effektivität, sondern um der Unternehmenskultur selbst willen: Kultur und Kultivierung betreffen schon den Sinn menschlichen Daseins, genauer das menschliche Dasein im Ganzen der Wirklichkeit oder das Gut-sein des Menschen, und das Gut-sein des Menschen ist selbst zu „nichts mehr gut“.

3. Ethos und Unternehmenskultur

Die Bedeutung von Kommerz und Geld zu relativieren und das Humanum in der Wirtschaftswelt zu wahren und zu schützen, war immer schon schwierig genug. Heute, in einer Zeit, in der Selbstdarstellung und Image fest in den Händen von Werbeprofis liegen und Wirklichkeit eine Sache der Medieninszenierung ist, ist diese Aufgabe noch schwieriger geworden. Heute scheint Unternehmenskultur nämlich mancherorts gar erfunden werden zu können. Das Ziel Unternehmenskultur fällt allzuoft in den Verantwortungsbereich der Marketing-

Strategen und Unternehmens-Kommunikatoren. In Hochglanzbroschüren und Videoclips haben diese dann allen Mitarbeitern die Botschaft zu vermitteln, daß in ihrem Unternehmen die Menschen ernst genommen werden.

Die Crux bei der Führungsaufgabe liegt darin, daß nicht so getan werden kann, als ob man den Menschen ernst nimmt. Auf diese Wirklichkeit macht uns auch unsere Sprache aufmerksam, in der wir zwischen Führung und Verführung oder Manipulation unterscheiden. Der rein äußerliche Handlungsvollzug mag bei Führung und Verführung genau derselbe sein, die Unterscheidung zielt auf die innere Haltung ab, welche dem Handeln zugrundeliegt. Und man merkt es, wenn Freundlichkeit, Güte, Rücksichtnahme, Interesse am Wohlergehen anderer, Dankbarkeit und ähnliche Haltungen nicht echt sind, nur Schmieröl sind für das Funktionieren eines Organisationsgefüges. Man kann den Menschen nur ernst nehmen oder nicht. Wie man aber einem anderen Menschen begegnet, ob er respektiert oder benutzt, geschätzt oder verachtet wird, hängt davon ab, was einer selbst für ein Mensch ist; was für ein Ethos einer hat. Aristoteles hätte gesagt, welche Tugenden einer hat.

4. Der Begriff der „areté“ bei Aristoteles

„Areté“, Tugend, ist vielleicht der zentrale Begriff der aristotelischen Philosophie. Allen von uns sind konkrete Ausformungen der areté vertraut, wie sie Aristoteles in der Nikomachischen Ethik insbesondere in den Büchern II-VI behandelt.

Aristoteles unterscheidet zwischen Tugenden, die den Willen orientieren, und solchen, die dem Verstand zuzuordnen sind. Aristoteles spricht in diesem seinem bekanntesten Werk von der Tugend der Tapferkeit und thematisiert mit ihr zumindest implizit auch die Tugenden der Geduld, der Beharrlichkeit und der Milde; er erwähnt die Mäßigkeit als ordnende Verständigkeit, die Großzügigkeit und die Hochherzigkeit, die Hochgemutheit und die Sanftmut, die Wahrhaftigkeit, den Humor, die Freundlichkeit und Leutseligkeit; und er geht in besonderer Weise auf die Tugenden der Gerechtigkeit und der Klugheit, der phronésis, ein.

Wir kennen wohl verschiedene Tugenden, aber wir verbinden heute mit ihnen nicht mehr das, was Aristoteles darunter verstanden hat. Ja, das Wort „Tugend“ und noch mehr das entsprechende Adjektiv „tugendhaft“ klingen für uns bereits recht schrullig und fremd; sie haben im allgemeinen wie auch im spezifisch philosophischen Sprachgebrauch ihre begriffliche Schärfe verloren und sind weit weggeführt worden von dem, was sie ursprünglich bezeichneten.[6]

---

[6] Da die häufig anzutreffenden Substitute für Tugend wie „Tüchtigkeit“ oder „sittliche Grundhaltung“ keineswegs deckungsgleich mit dem sind, was die Griechen unter

Der Begriff der Tugend folgt aus jenem der Eudaimonia, so wie das aristotelische Konzept des menschlichen Telos aus der Betrachtung der teleologischen Struktur des menschlichen Handelns hervortritt. Wenn das vom Menschen gewollte letzte Ziel nicht etwas Äußerliches ist, das – einmal erreicht – dem Leben ein Ende setzt, sondern das im Vollzug der Handlung selbst liegt und als Wirkung im Handelnden verbleibt, dann muß es im Menschen erstens eine „Systemqualität" geben, die zweitens sich durch sein Entscheiden und Handeln selbst gestaltet, die drittens sein Entscheiden und Handeln gut machen und die viertens ihn dieses Entscheiden und Handeln auch als gut empfinden lassen. Diese dynamische Wirklichkeit im Menschen bezeichnet Aristoteles eben als Areté, als Tugend. Erlauben Sie mir, knapp aber doch auf diese vier Charakteristika des aristotelischen Tugendbegriffs einzugehen.

Menschliche Tugend hat also erstens die Form eines „Habitus". Eine Tugend ist eine stabile Qualität der menschlichen Natur. Der Mensch „hat" eine Tugend nicht in der Weise des „Habens" von etwas. Was der Mensch als Tugend „hat", das ist er selbst und das charakterisiert ihn. Besitzt daher jemand zum Beispiel die Tugend der Großzügigkeit, nennt man ihn einen großzügigen Menschen; und dies in einem anderen Sinne, als er möglicherweise auch ein reicher oder berühmter Mensch ist.

Die Tugend ist dann zweitens ein „operativer" Habitus. Der Mensch besitzt eine Tugend nicht schon von Natur aus, sondern er muß sie sich anders als etwa eine Anlage oder die Gesundheit erst erwerben. Die Tugend ist aber potentiell in der menschlichen Natur vorhanden. So kann jeder „großzügig" entscheiden, nicht jeder aber ist ein „großzügiger Mensch". Das bloße „Können" des Menschen ist nicht schon seine Tugend. Zum faktischen Können muß noch eine wirksame Neigung hinzukommen, um nicht nur zufällig und hin und wieder, sondern wie selbstverständlich und also „natürlich" großzügig zu handeln.[7]

---

areté und die Lateiner unter virtus verstanden, wird hier auf den Terminus Tugend zurückgegriffen und werden mit diesem Terminus verbundene Verständnisschwierigkeiten in Kauf genommen. Zur Zentralität des Begriffs der „areté" für Aristoteles und zu den Konfusionen um diesen Begriff vgl. *MacIntyre,* A.: Der Verlust der Tugend. Zur moralischen Krise der Gegenwart, Campus Verlag, Frankfurt/New York 1987, insb. S. 13–18, 303–323.

[7] Der Begriff der sittlichen Tugend besitzt bei Aristoteles einen analogen Sinn und wohlmerklich ist hier von der Tugend der Großzügigkeit im weiteren Sinne die Rede. Im engeren Sinne bezieht er sich ausschließlich auf einen Habitus, der dem geistigen Strebevermögen innewohnt. Im weiteren Sinne wird das Zusammenwirken von sittlicher Tugend und Klugheit (phronésis) darunter verstanden.

Klugheit und sittliche Tugend sind in der aristotelischen Anthropologie derart innig miteinander verbunden, daß mit dem Ausdruck der sittlichen Tugenden oft schon die Tugend der Klugheit bereits mitgedacht und in das Wirken der sittlichen Tugend jenes der Klugheit bereits hineingenommen ist. Tugendhaft zu sein, beschränkt sich daher auch für Aristoteles weder einfach auf eine innere Disposition, auf die „Liebe zur Groß-

Der dritte Punkt – nämlich daß die Tugenden menschliches Entscheiden und Handeln gut machen – wird deutlicher, indem man sich vor Augen führt, daß ein Charakter nicht nur gebildet, sondern ja auch umgekehrt etwa durch die Gewöhnung an Falschheit und Wankelmütigkeit verdorben werden kann. Der Mensch bewegt sich nicht notwendig auf sein Telos zu, er kann sich ebenso in jeder von ihm getroffenen Entscheidung von diesem entfernen. Andernfalls wäre jegliche ihm zugesprochene Wahlfreiheit nur eine nette Redensart, da der Mensch auch gegen seinen eigenen Lebensentwurf für eine bestimmte Lebensweise prädestiniert und jede seiner Handlungen im Hinblick auf die Eudaimonia letztlich beliebig wäre.

Die Tugend vervollkommnet die Entscheidung aus zwei Gründen. Sie ist einerseits Voraussetzung für die gute Entscheidung, weil der Mensch aus einem Habitus heraus entscheidet und die Tugend jener Habitus ist, der den Menschen zur guten Entscheidung disponiert. Die Tugend ist weiters Ziel oder Objekt der guten Entscheidung, weil die Tugend durch eine Entscheidung gemäß dieser Tugend zunimmt und in diesem Wachsen in der Tugend als dem positiven Lernprozeß, der den Menschen zur Eudaimonia führt, das Ziel des Menschen besteht. Aristoteles stellt die Verknüpfung zwischen Tugend und Eudaimonia in seiner zu einer klassischen Tugend-Definition gewordenen Aussage heraus: *„Die Tugend ist jener Habitus, der ihren Träger und dessen Handlungen gut macht.“*[8]

Viertens schließlich ist die Tugend immer mit Lust und Freude verbunden. Aristoteles meint damit nicht, daß tugendhaftes Handeln in Kategorien des Lustvollen und des Angenehmen definiert werden könnte. Der Tugendhafte vollzieht seine Handlungen nicht aufgrund von Lust, sondern aufgrund von Tugend bzw. weil die Handlungen tugendhaft sind. Die Tugend verschafft aber diese Disposition, durch die die tugendhaften Handlungen wünschens- und wählenswert sind. Eine Tugend ist daher für Aristoteles dann erworben, wenn man die der Tugend entsprechende Handlung leicht und gerne tut.[9] Das Lustvolle und das Angenehme sind folglich nicht Motiv der tugendhaften Handlung, vielmehr sind sie etwas, das zu einer tugendhaften Handlung noch hinzukommt. Eudaimonia – der in den Menschen gesetzte Maßstab des glücklichen Lebens

---

zügigkeit“, noch auf eine bloße Kenntnis darum, welches eben großzügige Handlungen sind. Großzügig zu sein erfordert sowohl die durch die Tugend der Großzügigkeit im engeren Sinne bewirkte Ausrichtung des Willens wie die durch die Klugheit bewerkstelligte handlungsauslösende Einsicht in das, worin hier und jetzt das großzügige Handeln besteht.

[8] *Aristoteles*: Nikomachische Ethik II, 1106a.

[9] Vgl. *Aristoteles*: Nikomachische Ethik I, 1099a: „Von Tugend kann überhaupt nicht die Rede sein, wenn jemand keine Freude am tugendhaften Handeln hat: niemand kann als gerecht bezeichnet werden, wenn er nicht Freude hat an gerechtem Tun, und niemand als großzügig ohne Freude an großzügigem Handeln.“

bzw. des letztlich Lustvollen und Angenehmen – ist kein Ziel, das direkt gesucht und erreicht werden könnte, sondern das sich als Folge richtigen Handelns einstellt.[10]

5. Unternehmenskultur und korporative Entscheidungsfähigkeit

Die aristotelische Theorie der Tugenden geht einher mit der Vorstellung des Eingebundenseins des Einzelnen in die Polis, in die Gemeinschaft, in den Staat – auch die Übersetzungen für Polis dürfen nur mit großem Vorbehalt verwendet werden. Die Tugenden werden nicht in einem Vakuum erworben, sie ergeben sich vielmehr aus dem Umgang mit anderen und außerhalb einer Polis gelangt der Einzelne daher weder zu Tugenden noch zur Glückseligkeit bzw. zum Gelingen des Lebens. Und die Tugenden sind auch in jenem Sinne keine individuellen Eigenschaften, als daß sie nur das Individuum selbst angingen und dieses die Tugenden also allein „für sich" leben könnte. Die aristotelische Sichtung des Menschen als ein „zoón politikón" muß gerade auch auf diese zweifache Weise verstanden werden: einserseits ist der Mensch, was er ist, mit seinen Tugenden, durch die Polis; andererseits ist der Mensch durch das, was er ist, in seinen Tugenden, immer auch Ko-Konstituant der Polis; Tugenden einen, Tugenden schaffen Gemeinschaft.

Übertragen wir diese letzte Überlegung auf die Unternehmung, auf die Art und Weise, wie die Tugenden die Entscheidung gut machen, so macht die Unternehmenskultur die Entscheidungen in der Unternehmung, die korporativen Entscheidungen, gut. Auf die Art und Weise, wie die Tugenden die individuelle Entscheidungsfähigkeit ausmachen, so macht also die Unternehmenskultur die korporative Entscheidungsfähigkeit aus. Wie Entscheidungsfähigkeit nicht von außen gesteuert ist, sondern der inneren Disposition zu einem Können und Wollen entspringt, ist daher Unternehmenskultur weder verkrampfte Gleichförmigkeit noch aufgebauschte Emotionalität; weder der mittels Lautsprecher durch die Fabrikhallen dröhnende Triumphmarsch noch penible Formvorschriften für ein Ansuchen um ein privates Telefongespräch müssen Zeichen einer starken Unternehmenskultur sein. Entscheidungsfähigkeit hat immer den Charakter des Spontanen, des Mühelosen, des Leichten. Und weil die Unternehmung nicht durch sich selbst, sondern durch ihre Mitglieder entscheidet, ist korporative Entscheidungsfähigkeit eben Ausdruck der Tugenden Einzelner. Starke Unternehmenskultur, Kultiviertheit der Unternehmung, heißt so auch

[10] Dieser Sachverhalt wird vom bekannten Wiener Psychiater Viktor Frankl bestätigt. Durch alle seine Vorträge und Artikel durchzieht sich die Aussage, daß Lust und Glücksgefühl sich vom Menschen nicht direkt anpeilen lassen, sondern diese nur über den „Umweg" der Sinnfindung erreicht werden können. Entdeckt der Mensch „Sinn", dann stellen sich Lust und Glücksgefühl als Nebenwirkung ein.

nicht schwache Persönlichkeit der Mitglieder eines Unternehmens, sondern genau das Gegenteil, nämlich die „Personalisierung" eines Unternehmens, die Kultivierung dessen, was dem Menschen zutiefst zu eigen ist, er selbst ist, seine Tugenden. Die Tugenden der unternehmerischen Entscheidungsträger bewirken die Formung des Unternehmens zu einer Ordnung, in und aus welcher sich korporative Entscheidungen mühelos und leicht ergeben.

Für das richtige Verständnis dieses Gedankengangs über den Zusammenhang Tugend – Unternehmenskultur, ist es wichtig zu sehen, daß mit Tugend sowohl die charakterlichen oder sittlichen Tugenden als auch die intellektuellen Tugenden gemeint sind. Sittliche und intellektuelle Tugenden gemeinsam bewirken die gute Entscheidung. Und was für Entscheidung im allgemeinen gilt, ist für die Führungsentscheidung im besonderen zutreffend.

So ist die „gute Absicht" eine notwendige Bedingung, um andere führen zu können. Sie allein reicht allerdings nicht aus. Es kann jemand noch so wohlgesinnt sein und trotzdem wird er nicht gehört werden, wenn daran gezweifelt werden muß, daß sein Ratschlag „vernünftig" ist. Was für den einen „nach bestem Wissen und Gewissen" ratsam erscheint, muß es für den anderen noch lange nicht sein. Die Fähigkeit zur Führung, Autorität, ist nicht nur eine Frage, das Beste für den anderen zu wollen, sondern auch das Beste für den anderen hier und jetzt festlegen zu können. Führungsautorität wird so von der Fähigkeit bestimmt, das Gute für den Mitarbeiter operationalisieren zu wollen und auch zu können.

Die Tugenden des Willens oder die sittlichen Tugenden einerseits bewirken, daß meine Absicht gut ist, bewerkstelligen in mir die Disposition, das Wohl des anderen handlungswirksam zu wollen. Die Tugenden des Verstandes oder die intellektuellen Tugenden andererseits verhelfen mir zur Einsicht in das, was für die Unternehmung hier und jetzt gut ist, geben mir das nötige Sachwissen. Echte Führung braucht also beides: sittliche und intellektuelle Tugenden. Fehlen die intellektuellen Tugenden, so handelt es sich um den „gutmütigen Kerl", dessen „fromme Ratschläge" niemanden interessieren; gehen die sittlichen Tugenden ab, dann haben wir es mit dem „Verführer" oder dem „Blender" zu tun.

Wenn wir den Terminus „Sachwissen" etwas aufspalten, dann führen uns diese Überlegungen unmittelbar zu der Darstellung „Ethische Kompetenz als unternehmerische Schlüsselqualifikation" (115). Ethische, innovative, organisatorische, kommunikative und in engerem Sinne fachliche Kompetenz ergänzen einander und machen alle gemeinsam die Fähigkeit zur Unternehmensführung aus. Auf keine dieser Fähigkeiten kann man verzichten, am wenigsten allerdings auf jene der ethischen Orientierung. Die Tugenden des Verstandes setzen die sittlichen Tugenden voraus, nicht aber umgekehrt. Der Unfähige kann sehr wohl freundlich und dienstbereit sein. Wer einen schlechten Willen hat, wird aber seinen Verstand nie schlechthin gut einsetzen können.

6. Ethik als Führungsverantwortung

Der Erwerb der sittlichen Tugenden ist eine Frage der Praxis. Dadurch, daß sich jemand regelmäßig auf eine bestimmte Weise entscheidet, bekommt er die Neigung, sich auch in Zukunft auf diese bestimmte Weise zu entscheiden. Und je öfter und je bewußter ein bestimmtes Verhalten ausgeübt wird, desto fester und eindeutiger wird die Ausrichtung und die Haltung eines Menschen im Hinblick auf die nächste Entscheidung. Gerade dieser Sachverhalt ist auch gemeint, wenn von Charakterbildung gesprochen wird. Ein aufrichtiger und loyaler Charakter wird geschult, wenn man von klein auf lernt, bei der Wahrheit zu bleiben und zu seinen Entscheidungen zu stehen.

Ethik als Charakterbildung würde ich die primäre Verantwortung eines unternehmerischen Entscheidungsträgers nennen. Und ich sage hier bewußt „des unternehmerischen Entscheidungsträgers“ und nicht „des Unternehmers“ oder auch „des Managers“. Denn ich möchte alle Mitarbeiter unter die Entscheidungsträger rechnen und meide daher die in der Verwendungsweise der Begriffe „Manager“ und „Mitarbeiter“ oft implizierte Differenzierung in „führende“ und „ausführende“ Organe der Unternehmung. Jeder Mitarbeiter muß, sofern er eben als Subjekt mit seinen je eigenen Tugenden und nicht als maschinenähnliches Objekt zählen soll, ein Mindestmaß an Entscheidungsspielraum besitzen. Alle Mitarbeiter sind demnach auch in einem Unternehmen Verantwortungsträger, wenngleich auf unterschiedlichen Verantwortungsniveaus und – so ist ebenfalls anzufügen – selbstverständlich mit unterschiedlicher Machtausstattung.

Charakterbildung ist so ja auch ein Thema, das jeden im Unternehmen angeht. Jeder Mitarbeiter ist gewissermaßen auch führend, Führer zumindest seiner selbst. In dem Maße, in dem er sich in der Hand hat, in dem er seinen Charakter geformt hat, kann er seine Verantwortung, seinen Platz im Unternehmen ausfüllen. Solche im Vollsinn praktische Ethik macht dann einem unternehmerischen Entscheidungsträger etwa bewußt, daß er sich nicht für den großen Zampano halten und auch kein Drückeberger sein darf und daß seine Kollegen von ihm Verstand, Einsatz, Loyalität erwarten können. Der Protest gegen ein inadäquates Verhalten drückt sich dann auch gerade in dem in eine Frage gehüllten Vorwurf aus, daß es an einem adäquaten Selbstverständnis mangle: „Wer – glaubst Du eigentlich –, wer Du bist?“

Verantwortung gründet nicht in einer allgemeinen Regel oder einer Maxime, sondern in der Einsicht in den normativen Charakter einer Entscheidungssituation. Verantwortung entsteht dort, wo ich die Konstellation einer Entscheidungssituation nicht nur an sich betrachte, sondern ihre Bedeutung für mich erkenne und sie als eine Aufgabe wahrnehme. Und sich selbst als jemand zu wissen, für den die Wirklichkeit Bewandtnis stiftet, der sich engagieren und zupacken soll, ist eine Frage des richtigen Selbstverständnisses.

Der Unternehmer, der Manager, jener, der im Unternehmen für andere Verantwortung trägt, leistet die Vermittlung eines angemessenen Selbstverständnisses ebenfalls nicht am Menschen und von außen; er vollbringt sie mittels der Tugenden, die er im Menschen entwickelt und verwirklicht. Was ich von mir denke und wie ich mich durch mein Handeln entäußere, hängt von meiner Disposition ab, erstens über mich und die sittlichen Verhältnisse, in denen ich stehe, nachzudenken und zweitens daraus eben die entsprechenden Konsequenzen zu ziehen. Oberflächlichkeit, die sich zur ersten, und Bequemlichkeit, die sich zur zweiten Disposition querstellt, sind so auch die größten Hindernisse für die Übernahme von Verantwortung, wobei eben beide Sammelbegriffe für Untugenden sind und erstere eher dem Verstand, zweitere eher dem Willen zuzuordnen ist.

Charakterbildung ist im eigentlichen Wortsinn Führungsaufgabe: der Mitarbeiter kann zu einem richtigen Selbstverständnis nur hingeführt werden, „gehen" muß er sozusagen selber. Mitarbeit, Kooperation, ist aus diesem Grunde auch nicht organisierbar oder machbar. Vor der Freiheit des Menschen scheitert jede äußerliche Form der Macht, jede auch noch so ausgeklügelte Managementtechnik.

Ich komme zum Schluß und möchte mir nach diesem doch sehr theoretischen Vortrag nur noch die Bemerkung erlauben, daß es sicherlich wichtig ist, darüber nachzudenken, was es heißt, den Menschen im Unternehmen ernst zu nehmen und über Begriffe wie Unternehmenskultur und Führungskompetenz zu reflektieren. Halten wir uns dabei aber einen recht pointierten Satz aus der Nikomachischen Ethik vor Augen, der da lautet: „*Die meisten Menschen nehmen ihre Zuflucht zur Theorie, glauben ‚Philosophen' zu sein und so zur sittlichen Tugend zu gelangen.*"[11] Man weiß es ja aus eigener Erfahrung, daß viele Probleme im Managementalltag weniger eine Frage des Wissens als des Wollens sind, und viele theoretisch nur allzu triviale Lösungen wohl gewußt, aber halt dennoch oft nicht realisiert werden: die Müdigkeit siegt, die Geduld reißt, die Eitelkeit sträubt sich. Charakterbildung ist eine Frage der Praxis, Führungskompetenz und Unternehmenskultur eine Frage des Unternehmerethos.

Literatur

Alvira, R.: Der Unternehmer als Humanist, in: Prat, H. E. (Hrsg.): Ökonomie, Ethik und Menschenbild, Wien 1993.

Engels, E.-M. (1981): Die Teleologie des Lebendigen. Kritische Überlegungen zur Neuformulierung des Teleologieproblems in der angloamerikanischen Wissenschaftstheorie, Berlin.

MacIntyre, A.(1987): Der Verlust der Tugend. Zur moralischen Krise der Gegenwart, Frankfurt/New York.

[11] Vgl. *Aristoteles*: Nikomachische Ethik II, 1105b.

Schein, E. H. (1995): Unternehmenskultur. Ein Handbuch für Führungskräfte, Frankfurt a.M./New York

Smircich, L. (1983): Concepts of Culture and Organizational Analysis, in: Administrative Science Quarterly.

Spaemann, R./*Löw,* R. (1985): Die Frage wozu? Geschichte und Wiederentdeckung des teleologischen Denkens, München/Zürich.

Ulrich, P./*Fluri,* E. (1992): Management. Eine konzentrierte Einführung, Bern/Stuttgart.

Ethische Komponenten in allen Dimensionen des Wirtschaftens

Erwin Fröhlich

1. Ausgangshypothese und methodischer Ansatz

Ausgangspunkt ist also die Frage: Ist Ethik in der Wirtschaft hinderlich? oder nötig und möglich, vielleicht sogar ohne Alternative? Der Vortragstitel unterstellt als Hypothese die Antwort: „... nicht hinderlich, sondern nötig und möglich ..." (Fröhlich, E./Pichler, J. H., 1988) Damit wird – gestützt auf eine großangelegte europäische empirische Studie (STRATOS) – der weitverbreiteten Ansicht (u.a. von J. M. Keynes 1930), Ethik in der Wirtschaft sei nicht nur nicht notwendig, sondern sogar hinderlich, energisch widersprochen.

Hier wird noch weiter gegangen; es wird der Versuch unternommen, in allen Dimensionen des Wirtschaftens ethische Komponenten aufzuspüren:

- auf allen Wirtschaftsstufen oder -ebenen (2),
- in allen Bereichen des Unternehmensumfeldes (3),
- in allen Leistungsbereichen der Wirtschaft (4),
- in allen Phasen des Betriebslebenszyklus (5),
- in allen Phasen des Entscheidungsprozesses (6) und schließlich
- in allen Bereichen der Unternehmer-Qualifikation oder -Potentiale (7).

Zur Stützung unserer ambitiösen Hypothese, daß Wirtschaftsethik kein Randphänomen, sondern eine immer und allenthalben zu berücksichtigende Komponente, also im Zentrum jeglichen Wirtschaftshandelns sei, müßten geeignete Beispiele oder Illustrationen gefunden werden; freilich zu allen Stufen, Teilbereichen oder -aspekten aller ins Auge gefaßten Dimensionen des Wirtschaftens. Tiefergehende Erörterungen der Illustrationen sind solange entbehrlich, wie die ethische Komponente prima vista einleuchtet.

Nur so ist die von der Thematik gebotene Breite (Beispiele für rd. 30 Aspekte in 6 Dimensionen) überhaupt in einem umfangmäßig relativ eng begrenzten Rahmen wie diesem zu bewältigen.

Kriterien für die Auswahl der Beispiele sind also:

- für Unvollkommenheiten oder Versagen: eine der ökonomisch *oder/und* ethisch bedenklichen Entscheidungen bzw. Handlungen und
- für den normativen (idealen, vollkommenen) Gegenpol zur unvollkommeneren Ausgangslage: eine der ökonomisch *und* ethisch einwandfreien Alternativen.

Die Andeutung der ethischen Aufgabe durch diese beiden Endpunkte sollte genügen, sodaß die übrigen Analysen- und strategischen Schritte bis zur Berücksichtigung des positiven Rechts und der „Kunst des Möglichen", wie in folgender Skizze angedeutet, hier nicht unbedingt ausgeführt werden müssen.

EBENEN	**Sehen** WAS IST	**Urteilen** WAS SEIN SOLL	**Handeln** WAS MÖGLICH IST
Grade oder Stufen Der Vollkommenheit		Bereich des Vollkommenen	
		Ideale / Grundwerte / Werte	
			Bereich des Politischen
	Bereich der Unvollkommenheit	Ethik als (Wieder-) Vervollkommnungsordnung	Recht, Gesetze / And. Regeln Leitbilder
	Versagen		

Abb 1: Forschungsdesign Wirtschaftsethik und Wirtschaftskultur

2. Ethische Komponenten auf allen Wirtschaftsstufen oder -ebenen

Folgt man der Definition von Ethik als (Wieder-)Vervollkommnungsordnung, symbolisiert durch einen Pfeil von Versagen in Richtung auf jeweils ideale ökonomische und ethische Problemlösungen, so ergeben sich Beispiele für solche positive Dynamik mühelos, schon wenn man nur einen Aspekt – das Menschenbild – auf den verschiedenen Stufen oder Ebenen des Wirtschaftens ins Auge faßt:

Haushaltswirtschaft	Arbeits-, Familien-, Verbrauchskultur
Betriebswirtschaft	Unternehmenskultur
Verbandswirtschaft	Verbändekultur
Gebietswirtschaft	Gemeinde-, Landes-, Regionalwirtschaftskultur
Volkswirtschaft	Staats-, Regierungs-, Volkswirtschaftskultur
Großraumwirtschaft	Europäische, Christlich-abendländische Kultur
Weltwirtschaft	„Globale"Wirtschaftskultur

Abb. 2: Wirtschaftsstufen bzw. -Ebenen der Wirtschaftskultur

a) Haushaltswirtschaft

Auf dieser Ebene geht es – im Hinblick auf gelebte Werte – vor allem um Arbeits-, Familien-, Verbrauchskultur.

Beispiele für ethisch suboptimale Erscheinungsformen wären etwa: *mangelnder Teamgeist, egozentrische und unersättliche Verhaltensweisen;* für ethisch und ökonomisch anzustrebende Ideale: eine individuell und sozial verantwortete Arbeiter-, Eltern- und Verbraucherschaft.

b) Betriebswirtschaft

Was heute christliche Ökonomen beunruhigt, ist z.B. die jüngst – von den USA ausgehend – weltweit propagierte Verantwortlichkeit der Manager primär für höchste Kapitalrenditen ihrer Aktionäre (ausgedrückt durch die Bilanzkennzahl „*shareholder-value*"). Dem dieser Sichtweise zugrundeliegenden, durch den sog. „homo oeconomicus" geprägten Menschenbild wird von „neokapitalismus-kritischeren" Ökonomen ein sog. „stakeholder"-Ansatz entgegengehalten, der neben oder vor den Interessen der Geldgeber die Manager den berechtigten Erwartungen auch anderer Bezugsgruppen oder Betroffener, wie etwa der Mitarbeiter, der Kunden oder der Gesellschaft, verpflichtet wissen will.

c) Verbandswirtschaft

Eine einst vorbildliche österreichische (sozialpartnerschaftliche) oder deutsche (genossenschaftliche) Verbändekultur droht heute vielfach in *Lobbyismus und Gruppenegoismus oder -partikularismus* zu bloßen *„pressure groups"* abzusinken.

Verbandswirtschaftliche Organisationen, die neben oder vor der reinen Interessenvertretung imstande sind, ihren *Mitgliedern Gemeinsinn und Gemeinschaftswerte – Solidarität, Kooperativität, Kollegialität, Gemeinwohl, Subsidiarität* – als anzustrebende Ideale zu vermitteln, leisten für die Zukunft ihrer Volkswirtschaft auf längere Sicht zweifelsfrei mehr.

d) Gebietswirtschaft

Als bedeutende territoriale Zwischenglieder zwischen Betriebs- und Volkswirtschaft wären hier Gemeindewirtschaftskultur, Landes- und fallweise eine eigene Regional-Wirtschaftskultur (z.B. west- vs. ostösterreichisch) ins Auge zu fassen.

Unfaires Standortmarketing bzw. Übertretung von zwischen Bürgermeistern oder Landesregierungen vereinbarten Spielregeln steht hier sinnvoller, von Stadt- und Raumplanern vorgeschlagener Aufgabenteilung gegenüber – nach dem Konzept der unterschiedlichen Zentralität der Orte (mit dem Ziel bestmöglicher *Nahversorgung unter Berücksichtigung der Tragfähigkeit der Gemeinden bzw. der Lebensfähigkeit der Betriebe)* einerseits; und von sog. *„Industrie- und Gewerbe-Clustern" für die kooperationsorientierten* (nicht nahversorgenden) *Branchen.*

e) Volkswirtschaft

Markantestes Beispiel für ethische Komponenten auf der Ebene der Volks- oder Gesamtwirtschaftskultur – im besonderen Hinblick auf das Menschenbild – wäre als unbefriedigende aktuelle Ausgangssituation etwa die *relativ hohe Arbeitslosigkeit.* Als ökonomisch und ethisch optimal gelten demgegenüber eine Sozial- und Wirtschaftspolitik, in der bildungs- und beschäftigungspolitischen Maßnahmen, *besonders* zur *Bekämpfung von Jugend- und Langzeitarbeitslosigkeit*, absoluter Vorrang eingeräumt wird.

f) Großraumwirtschaft

Für ein Gelingen des Experimentes einer „Europäischen Union" wird wahrscheinlich zurecht der Ruf nach stärkerer Besinnung auf die Wurzeln der europäischen Kultur immer lauter: Die Spannung des ethischen Bogens ergibt sich dabei von eigentlich „uneuropäischen" individualistischen Gedanken an *„Abschottung"* oder eine *„Festung Europa"* zu *partnerschaftlicher Offenheit*, zunächst wenigstens für die zentral- und osteuropäischen Nachbarstaaten.

g) Weltwirtschaft

Das ohne weitere Erklärung evidente Beispiel für weitgehendes ethisches (und ökonomisches) Versagen auf der Ebene globaler Wirtschaftskultur ist zweifellos der allmählich überwundene *Kolonialismus.* Ebenso einleuchtend erscheint heute – nach reichlich negativen Erfahrungen mit *neokolonialismusnaher einseitiger Entwicklungshilfe* – das heute fast durchwegs angestrebte Ideal echter, *partnerschaftlicher Entwicklungszusammenarbeit.*

Als erstes *Zwischenergebnis* ist also festzuhalten: Kein Zweifel, daß ethische Komponenten nicht etwa nur auf der einen oder anderen Ebene, sondern mühelos auf allen Wirtschaftsstufen zu finden sind.

3. Ethische Komponenten im Unternehmensumfeld

Auch in der zweiten der untersuchten Dimensionen sollte ein einziger Aspekt, der des Menschenbildes für genügend einleuchtende Beispiele reichen.

Die folgende Abbildung mag zunächst helfen, den Menschen nicht nur in den verschiedenen Dimensionen des Unternehmens (siehe die Abschnitte 3–5), sondern auch in allen Bereichen des Unternehmensumfeldes (2 a–d) zu orten, für die es nachfolgend wieder Beispiele ethischer Komponenten zu finden gilt.

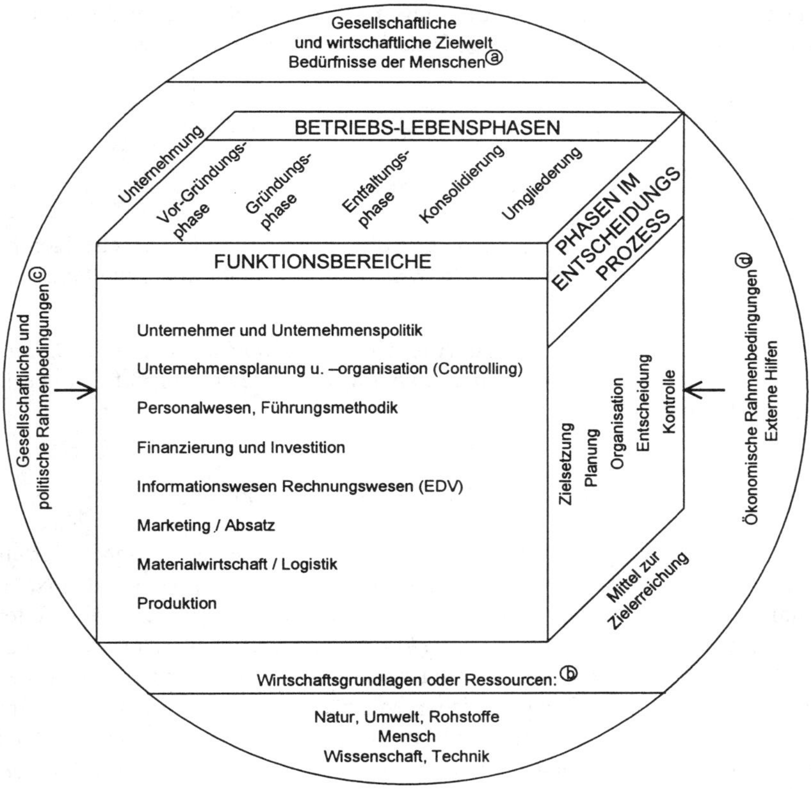

Abb. 3: Systemorientiert ganzheitliches Unternehmensmodell [1]

[1] Mit freundlicher Genehmigung des Verlages reproduziert von: *Eschenbach,* R. (Hrsg.): Forschung für die Wirtschaft – im Mittelpunkt der Mensch, Wien 1993; geringfügig gestrafft in: *Pichler,* J. H./*Pleitner,* H. J./*Schmidt,* K. H. (Hrsg.): Management in KMU – Die Führung von Klein- und Mittelunternehmen, Bern/Stuttgart/Wien, 3. Aufl. 2000, S. 41.

a) Die Bedürfnisse der Menschen bzw. der Gesellschaft als Ziele der Wirtschaft

Evident unvollkommene Ausgangspunkte für ethische Überlegungen zu diesem Umfeldbereich sind z.B. heute vielfach anzutreffende Erscheinungen wie der sog. *Konsumismus, Verschwendungssucht oder raffinierte Verführung.*

Als Ideal stehen dem gegenüber: *auch sozial verantwortungsbewußte Letztverbraucher, gewerbliche und öffentliche Auftraggeber*, die durch gesamtwirtschaftlich – heute vor allem beschäftigungspolitisch – orientierten Verbrauch ihre der jeweiligen Kaufkraft angemessenen Bedürfnisse von den geeignetsten, möglichst nahversorgenden Unternehmen befriedigen lassen.

b) Wirtschaftsgrundlagen oder Ressourcen

aa) Natur, Umwelt, Rohstoffe

Im Hinblick auf die Naturgrundlagen der Wirtschaft sind ethische Komponenten von *Raubbau* einerseits oder *Brache* andererseits als Unvollkommenheitsformen unschwer auszumachen.

Als Ideale gelten deren radikale Alternativen: *schonende Nutzung möglichst vieler oder aller verfügbaren Naturgrundlagen* – Böden, Rohstoffe, Energiequellen, Umwelt i.w.S.

bb) Der Mensch als Wirtschaftsgrundlage

Bei der „Humangrundlage" geht es, wenn Beispiele für ethische oder/und ökonomische Unvollkommenheiten gesucht werden, ähnlich wie bei den Naturgrundlagen, um *Brachliegenlassen von Potentialen* (Begabungen, Fähigkeiten, Leistungswille) *oder Raubbau (Überforderung, Überbeanspruchung, Überschätzung),* wobei in der Regel Arbeitsschutzgesetzgebung und Arbeitsinspektoren die Beseitigung diesbezüglicher Mißstände weithin gewährleisten und heute fast nur noch die außerhalb solcher Schutzmechanismen stehenden Unternehmer und deren Familienangehörige durch *Selbstausbeutung bzw. Raubbau an ihrer Gesundheit* gefährdet erscheinen. Ein Beispiel für den ökonomisch und ethisch einwandfreien Umgang mit der Humangrundlage ist die Schaffung entsprechender Voraussetzungen für *bestmögliche Entfaltung aller in den Menschen schlummernden Talente und Leistungsvermögen*; gleichgültig, ob zu führender oder ausführender Arbeit.

cc) Der Stand der Wissenschaft und Technik

Als typische Fehlentwicklungen in diesem Bereich gelten heute z.B. (chemische, biologische und atomare) *Massenvernichtungssysteme, die den Fortbestand der Welt und der Menschheit gefährden.*

Nicht alles zu produzieren und – etwa in der Gentechnik – *nicht mit allem* (über einigermaßen kontrollierbare Laborversuche hinaus) *zu experimentieren, was Wissenschaft und Technik heute ermöglichen würden,* wird von verantwortungsbewußten Wissenschaftern zumindest als anzustrebendes Ideal und Zuwiderhandeln als unverantwortliches Hasardieren eingestuft.

Selbst technologische Überlegungen sind ethisch nicht neutral; niemand bezweifelt, daß es suboptimale bzw. ökonomisch und (sozial-) ethisch unrichtige technologische *Über- und Unterentwicklung* gegenüber zwar nicht immer leicht realisierbaren, aber im Grunde richtigen und anzustrebenden sog. *angepaßten Technologien* gibt.

c) Gesellschaftliche und politische Rahmenbedingungen

Hierher gehört die sog. „soziale und institutionelle Infrastruktur" eines Wirtschaftsstandortes (von Staaten, Ländern, Gemeinden) wie ein funktionierendes Gesundheits- und Schulwesen, attraktive Kultur-, Sport- und Freizeiteinrichtungen.

Ökonomisch und ethisch bedenkliche Zustände bzw. Entwicklungen, wieder allein im Hinblick auf unterschiedliche Menschenbilder, wären z.B. *ermüdende bürokratische Hürden, etwa bei Betriebsgründungen, überzogene bis konfiskatorische Steuern, unbefriedigende Schulen u. dgl.*

Demgegenüber wären z.B. *servicegesinnte Behörden, Lastenverteilungsgerechtigkeit bzw. hohe „Besteuerungsmoral" der Finanzbürokratie, hinreichend allgemeinbildende und gleichzeitig berufsvorbereitende Schulen etc.* zwar kurzfristig schwer realisierbare, aber deswegen als Ideale nicht müßige sozialethische Normvorstellungen (was sein sollte).

d) Ökonomische Rahmenbedingungen, externe Hilfen

Auch in der „ökonomischen Infrastruktur" (im Bank-, Versicherungs-, Werbe-, Beratungswesen, in der Verfügbarkeit von Zulieferern, Reparatur- und Wartungsdiensten) und in der „technischen Infrastruktur" (Verkehr, Telekommunikation, Energie-, Wasserversorgung etc.) sind mühelos ethische Komponenten zu finden; selbst wenn man wieder nur falsche und richtige Menschenbilder ins Auge faßt – z.B. im Hinblick auf das Geld- und Kreditwesen als die wichtigste Wirtschaftsdienstleistung für die Unternehmerwirtschaft:

Als Beispiel für Versagen im Kreditwesen darf, gewiß weithin unwidersprochen, *Kreditdeckung allein durch dingliche Sicherheiten* gewählt werden; und für das Ideal: *„Fruchtbarkeitsdeckung“*, nachgewiesen oder glaubhaft versichert durch Darstellung alternativer *„Ausströmungswege des Geldes“* (Heinrich 1964), heutzutage z.T realisiert in Form von *Geschäftsplänen, Machbarkeitsstudien*[2] u. dgl.

Zweites *Zwischenergebnis*: man stößt auf (sozial-)ethische Komponenten, gewissermaßen selbstverständlich überall dort, wo die Wirtschaft sich mit der Gesellschaft berührt – bei den Zielvorgaben bzw. den zu befriedigenden Bedürfnissen und der sozialen Infrastruktur. Aber selbst bei der ökonomischen und technischen Infrastruktur oder den Wirtschaftsgrundlagen im weitgehenden Geltungsbereich von Naturgesetzen, konnten schwerwiegende ethische Probleme aufgezeigt werden, zu deren Lösung – wegen äußerst komplexer Dilemmasituationen – zunehmend auch interdisziplinäre „Ethikkommissionen“ eingesetzt werden.

5. Ethik der Funktions- oder Leistungsbereiche

Wer Wirtschaft primär als „Gebäude von Leistungen“[3] sieht, für den sind die (Teil-)Funktionen die wichtigste aller Dimensionen des Wirtschaftens, auch weil mit den stärksten ethischen Komponenten.

a) Unternehmenspolitik

Kaum erklärungsbedürftige, leicht einsichtige Beispiele wären hier etwa die ethische Spannweite von *rein materialistisch motivierter Gewinnmaximierung um jeden Preis als oberstes Unternehmensziel* – zum Ideal, *daß angemessener Gewinn primär als notwendige Voraussetzung zur Erfüllung des Unternehmenszieles optimaler Versorgung der Gesellschaft mit sinnvollen, preiswerten Leistungen* angestrebt wird.

b) Mitarbeiterführung

In vielen Sektoren gilt heute als Hauptfunktion des Management: Führung!

---

[2] *Fröhlich*, E. A./*Hawranek*, P. M./*Lettmayr*, C. A./*Pichler*, J. H.: UNIDO, Manual for Small Industrial Businesses – Project Appraisal and Evaluation, Vienna 1994 (frz. Vienne 1997; span. Viena 1998).

[3] Wie die universalistische Schule oder Richtung der Nationalökonomie; Hauptvertreter und -werke im Literaturverzeichnis.

Hier bezweifelt wahrscheinlich niemand die ethische Relevanz unterschiedlicher Führungsstile: ob einer *von seinen Mitarbeitern einfach herausholt, was geht,* und (wie einstens Taylor) meint, für Mitdenken würden sie nicht bezahlt, oder ob er sie sorgsam zu *„coachen"* versucht, ihnen etwas zutraut, auch Planung und Organisation ihrer Arbeit und Verantwortung dafür *delegiert*. Nur dann berücksichtigt er nämlich das bewährte „Subsidiaritätsprinzip" der Christlichen Soziallehre, demgemäß etwa auch, was in kleinen, überschaubaren, dezentralen Einheiten geleistet werden kann, nicht von übergeordneten, größeren zentralen Einrichtungen an sich gezogen werden soll.

c) Innovation, Forschung und Entwicklung (F&E)

Hier gibt es individual- und sozialethische Probleme: etwa von *leistungshemmenden und unmoralischen Verhaltensweisen, wie z.B. Vorenthaltung verdienter Entgelte oder Urheberrechte, bis zu großzügigen und effizienten Regelungen im inner- und zwischenbetrieblichen Vorschlagswesen*; oder die überbetrieblichen und z.T. überwirtschaftlichen Fragestellungen wie z.B.: unter welchen Bedingungen es ethisch geboten wäre, Erfindungen *geheimzuhalten* bzw. nicht eher in die Fertigung überzuleiten, bevor nicht wenigstens die absehbaren Nebenwirkungen und mittelbaren Folgen (wie bei der Atomtechnologie z.B. eine sichere und kostengünstige Endlagerung der Brennstäbe) ausreichend geklärt und gelöst sind.

d) Finanzierung und Investition

Beispiele wie: *säumige Zahler* gegenüber *pünktlichen, nur gefinkelte Spekulation mit Geldvermögen* versus *Schaffung von Arbeitsplätzen durch Reinvestition von Gewinnen in Real*vermögen – *verbesserte Technologien, neue Betriebe* – sind so augenfällig, daß sie keiner Kommentare bedürfen.

e) Marketing

Im Absatzbereich sind die ethischen Komponenten in Gegensatzpaaren wie den folgenden besonders evident auch als entscheidende Erfolgsfaktoren zu erkennen: *unlauterer Wettbewerb* gegenüber *sportlichem oder nachbarlichem Einander-Übertreffen-Wollen; Wucher- oder Schleuderpreise* versus *faire Preis-/Leistungsrelation.*

f) Materialwirtschaft/Logistik

Auch im Beschaffungs-, Lager- und Transportwesen erscheint es nicht schwer, ethisch bedenkliche *spekulative Aufkäufe, Hortung und Verschiebung* vom Ideal *effizienter und preiswerter Erfüllung der zeitlichen und räumlichen Funktion* der Wirtschaft zu unterscheiden.

g) Produktion

Zuletzt könnten noch durch die *Erzeugung unnützer Produkte oder mit ungeeigneten Verfahren* begrenzt verfügbare Wirtschaftsgrundlagen verschwendet bzw. vergeudet oder – eindeutig ökonomisch und ethisch richtiger – *bedarfs- und ressourcengerecht* (z.B. mit ökologisch unbedenklichen Energien, recyclingfähigen Rohstoffen, umweltschonend) *sinnvolle und preiswerte Leistungen* erstellt werden.

h) Controlling und Information

Betriebliches Rechnungswesen, Bilanzierung, Erfolgs- und Kostenrechnung, Statistik und Berichtswesen als Organisationsmittel und als Grundlagen für Planung und Budgetierung sind erst recht moralisch hochsensible Bereiche, in denen ständig ethische Entscheidungen abverlangt werden: z.B. ob bzw. wieweit Informationen *verschleiert oder zurückgehalten* werden dürfen oder eher *offenzulegen und transparent zu machen* sind.

Als weitere *Zwischenbilanz* wäre das Analysenergebnis in der dritten Dimension etwa so zusammenzufassen: ob im strategischen oder operativen Bereich, ob in den kaufmännischen Funktionen – Finanzierung, Marketing – oder in den technischen – F&E, Logistik, Produktion – überall stehen ethische Entscheidungen an und einwandfreie, auch ökonomisch gangbare Alternativen zur Wahl.

In den nächsten zu prüfenden Dimensionen geht es darum, ob es – wenn schon nicht Wirtschaftsebenen, Umfeld- oder Leistungsbereiche – vielleicht doch einzelne Phasen gäbe, in denen Ethik nicht relevant wäre?

6. Ethische Komponenten in den Phasen des Betriebslebenszyklus

Die neuere Betriebswirtschaftslehre berücksichtigt auch gewisse phasenspezifische Besonderheiten in den Aufgabenstellungen für die Unternehmer, Manager und Mitarbeiter, die nun auf ethische Komponenten zu untersuchen sind:

a) Vorbereitung der Gründung

Während für bestehende Unternehmen, besonders in überbesetzten nahversorgenden Branchen, Preiskämpfe im Wettbewerb – vom „mainstream“ der

Nationalökonomen schon immer als „Kampf um Marktanteile" gesehen – , im Ausscheidungs- oder Überlebenskampf vielfach schwer oder kaum vermeidbar sind, erscheinen mitunter dieselben auf Verdrängung gerichteten Strategien in der Vorgründungsphase, d.h. bei der *Standortwahl ohne Rücksicht auf Bedarf und bestehende (ggf. Über- oder Unter-)Versorgung* ethisch in völlig anderem Licht! Verantwortungsbewußtes Standort-Consulting und Standortmarketing von Gebietskörperschaften stellen heute in diesem Sinne für Interessenten an Betriebsansiedlungen *für Nahversorger Betriebsdichte- oder Besetzungskennzahlen* und *für kooperationsorientierte Branchen Informationen über bestehende oder sich abzeichnende „Industrie- und Gewerbe-Cluster"* zur Verfügung und man fördert nicht jede Betriebsansiedlung, gleichsam um jeden Preis.

b) Gründungsphase

Unvermeidlich verändert jeder neue, zumal mittlere oder größere Konkurrent die diversen Märkte: Unter manchen Arbeitsmarktbedingungen (z.B. Fachkräftemangel) ist *Abwerbung von Mitarbeitern* ethisch bedenklich zu bezeichnen, weil unsolidarisch den Unternehmerkollegen gegenüber; während die ideale Verhaltensweise: *feinfühlige Eingliederung des neuen Mitbewerbers* in die diversen (Arbeits-, Absatz-, Beschaffungs-)Märkte als nicht nur ethisch, sondern – zumindest auf mittlere und längere Sicht – auch ökonomisch optimal gilt.

c) Wachstumsphase

In Anbetracht des legitimen Zieles, ehestmöglich eine branchenspezifisch rationelle Mindestbetriebsgröße zu erreichen, bei der nicht immer beliebig klein dimensionierbare Maschinen- und Anlagenkapazitäten hinreichend ausgelastet werden können, ist gesundes stetiges Wachstum, vor allem vom Kleinst- oder Grenzbetrieb zum erfolgreichen Klein- und Mittelunternehmen (KMU) nötig; undifferenzierte Wachstumskritik hieße also das Kind mit dem Bade ausgießen.

Berechtigt kritisiert man dagegen *übermäßig rasche, unkontrollierte, sprunghafte Entwicklungen* gegenüber dem Ideal *stetiger, nachhaltiger Entfaltung aller jeweils verfügbaren Potentiale.*

d) Reife-/Konsolidierungsphase

Nach pionierhaften Gründungs- und Entfaltungsphasen spricht man zurecht von auch (immer wieder) einmal nötigen „Organisationsphasen". Ethische Komponenten darin wären im Negativen: *chaotisches Fortwursteln* gegenüber dem ökonomisch und ethisch richtigen: *Ordnung schaffen durch entsprechende Planung und Organisation.*

e) Stagnation/Schrumpfung/Schließung/Umgründung

Stagnation oder „Nullwachstum" unterscheidet sich – solange es technischen Fortschritt gibt – sozialethisch nur graduell von Schrumpfung, Schließung oder Umgründung: es geht immer um *Vernichtung von Arbeitsplätzen, Beschäftigungs- und persönlichen Entfaltungschancen* nicht nur der Unternehmer und Manager, sondern auch der Mitarbeiter (Kündigungen, Einschränkung auf Teilzeitarbeit etc.).

Ethisch relevant ist dabei, ob solche ökonomisch nicht immer vermeidbaren *Personalreduktionen feinfühlig und verantwortungsbewußt – mit größtmöglicher Rücksicht* auf Familienerhalter bzw. Alleinverdiener, *Härtefälle durch faire Sozialpläne abfedernd* – erfolgen.

Auch als *Zwischenergebnis* über die Analysen der vierten Dimension in den einzelnen Phasen im Betriebslebenszyklus darf zusammengefaßt werden:

Überall dringender Bedarf an ethischen Überlegungen, bevor so wichtige ökonomische Entscheidungen wie Standortwahl, Marktverhalten, Wachstumstempo, Ordnung des Unternehmens oder Trennung von Mitarbeitern getroffen werden.

7. Ethische Komponenten in den Phasen des Entscheidungsprozesses

Es geht um die Frage, in welcher der Phasen im Entscheidungsprozeß ethische Fragen (besonders) am Platz sind. In allen? Suchen wir wieder nach möglichst einsichtigen Beispielen – mit wenig Erklärungsbedarf:

a) Ziele setzen

Das hier interessierende Spektrum reicht von eindeutig abzulehnenden Geschäftsfeldern wie beispielsweise Produktion, Bewerbung oder Verteilung von *Drogen, Pornographie, Tretminen* und dergleichen oder sonstigen gewissenlosen Zielen (z.B. *Korrumpierung von Politik und Verwaltung*) auf der einen Seite – bis zu edelsten sozialethischen, kulturellen und wirtschaftlichen Zielen wie etwa: *gemeinwohlverpflichteter Gebrauch von Gewinnen und Eigentum, effiziente Deckung sinnvollen Bedarfes mit preiswerten Qualitätsprodukten* oder *Kunstförderung durch Unternehmen.*

b) Planen

Wie nicht so selten im Wirtschaftsleben gibt es als unrichtiges Maß sowohl *Planlosigkeit oder Planungsmängel* als auch *zu viel Planung, die auf Kosten von Anpassungsfähigkeit, Wendigkeit oder Flexibilität* geht.

Ökonomisch und ethisch richtig muß demgegenüber dann wohl ein Optimum in der Mitte angepeilt werden: *längerfristige Rahmenplanungen nur als Orientierungspunkte* und *kurz- bis mittelfristige Pläne möglichst flexibel.* Hierher gehört auch die ethisch relevante Frage, welche Mitarbeiter in welche Entscheidungsvorbereitung eingebunden werden sollten?

c) Entscheiden

Entscheiden muß letztlich, wenn nötig auch einsam, wer die Verantwortung trägt. *Soweit Teilverantwortlichkeit delegiert* ist, werden *Mitarbeiter heute auch an Entscheidungen selbst beteiligt*; wie etwa bei der Arbeits- und Arbeitsplatzgestaltung oder beim Kauf neuer Betriebsmittel – auch aus ökonomischen Gründen, ihrer vielfach größeren Sachverständigkeit wegen – zunehmend üblich und richtig.

d) Realisieren

Die Umsetzung oder Ausführung von Entscheidungen wird heute höchstens in Kleinbetrieben noch *von mißtrauischen oder sich überschätzenden* Chefs selbst in die Hand genommen. Die ethisch höherwertige Variante ist gewiß *vertrauensvolles Delegieren der Durchführung klarer Entscheidungen an (teil-)verantwortliche Mitarbeiter, Gruppen oder Teams,* die auf diese Weise in kleinen, mittleren wie in größeren Betrieben bis in die Nähe weitgehender Selbständigkeit aufsteigen können.

e) Kontrollieren

Abermals sind – ökonomisch und ethisch – nicht Minimal- oder Maximal-Lösungen, sondern mittlere optimal. Sowohl allzu sorgloses Laissez faire oder *Dahintreibenlassen,* aber auch *übertriebene entwürdigende Kontrollen* können als Beispiele auf der Negativseite des Spektrums genommen werden. Auf der anderen Seite stehen eindeutig: *Vertrauen und Hilfen zur Selbstkontrolle.*

Faßt man das *Zwischenergebnis* der Durchforstung der fünften Dimension, von der Phase der Zielformulierung über die Planung, Entscheidung, Umsetzung bis zur Kontrolle der Realisierung, zusammen, so wiederholt sich der Eindruck: keine Phase auch im Entscheidungsprozeß – wie vorher keine im Betriebslebenszyklus, wie keine Funktion, kein Umweltbereich und keine Wirtschaftsebene –, in der man nicht auf Schritt und Tritt auf bedeutende ethische Fragestellungen stößt oder zumindest die Hypothese „ethische Komponenten überall", durch selbstevidente Beispiele aus der betrieblichen Praxis massiv gestützt finden konnte.

Nach dieser Zwischenbilanz aus den fünf bisher untersuchten Dimensionen des Wirtschaftens darf vor der Prüfung der sechsten Dimension, der Unternehmerqualifikationen, der Blickwinkel von den „ethischen Komponenten“ erweitert werden auf die zur adäquaten Lösung solcher offenbar immer und allenthalben auftauchenden Fragestellungen erforderlichen, zumindest vorteilhaften oder wünschenswerten „ethischen Kompetenz“ besonders der Unternehmer und Manager.

8. Ethische Kompetenz als Mitte der übrigen Unternehmerpotentiale

Zunächst auch für diese Dimension wiederum die Prüfung auf negative und positive Beispiele für ethisch relevante Probleme: Im Hinblick auf die beiden ersten Qualifikationen kommen uns aufschlußreiche Ergebnisse von breit angelegten europäischen Forschungsprojekten[4] über Unternehmerwerte und -typen zugute:

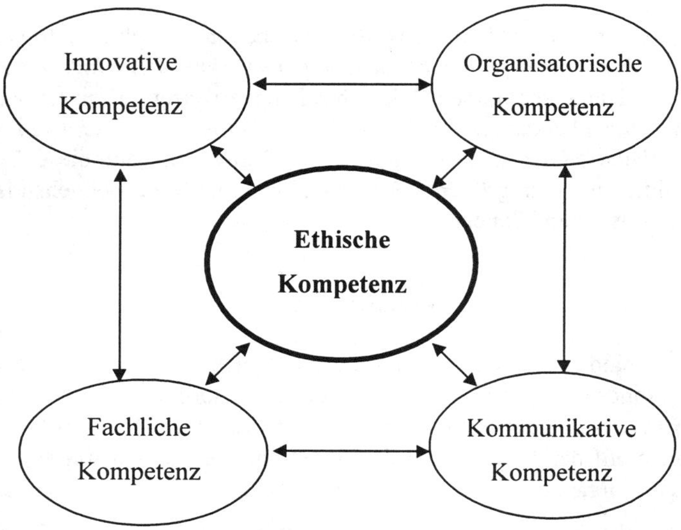

Abb. 4: Die ethische Kompetenz als unternehmerische Schlüsselqualifikation

Quelle: u.a. Thommen, J. P.: Der ethische Manager: Illusion oder Aufgabe der Management-Ausbildung?, in: Zukunftsorientierte Management-Ausbildung, Zürich 1994, S. 354.

---

[4] *Fröhlich,* E./*Pichler,* J. H.: Werte und Typen mittelständischer Unternehmer, Berlin 1988.

a) Innovative Kompetenz

Spätestens seit Schumpeter[5] bezweifelt kaum jemand mehr, daß Unternehmer ohne *Risikobereitschaft* und *Veränderungswilligkeit* nicht denkbar sind.

Als erste der „Unternehmertugenden" gilt seitdem vor allem *Pioniergeist* (unter Einschluß von *Starkmut, Selbstvertrauen* und *Hoffnung).* Als einer der beiden ersten oder Grundtypen ist der „Pionier" besonders im *Schöpferisch-Dynamischen* bzw. *„Innovativen"* begabt. Der „Anti-Pionier" wäre demgegenüber der *Einfallslose – Bequeme – Risikoscheue.*

b) Organisatorische Kompetenz

Wem diese zweite Grundqualifikation fehlt, wer also zum *Chaoten* neigt, mag – vielleicht als einseitig begabter „Pionier" – die Gründungs- und Wachstumsphase überstehen; für Reife-, Konsolidierungs- oder Organisationsphasen im Betriebslebenszyklus sind aber unbedingt die *administrativ-durchführenden Begabungen* des „Organisators" – als des zweiten Unternehmer-Grundtyps neben dem Pionier – gefragt; nämlich: *Ordnungsliebe, Organisationstalent, Durchhaltevermögen, Beharrlichkeit u. dgl.*

c) Kommunikative Kompetenz

Menschenscheue Menschenführung ist annähernd schwer vorstellbar wie das berühmte „hölzerne Eisen", zumal Mitarbeitermotivation heute zu den immer schwierigeren, aber deswegen nicht minder wichtigen Management- bzw. Führungsaufgaben zählt. Die Anforderungen reichen hier ganz offenbar in Kernbereiche der Ethik wie *Kontakt-, Freundschafts-, Liebesfähigkeit* der Unternehmer.

d) Fachliche Kompetenz

In einer Zeit rasanter technischer Veränderungen wäre Fortbildungsverweigerung nicht nur ethisch bedenklich; *aufgeblasene Besserwisser oder überhebliche Bildungsmuffel* wären heute auch ökonomisch chancenlos! Nötig sind vielmehr *Einsichtigkeit* in stets erneute Kenntnisdefizite und daher *lebenslange Lernbereitschaft.*

Das sechste *Zwischenergebnis* also: Ethische Komponenten sind erst recht im Hinblick auf den Unternehmer und seine mehrfach geforderten Qualifikationen oder Kompetenzen zu orten.

---

[5] Hauptwerke 1908–1926.

9. Schlußfolgerungen

Wenn unsere Ausgangsvermutung also auf allen Linien bestätigt wurde: Ethische Komponenten nicht nur fallweise, am Rande, sondern allgegenwärtig und damit ethische Kompetenz nicht bloß eine zusätzliche, sondern die zentrale oder Schlüsselqualifikation; dann sind die nächsten Fragen doch: Sind die Unternehmer und Manager auf solche Anforderungen auch hinreichend vorbereitet? Wo haben sie das dafür nötige Rüstzeug her? Warum ist Ethik heute im großbetrieblichen Sektor häufiger thematisiert als in Klein- und Mittelbetrieben?

Die Antworten können hier abschließend nur angedeutet werden: Ethik als Aus- und Fortbildungsfach ist vorläufig erst auf den größeren und renommierteren Wirtschaftsuniversitäten der Welt installiert; daher der Großteil der wirtschafts- und besonders der unternehmensethischen Literatur für einen akademischen Leserkreis konzipiert; für mittelständische Unternehmer weithin schwer lesbar.

Auf die Frage „Woher sonst, wenn nicht in der Unternehmeraus- und -fortbildung?" drängt sich als Antwort auf: Elternhaus, Schule, Verkündigung und Seelsorge der Kirchen! Wenn die Klagen über die aktuellen Gesellschaftskrisen berechtigt sind – hinsichtlich der Ehen und Familien bzw. der dort nicht mehr selbstverständlich geleisteten Gewissensbildung, im Hinblick auf den Religionsunterricht in den öffentlichen Schulen und die nur noch ausnahmsweise Akzeptanz der Morallehren der Kirchen –, dann muß leider in der Tat befürchtet werden, daß sich die Unternehmer auf ihren zunehmenden ethischen Problemlösungsbedarf immer mangelhafter vorbereitet finden. Wo wäre dann zur Beseitigung dieses Engpasses anzusetzen?

Auf längere Sicht gewiß bei *allen* erwähnten traditionellen und potentiellen Erziehungseinrichtungen. Am raschesten erfolgversprechend und wahrem Unternehmertum gemäß scheint es freilich richtig, nicht zu warten, bis andere (Familie, Schule, Kirche) ihre Krisen überwinden, sondern unverzüglich selbst zu handeln: mithilfe ihrer Kammern eine Gewissensbildungsoffensive zu starten und damit Zeichen und Impulse auch für die übrigen Erzieher zu setzen. Denn diese sind viel mehr als die Wirtschaft in Gefahr, bloß zu „moralisieren", realitätsabgelöst – ohne Rücksicht auf das, „was ist" – einzumahnen, „was sein soll".

Das, worum es in der Unternehmens- und Wirtschaftsethik geht, nämlich von den ökonomisch richtigen Alternativen jene auszuwählen, die auch ethisch einwandfrei sind, einer gewissermaßen „erfolgsorientierten Ethik" gemäß, kann die Wirtschaft weder von der Philosophie oder Moraltheologie noch von den Wirtschaftswissenschaften allein erwarten; sondern nur von engagierter (interdisziplinärer) Kooperation aller drei zusammen!

Literatur

Becher, W. (1985): Der Blick aufs Ganze. Das Weltbild Othmar Spanns, München.

Fröhlich, E. A./*Hawranek,* P. M./*Lettmayr,* C. A./*Pichler,* J. H. (1994): UNIDO, Manual for Small Industrial Businesses - Project Appraisal and Evaluation, Vienna; frz. (1997), span. (1998).

Fröhlich, E. A./*Pichler,* J. H.(1988): Werte und Typen mittelständischer Unternehmer, Berlin.

Hofmann, M. (1968): Das unternehmerische Element in der Betriebswirtschaft, Berlin.

– et al. (1982): Entwicklungsmanagement, Wien.

Heinrich, W. (1934): Die soziale Frage. Ihre Entstehung in der individualistischen und ihre Lösung in der Ständischen Ordnung der Wirtschaft, Jena.

– (1948): Wirtschaftspolitik. Erster Band, Wien; 2. Aufl. Berlin 1964.

– (1952): Wirtschaftspolitik. Zweiter Band, 1. Halbband: Weltwirtschaftspolitik, Großraumwirtschaftspolitik, Volkswirtschaftspolitik, Wien; 2. Aufl. Berlin 1966.

– (1952): Wirtschaftspolitik. Zweiter Band, 2. Halbband: Gebietswirtschaftspolitik, Verbandswirtschaftspolitik, Betriebswirtschaftspolitik, Haushaltswirtschaftspolitik, Wien; 2. Aufl. Berlin 1967

– (1957): Wirtschaft und Persönlichkeit. Die Führungsaufgaben des Unternehmers und seiner Mitarbeiter in der freien Welt, Salzburg.

– (1977): Die Ganzheit von Wirtschaft, Staat und Gesellschaft. Ausgewählte Schriften von Walter Heinrich (Hrsg. J. Hanns Pichler), Berlin.

Kemmetmüller, W./*Sertl,* W. (Hrsg.) (1981): Klein- und Mittelbetriebe. Chancen, Probleme, Lösungen, Wien.

Pichler, J. H. (Hrsg.) (1988): Othmar Spann oder die Welt als Ganzes, Wien.

Pichler, J. H./*Pleitner,* H. J./*Schmidt,* K. H. (Hrsg.) (1997): Management in KMU – Die Führung von Klein- und Mittelunternehmen, Bern/Stuttgart/Wien; 3. Aufl. 2000

Romig, F. (1955): Wirtschaft der Mitte. Eine Einführung in die „Wirtschaftspolitik" von Walter Heinrich, Salzburg.

– (1966): Theorie der wirtschaftlichen Zusammenarbeit, Berlin.

Spann, O. (1914): Gesellschaftslehre, Leipzig; 4. Aufl. als Bd. 4 Othmar-Spann-Gesamtausgabe (OSG), Graz 1969.

– (1917): Fundament der Volkswirtschaftslehre, Jena; 5. Aufl. als Bd. 3 OSG, Graz 1967.

– (1921): Tote und lebendige Wissenschaft, Jena; 5. Aufl. als Bd. 6 OSG, Graz 1966.

– (1923): Kategorienlehre, Jena; 3. Aufl. als Bd. 9 OSG, Graz 1969.

– (1928): Gesellschaftsphilosophie, München und Berlin; 2. Aufl. als Bd. 11 OSG, Graz 1968.

Tichy, G. E. et al. (Hrsg.) (1996):Wege zur Ganzheit, Berlin.

Zur Ethik des Geldes

Enrique H. Prat

Seit 1921 lassen jahraus, jahrein tausende wohlhabende Festspielgäste vor der Hauptfassade des Salzburger Doms folgende Worte, die Hugo v. Hofmannsthal in dem Mysterienstück „Jedermann" einem Schuldknecht in den Mund gelegt hat, auf sich wirken:

„Geld ist nicht so wie andre War',
Ist ein verflucht und zaubrisch Wesen,
Wer seine Hand ausstreckt darnach,
Nimmt an der Seele Schaden und Schmach,
Davon er nimmer wird genesen.
Des Satans Fangnetz in der Welt
Hat keinen andern Nam' als Geld."

Aus dem Roman des großen irischen Satirikers George Bernard Shaw „Die törichte Heirat" („The irrational knot") stammt das Diktum: „Geld ist in der Tat das Wichtigste auf der Welt; und jede vernünftige und erfolgreiche, persönliche und nationale Moral sollte diese Tatsache zur Grundlage haben". Mit Goethes „Faust", Cervante's „Don Quichote", Dürrenmatts „Der Besuch der alten Dame" etc. könnte die Reihe literarischer Kunstwerke aller Epochen und aller Stilrichtungen, die das Geld und seine diabolischen Eigenschaften thematisiert, fortgesetzt werden. Die Weltliteratur zeigt auf eindrucksvolle Weise, wie mächtig der Einfluß des Geldes in allen Bereichen des Menschlichen werden kann und auch tatsächlich ist.

Auch die Philosophen, die klassischen wie die modernen (z.B. Aristoteles, Thomas v. Aquin, Luther, Melanchthon, Bodin, Locke, Montesquieu, Hume, Kant, Marx, Simmel, Luhmann, Matthieu und Polo), haben immer wieder darauf hingewiesen, daß das Geld etwas Besonderes an sich hat, und daß es speziell mit den Beziehungen des Menschen zum Geld eine besondere Bewandtnis hat.

Demgegenüber haben sowohl die klassische wie auch die heute vorherrschende neoklassische Wirtschaftstheorie die Neutralität des Geldes in ihren Modellen postuliert: Das Geld sei ein Instrument zur Erleichterung der Tauschbeziehungen, es habe nur die Funktion des „großen Rades", das alle Umsätze erleichtert, sie aber nicht wirklich beeinflußt. Auch wenn mit dem Postulat nicht die ethische Neutralität des Geldes gemeint ist, bleibt diese These nicht ohne schwerwiegende zivilisatorische und ethische Konsequenzen, denn in der Realität ist das Geld das eigentliche Steuerungsinstrument der Wirtschaft[1].

Sollen wir diese gewichtigen Stimmen der Weltliteratur und der Philosophie als Esoterik abtun? Wollen wir ihnen gar eine gewisse Rationalität absprechen? Wollen wir nur der Wirtschaftswissenschaft allein eine kanonisierte wissenschaftliche Rationalität zugestehen, welche ihr die Legitimation verleiht, über Geld kompetent nachzudenken?

1. Die Kompetenz der Ethik in Geldfragen

Tatsache ist, daß seit wenigstens 150 Jahren die wissenschaftliche Forschung über Geld gleichsam der alleinigen Kompetenz der Wirtschaftswissenschaften zugeordnet wurde. Wenn ein Soziologe, ein Philosoph oder ein Ethiker sich mit Geld befaßt hat, wurde er kaum ernst genommen; denn nach allgemein verbreiteter Auffassung könne dabei nicht viel herausschauen; denn Geld sei der ureigenste Gegenstand der wirtschaftlichen Forschung und Lehre. Ich wage die These, daß sich dies zu ändern beginnt. Das immer größer werdende zeitgenössische philosophische Schrifttum zum Thema Geld, sowie die Neuentdeckung von Werken älteren Datums wie etwa Georg Simmels „Philosophie des Geldes", das uns in einer neuen Auflage vorliegt, verleihen dieser These eine gewisse Untermauerung. Dabei möchte ich nicht die Kompetenz der Wirtschaftswissenschaften für dieses Thema, sondern nur die Exklusivität dieser Kompetenz in Abrede stellen. Man soll das Klischee revidieren, demzufolge die philosophische und die ethische Reflexion für das praktische Handeln wenig relevant sei; denn hier müsse der Rationalität des wirtschaftlichen Handelns Folge geleistet werden, und diese sei vor allem im rein wirtschaftswissenschaftlichen Diskurs gegeben.

Ethik als praktische Wissenschaft des richtigen Handelns beinhaltet jedoch die primäre und integrierende Kompetenz allen menschlichen Handelns. Denn das Handeln des Menschen ist nur in der analytischen Vernunft sektoriell, nicht aber in der Wirklichkeit. Daher können die praktischen Fachwissenschaften, wie etwa die Wirtschaftswissenschaften – und das hat Kant in seiner „Grundlegung der Metaphysik der Sitten" dargelegt – nur hypothetische oder pragmatische Handlungsanleitungen, die keine sittlichen Imperative sind, vorschreiben.

Ethik hat die primäre Kompetenz, weil ihr Gegenstand das endgültige Gelingen einer freien menschlichen Handlung ist, doch nicht als isolierte Handlung, sondern im Bezugsrahmen des gesamten menschlichen Daseins eines Individu-

[1] Siehe dazu die Kritik der Berliner Schule an diesen Theorien in *Stadermann*, H. J./*Steiger* O.: Der Stand und die nächste Zukunft der Geldforschung, Berlin, 1993 und auch *Stadermann*, H. J.: Geldwirtschaft und Geldpolitik, Wiesbaden, 1994, 14 u. 54f.

ums. Eine Handlung wird demnach gut und richtig, wenn sie sich sowohl im Moment des Handelns als auch später, ganz besonders aber am Ende dieses Lebens, als gelungen und als entscheidender Beitrag zum Gelingen des Lebens erweist. Kein anderes Wissen kann eine so umfassende Kompetenz für sich beanspruchen, auch nicht das der Wirtschaftswissenschaften.

Ethik hat in sich auch eine alle anderen Spezialkompetenzen integrierende Kompetenz. Aus dem gleichen Argument folgt, daß der ethische Gesichtspunkt nicht ein weiterer neben anderen, z.B. dem wirtschaftlichen, ist. Die Ethik „ist vielmehr der universale, umfassende Gesichtspunkt, der sich in allen speziellen findet“[2] und sie daher auch in sich integriert.

Stellen wir also die Kompetenzen der Ethik und der Wirtschaftswissenschaften dem Umgang des Menschen mit dem Geld gegenüber! Der *wirtschaftswissenschaftliche* Diskurs wird dem Menschen zeigen, was er mit Geld machen kann, welche Folgen bestimmte Handlungen mit Geld für sich und für andere haben werden und wie er es bei gegebenen Zielvorstellungen optimal verwenden kann. Der *ethische* Diskurs übernimmt dieses Wissen und prüft, ob die Zielvorstellungen für das Gelingen des Lebens richtig sind, ob die Mittel-Ziel Beziehung stabil bleibt (etwa ob der einfache Umgang mit diesem Mittel die Zielvorstellungen unbewußt verändert, z.B., daß die Mittel mehr oder weniger bewußt zum Ziel des Handelns werden) und ob die Handlung Nebenfolgen aufweist, die eigentlich vermieden werden sollten.

Der Gegenstand einer Ethik des Geldes kann nur der freie Umgang des Menschen damit sein, also die Beziehung Mensch – Geld und die Handlungen damit. Die ethische Fragestellung wäre: Was läßt sich Gutes und was Böses damit tun? Eine ähnliche Frage stellt die Ethik auch für jedes andere Gut. Kann man sagen, daß das Geld etwas Besonderes ist, das andere Maßstäbe erfordert als jene, die für jedes allgemeine Gut gelten? Die heute vorherrschende neoklassische Wirtschaftstheorie hat die Neutralität des Geldes in ihrem Modell postuliert. Eine so wirklichkeitsfremde Annahme[3] ist zwar unter Umständen in einem analytischen Denkmodell zulässig[4], scheint aber die wahre Beschaffenheit des Geldes sowie die Eigenart der Beziehung des Menschen dazu zu ignorieren und kann somit einer ethischen Betrachtung nicht dienlich sein.

Zentraler Begriff der Ethik ist die Freiheit, weil sie Konstitutivum der sittlichen Handlung ist. Es zeigt sich, daß in der Geldwirtschaft das Geld eine ganz

---

[2] *Pöltner,* G.: Die Ethik im Rahmen der Ethikkommision, in: Imago Hominis, II/1, Wien, 37.

[3] *Stadermann,* H. J.: Geldwirtschaft und Geldpolitik, Wiesbaden, 1994, 37 ff.

[4] *Rotschild,* K. W.: Money, money, money ... Einige Bemerkungen zu Hajo Rieses „Theorie einer Wirtschaft“, in: Stadermann, H. J./Steiger, O.: Der Stand und die nächste Zukunft der Geldforschung. Festschrift für Hajo Riese zum 60. Geburtstag, Berlin, 1993, 478.

besondere Rolle für die Verwirklichung der Freiheit spielt, die bei anderen Gegenständen im gleichen Ausmaß kaum festgestellt werden kann. Die Tatsache, daß in der Philosophiegeschichte das Thema Geld laufend von der Ethik und der Moral thematisiert wurde[5], spricht für eine solche Sonderstellung, die es unter den materiellen Gütern einnimmt.

2. Die Beschaffenheit und der Rollenwandel des Geldes

Wirtschaft wird vielfach definiert als die Gesamtheit der Tätigkeiten, die zur Bewältigung der Knappheit unternommen werden. Wesentlich in der Wirtschaft einer Gesellschaft sei auch der Tausch. Durch ihn werde die Bekämpfung der Knappheit eine soziale Tätigkeit und somit entstehe Wirtschaft. In der modernen Wirtschaft ist der Tausch ohne Zahlungen nicht denkbar. Wirtschaft als soziales System gäbe es demnach nur, wenn es Zahlungen gäbe. Folglich wären Knappheit und Zahlungen für die Wirtschaft konstitutiv und für die Zahlungen wiederum das Geld.

Die Knappheit wird zur wirtschaftlichen Wirklichkeit erst dann, wenn sie sich bewerten läßt und zu Kauf- und Verkaufshandlungen sowie zu Zahlungen führt, mit einem Wort, wenn die Knappheit ein Marktfaktor wird[6]. Im Markt, im Spiel von Angebot und Nachfrage, läßt sich der ganze Prozeß der Knappheitsbewältigung geldmäßig ausdrücken. Also erst das Geld läßt die Knappheit zur wirtschaftlichen Realität werden. Und dies gilt für jede Art von Knappheit. Geld, das ist die Sprache der Knappheit und ihrer Bewältigung. Diese Sprache hat drei Eigenschaften, durch die sie zum universellen Transaktions- und Kommunikationsmittel[7] wird: sie ist a) äußerst einfach – jeder kann mit Geld umgehen, b) absolut notwendig für jeden – jeder braucht Geld, um zumindest die primären Bedürfnisse zu decken, und c) alles läßt sich in Geld umcodieren.

Der systemtheoretische Ansatz von Luhmann[8] hat den Rollenwandel des Geldes deutlich gemacht. Im Laufe der letzten Jahrhunderte haben sich zwar die ureigenen Funktionen des Geldes, Tauschmittel und Recheneinheit zu sein, weiterentwickelt, doch seine weiteren Funktionen – Wertaufbewahrung und vor allem die Wertvermehrung – haben viel mehr an Bedeutung gewonnen; wie dies weltweit durch die zentrale Stellung der Finanzmärkte für die gesamte Wirtschaft belegbar ist. Diese Entwicklung ist mit einer grundlegenden strukturellen

---

[5] Vgl. den historischen Überblick in *Born,* K. E.: Die ethische Beurteilung des Geldwesens im Wandel der Geschichte, in: Hesse, H./Issing, O. (Hrsg.): Geld und Moral, München, 1994, 1–20.

[6] *Mathieu,* V.: Filosofía del Dinero, Madrid, 1990, 221.

[7] *Polo,* L.: Quien es el hombre, Madrid, 1991, 91.

[8] *Luhmann,* N.: Die Wirtschaft der Gesellschaft, Frankfurt, 1989, 196.

Änderung des Wirtschaftssystems einhergegangen, nämlich mit dem Übergang von einer Eigentumswirtschaft zu einer Geldwirtschaft. In einer Eigentumswirtschaft erfolgt die Knappheitsbewältigung über das Eigentum. In ihr ist das Ziel das Eigentum, das den Tausch kontrolliert. In der Geldwirtschaft hingegen kontrolliert der Tausch das Eigentum und an die Stelle der Beziehung von Sacheigentum – Geld – Sacheigentum tritt die Relation Geld - Sacheigentum - Geld. Mit anderen Worten, man behält oder tauscht Eigentum unter dem Gesichtspunkt des Verlustes oder des Gewinnes[9]. Geld hat sich von seiner ursprünglichen Bestimmung losgelöst und wird zum generalisierten Kommunikationsmedium; alle Beziehungen zu den Sachen sowie den Wirtschaftssubjekten untereinander werden unter dem Gesichtspunkt des Geldes gesehen. Alle Güter haben demnach eine Doppelexistenz: als Gut und als Geld[10]. Dies heißt wiederum nichts anderes, als daß sich die wesentlichen Informationen der Wirtschaft auf Geld reduzieren lassen.

Anthropologisch von großer Bedeutung ist die Beziehung zwischen Geld und Zeit. Geld ist Zeit, welche die wichtigste Ressource des Menschen ist, dessen Biographie erlebte Zeit ist. Geld ist aber vor allem ein Werkzeug biographischer Zeitintegration. Die oben erwähnte Eigenschaft des Geldes als Kommunikationsmittel über Raum und Zeit macht aus dem Geld ein zentrales Hilfsmittel in der persönlichen langfristigen Lebensplanung, in der Verwaltung der eigenen Ressourcen und in der Zeiteinteilung. Es erlaubt z.B., im eigenen Lebensprojekt Dispositionen zu treffen, die Knappheiten und Begrenzungen der Natur, wie z.B. kurze Zyklen, Kurzlebigkeit der Erntefrüchte usw. zu überwinden[11], vergangene Fehler wirksam zu korrigieren und für die Zukunft Vorsorge zu treffen. Mit anderen Worten, Geld ist das wichtigste materielle Mittel, damit die Vergangenheit eines Menschen in seiner Zukunft ein-, aber auch aufgehen kann, indem es erlaubt, daß sich die verschiedenen Momente bzw. Lebensphasen nicht sukzessive ablösen, sondern vielmehr in ein Kontinuum verschmelzen. Es ist somit ein wirksames und wichtiges Identitätsinstrument im Leben des Menschen.

Die Bilanz eines vergangenen Lebensabschnittes kann auch in Geld bewertet werden. Der gegenwärtige Geldbesitz (d.h. das in Geld bewertbare Vermögen) eines Menschen ist das Zwischenergebnis seines Fleißes, seiner Kreativität, seiner Erfolge und seines Glücks, aber auch seiner Mißerfolge, seines Mißgeschicks, seiner Mühen und seiner Plagen. Es ist nicht nur ein nostalgisches Symbol von bereits abgeschlossenen Lebensabschnitten, sondern vor allem ein wirksames Zeichen der Macht, die Zukunft zu gestalten. Es ist Macht: a) weil es allgemein als Wertträger anerkannt ist, b) weil mit ihm tatsächlich etwas be-

[9] Ebd., 197.

[10] Ebd., 201.

[11] *Binswanger,* H. Ch.: Geld & Natur, Stuttgart, 1991, 13ff.

wirkt werden kann: Es kann zukünftige Arbeit (und damit weiteren Reichtum und zusätzliches Vermögen) generieren[12], und c) weil es die Gestaltung der Zukunft erlaubt: Es ist zumindest eine wichtige Antriebskraft eines jeden Lebensprojekts.

Eine menschliche Biographie auf Geldflüsse und -bestände zu reduzieren, ist sicherlich eine ganz grobe Verkürzung der Wirklichkeit. Bedauerlich ist es jedoch auch, daß man allzuoft, um diese Verzerrung zu vermeiden, die wahre Bedeutung des Geldes in der Lebensplanung und in der Lebensführung des Menschen herunterspielt.

3. Geld und Freiheit

Die ethische Relevanz des Geldes wird deutlich, wenn man den Zusammenhang zwischen Geld und dem zentralen Begriff der Ethik, nämlich der menschlichen Freiheit, anthropologisch beleuchtet. Dafür muß man von den grundlegenden anthropologischen Prämissen ausgehen, die sich aus der leibseelischen Beschaffenheit des Menschen und der spezifischen Struktur des menschlichen Strebevermögens ableiten. Darauf kann im Rahmen dieser Arbeit nicht eingegangen werden. Hier müssen wir uns damit begnügen, zwei wesentliche Gedanken zu skizzieren: Erstens, daß die leibseelische Beschaffenheit des Menschen eine Zweckordnung im Strebevermögen bedingt, deren Einhaltung für die Sinnerfüllung des Lebens entscheidend sein dürfte. Zweitens, daß jede Handlung des Menschen letztlich nach Sinnerfüllung strebt, und daß die Freiheit dabei eine ganz große Rolle spielt, denn Sinnfindung setzt letztlich auf jeden Fall Selbstbestimmung voraus[13].

Die Freiheit ist heute tatsächlich ein prioritäres Ideal in jeder Weltanschauung und in jeder Ideologie: Alle sollen frei sein. Wer es noch nicht ist, soll sofort befreit werden. Jeder soll frei von Schmerz, frei von Krankheit, frei von Belastungen, frei von Sorgen, frei von Einschränkungen und frei von Bindungen sein. Andererseits wollen wir auch stets frei disponieren, frei auswählen können und dürfen, alle Optionen offen haben und über alles nur denkbar Mögliche verfügen können. Eine solche heute allgemein vertretene Freiheitsauffassung hat zwar zwei Dimensionen, nämlich die Autonomie – maximale Selbstbestimmung bzw. minimale Fremdbestimmung – und die Freiheit des Habens – frei sein ist haben können; aber beide sind stark aufeinander bezogen: Die Selbstbestimmung wird auf das „Haben-können“ bzw. auf das „Freisein-von“ reduziert.

---

[12] *Mathieu,* V.: Filosofía del Dinero, 171.

[13] *Needlmann,* J.: Geld und Sinn des Lebens, Frankfurt, 1993.

Der Zusammenhang zwischen Geld und Autonomie ist eindeutig. In seinem umfassenden Werk „Philosophie des Geldes", hat Simmel das Geld als den Träger der individuellen Freiheit bezeichnet, weil es dadurch möglich geworden ist, persönliche Beziehungen immer mehr zu versachlichen und zu entpersonalisieren und dadurch immer größere Freiheitsräume für den Menschen zu schaffen. Die Entwicklung der Geldwirtschaft – als eine andere Seite der arbeitsteiligen Wirtschaft – war in den letzten vier Jahrhunderten ein immer schneller werdender Überführungsprozeß von wertorientierten persönlichen Bindungen in eher wertneutrale, monetäre und wettbewerbliche Beziehungen. Die stark persönlichen Bindungen unter den Menschen haben sich immer mehr in eine Vielzahl von sachlichen und funktionellen Abhängigkeiten aufgelöst. Dies ist nach Lübbe wesentlich in den Modernisierungsvorgängen: „Modernisierung – das ist, unter anderem und nicht zuletzt, ein Vorgang ständig sich ausweitender räumlicher und regionaler, auch sozialer wechselseitiger Abhängigkeiten."[14] Obwohl sich im Zuge dieses Vorganges die Abhängigkeit des Menschen von anderen vervielfacht hat, sind die neuen Abhängigkeiten von einer ganz anderen Beschaffenheit als jene der persönlichen Bindung. „Ist Freiheit die Unabhängigkeit von dem Willen anderer überhaupt, so beginnt sie mit der Unabhängigkeit von dem Willen bestimmter anderer."[15] Geldbeziehungen sind also – nach Simmel – Träger der individuellen Freiheit, weil sie an keinen bestimmten Partner gebunden sind; die Beziehungssubjekte sind austauschbar. Halten wir also fest: Geld schafft individuelle Freiheit.

Die Freiheit des Habens ist an die Machbarkeit, d.h. an den technischen Fortschritt gekoppelt. Seit dem Beginn des naturwissenschaftlichen Zeitalters ist der Mensch ständig bemüht, das machbar zu machen, was noch nicht machbar ist, er will die Natur beherrschen, um freier zu sein. Der technische Fortschritt der letzten Jahrhunderte und ganz besonders jener der letzten Jahrzehnte war ein schwindelerregender Wettlauf um die Machbarkeit. Aber je mehr möglich wird, umso mehr will jeder haben. Dennoch bleiben unsere Möglichkeiten begrenzt. Einerseits können wir die nicht-reproduzierbaren Ressourcen nicht vermehren. Andererseits haben wir zu wenig Zeit, um alles zu tun, was für uns möglich wäre. Die Hauptressource eines jeden Individuums, die Zeit, kann nicht ausgedehnt werden (vita brevis est).

Der Mensch steht vor einer paradoxen Situation: Auf der einen Seite sieht er seine Freiheit durch die Machbarkeit immer besser realisierbar, auf der anderen hindert ihn die Zeitknappheit, alle machbaren und verfügbaren Optionen zu nutzen. Wie kann man diesen Widerspruch lösen? Wenigstens teilweise mit Geld! Man braucht nicht viel von Ökonomie zu verstehen, um festzustellen, daß

---

[14] *Lübbe,* H.: Selbstbestimmung. Moralische Konsequenzen eines modernen Anspruchs, in: VCL – Die Österreichische höhere Schule. Heft 3, 49, Jahrgang 1997, 3.

[15] *Simmel,* G.: Philosophie des Geldes, Leipzig, 1907 (1989, 400).

Knappheit ökonomisch Kosten bedeutet. Kosten werden mit Geldeinheiten gemessen und bestimmen den Preis. Über den Markt werden uns die knappen Güter und Leistungen angeboten. Und der Markt mit seinen Mechanismen (z.B. Werbung) redet uns ständig ein, daß wir sie alle brauchen, je mehr, desto besser. D.h., je mehr Geld jemand hat, desto mehr Optionen kann er wahrnehmen.

Außerdem können wir mit Geld Zeit gewinnen: Geld ist Zeit und Zeit ist Geld. Die Klagen über den Mangel an Zeit rühren daher, daß wir zuwenig Zeit haben, um alles zu tun, was wir tun könnten, denn die Anzahl der Optionen, die uns zur Verfügung stehen (z.B. Reisen rund um die Welt, Urlaub auf den Karibischen Inseln, Safari für jeden u.dgl.), wächst viel rascher als das Ausmaß der Zeit, die wir zu deren Realisierung benötigen würden. Und die Erfahrung, daß Zeit knapp ist, wird natürlich mit der Menge der gegebenen Möglichkeiten, sie zu nützen, intensiver, d.h. mit der Zunahme von verfügbaren und attraktiven Optionen, also Dingen, die die Menschen begehren[16]. Mit Geld kann man Zeit sparen. Wer sich Flugreisen oder gar einen Privatjet mit Piloten leisten kann, wird mehr Optionen wahrnehmen können als jemand, der zu Fuß geht oder den Zug nehmen muß.

Je mehr Geld ich habe, umso mehr Machbares steht mir zur Verfügung, umso freier bin ich also. Somit wird Geld zur Voraussetzung, ja zum Symbol der Verwirklichung von Freiheit. Je mehr Geld ich habe, um so weniger bin ich in meinen Dispositionen konditioniert und umso mehr kann ich mich frei verwirklichen. Wer mehr Geld hat, kann mehr machen. Geld wird zum Symbol der Freiheit: Je mehr Geld, desto mehr Freiheit. Das ist der Leitgedanke des Ökonomismus unserer Zeit!

4. Der Ökonomismus: Das Geld und die Vorrangstellung der Wirtschaft in der Gesellschaft

Es ist eine Tatsache, daß die Wirtschaft in der modernen demokratischen und pluralistischen Gesellschaft eine Vorrangstellung gegenüber den anderen Bereichen errungen hat. Dieses Phänomen hat Johannes Paul II. mit dem Namen „Ökonomismus" bezeichnet[17]. Ökonomismus steht für jene Betrachtungsweise der Wirklichkeit, welche die ökonomischen Aspekte ganz stark in den Vordergrund rückt und allen anderen Aspekten der Wirklichkeit nurmehr eine unter-

[16] *Lübbe,* H.: Im Zug der Zeit. Verkürzter Aufenthalt in der Gegenwart. Springer Verlag, Berlin, 1992, 343–344 und *Maquard,* O.: Zeit und Endlichkeit. Gedanken über die temporale Entzweiung des Lebens. Information Philosophie 5/1992, S. 6–10.

[17] *Johannes Paul II.:* Laborem exercens, Nr. 13.

geordnete Rolle zuweist. Die Realität wird auf die ökonomisch relevanten und daher auch materiellen und meßbaren Dimensionen reduziert[18].

Das Phänomen des Ökonomismus ist mit dem Rollenwandel des Geldes in der Gesellschaft einhergegangen. Das Geld wurde nicht zu einem Kommunikationsmittel unter vielen anderen, sondern zum universellen Kommunikationsmittel. Aber Kommunikation ist das Tragende und Konstitutive in der Gesellschaft. Ohne Kommunikation gäbe es nur Individuen. Erst durch Kommunikation werden die Individuen zu einem strukturierten Kollektiv, zur Gesellschaft. Und worin besteht das Wesen der Kommunikation? In Verständigung und Vermittlung, d.h., die Kommunikation besteht in der Übertragung von Informationen. Und hier liegt der Konkurrenzvorteil der Wirtschaft. Ihre Sprache (nämlich das Geld) ist, wie erwähnt, in ihrer Einfachheit, Allgemeinheit und Universalität nahezu unschlagbar.

Die faktische Überlegenheit des Geldes gegenüber den anderen gesellschaftlichen Werten hat Simmel schon vor über 90 Jahren gesehen. Das zum Endzweck gewordene Geld läßt jene Güter, die an sich nicht ökonomischer Natur sind, nicht „als ihm koordinierte, definitive Werte bestehen; es genügt ihm nicht, sich neben Weisheit und Kunst, neben personale Bedeutung und Stärke, ja neben Schönheit und Liebe als ein weiterer Endzweck des Lebens aufzustellen, sondern in dem es dies tut, gewinnt es die Kraft, jene anderen zu Mitteln für sich herabzudrücken“[19]. Das Geld als Sprache hat weder innerhalb noch außerhalb der Wirtschaft einen Konkurrenten. Es gibt keine Sprache – weder im Bereich der Religion, der Kunst, der Freizeit u. dgl. –, welche eine solche Allgemeinheit, Einfachheit und gleichzeitig Beliebtheit wie die des Geldes hat. Diese Tatsache hat wahrscheinlich zur Vorrangstellung der Wirtschaft in der Gesellschaft entscheidend beigetragen.

5. Sozialethische Betrachtung: Die systembedingte Verkehrung der Werte. Ein strukturelles ethisches Defizit?

Luhmann hat anhand seiner Systemtheorie gezeigt, wohin die Geldwirtschaft geführt hat, obwohl er dabei keine moralisierenden Absichten hatte. Die Geldwirtschaft, die er betrachtet, ist an und in sich eine immerwährende Stärkung der materialistischen Orientierung des Systems, die alle anderen regulativen Mechanismen verblassen läßt. Das Geld wird zum Ziel des Wirtschaftens, ja des

---

[18] *Prat,* E.: Ökonomische und nicht-ökonomische Faktoren der ökologischen Krise, in: E. Prat (Hrsg.): „Kurswechsel oder Untergang“, Peter Lang Verlag, Frankfurt, 1995, 65ff.

[19] *Simmel,* G.: Philosophie des Geldes, Duncker & Humblot, Leipzig, 1907, 246.

Handelns des Menschen überhaupt[20]. Das ist die Verkehrung: Das Mittel aller Mittel wird zum Ziel. Diese Verkehrung hatte schon Aristoteles[21] gesehen, als er zwischen Ökonomik und Chrematistik unterschieden hat. Jahrhundertelang galt diese Sicht der Dinge als überholt. Nicht viel anders ist es bei Simmel nachzulesen: „Niemals ist ein Objekt, das seinen Wert ausschließlich seiner Mittlerqualität, seiner Umsetzbarkeit in definitivere Werte verdankt, so gründlich und rückhaltlos zu einer psychologischen Absolutheit des Wertes, einem das praktische Bewußtsein ganz ausfüllenden Endzweck aufgewachsen. (...) Indem sein Wert als Mittel steigt, steigt sein Wert ... so hoch, daß es als Wert schlechthin gilt und das Zweckbewußtsein an ihm definitiv haltmacht. Die innere Polarität im Wesen des Geldes: das absolute Mittel zu sein und eben dadurch psychologisch für die meisten Menschen zum absoluten Zweck zu werden, macht es in eigentümlicher Weise zu einem Sinnbild, in dem die großen Regulative des praktischen Lebens gleichsam erstarrt sind."[22] Auch Habermas interpretiert die fortschreitende Monetarisierung ehemals persönlicher Beziehungen als eine Verdinglichung, Entfremdung oder „Kolonialisierung der Lebenswelt".[23]

Daß wir im Kommunikationszeitalter leben ist ein Gemeinplatz. Weniger bedacht wird die Tatsache, daß das Kommunikationsmedium Nummer 1 die Wirtschaft geworden ist und das Geld das allgemeinste Kommunikationsmittel oder die allgemeinste Sprache ist, die alles und jedes übersetzt. Die Kommunikationsrevolution könnte also zu einer chrematistischen Revolution werden, da sie die zentrale Stellung des Geldes so zu stärken vermag, daß es durch sie zum absoluten Ziel gelangen kann. Wie Simmel bereits prophezeit hat, wird Geld zum Wert Nummer 1 eines solchen Systems.

So könnte folgendes zu einer sozialethischen Schlußfolgerung werden: Unser Geldwirtschaftssystem bedingt eine immanente Verkehrung der Werte. Das heißt, Bildung, Erziehung, Gesundheit, Religion, Institutionen, Sprache, mit einem Wort alles in der Gesellschaft ist von dieser Verkehrung verseucht. Der Spruch Wittgensteins: „Die Grenzen meiner Sprache bedeuten die Grenze meiner Welt"[24], der den engen Zusammenhang zwischen Kommunikation, Sprache und Weltbild beleuchtet, erklärt auch die Systemimmanenz dieser Werteverkehrung. Die Sprache, in der wir denken und kommunizieren, spiegelt also die Welt, die wir vernehmen, wider. Wenn dies so ist, dann zeigt eine kritische Reflexion über die heutige Sprache „Geld", daß wir uns in einem materialistisch

---

[20] *Luhmann,* N.: Die Wirtschaft der Gesellschaft, Frankfurt, 1989, 240ff.

[21] *Aristoteles:* Politik I, 1257 und 1258.

[22] *Simmel,* G.: Philosophie des Geldes, Duncker & Humblot, Leipzig, 1907, 234.

[23] *Habermas,* J., Theorie des kommunikativen Handelns, 1975, Frankfurt, 2. Band, 522.

[24] *Wittgenstein,* L.: Tractatus logico-philosophicus, 5.6.

durchsetzten Umfeld bewegen, das sich stark unserer eigentlichen anthropologischen Beschaffenheit (Geist-Leib-Natur) und daher der Zweckordnung unserer Natur entgegenstellt und uns folglich tendenziell zu persönlichen, aber auch strukturell stark bedingten ethischen Defiziten (kleinere, größere und mittlere Skandale, wobei das, was heute normal ist, vor vierzig Jahren ein Skandal gewesen wäre!) führt.

Es ist das eine immanente Verkehrung der Werte, nicht weil das System die persönliche Freiheit aufhebt, indem es ein bestimmtes Verhalten aufzwingt, sondern weil im systemkonformen Verhalten der Mensch den Eindruck haben wird, sein Freiheitsideal im Sinne der Freiheit des Habens realisieren zu können.

Wenn man über den oben gezeigten Zusammenhang zwischen Geld und Freiheit des Habens nachdenkt, erkennt man aber schnell, daß der vom Ökonomismus und Konsumismus geprägte Mensch in eine böse Falle gerät: Um frei zu sein, muß der Mensch vom Geld abhängig werden. Die Schlußfolgerung kann auch so formuliert werden: um die größtmögliche Freiheit zu erreichen, muß er soviel Geld wie möglich besitzen, d.h., sein Verlangen nach mehr Freiheit treibt seinen Geldbedarf und damit auch seine Abhängigkeit vom Geld in schwindelnde Höhen. Der Preis eines steigenden Verlangens nach „Freiheit des Habens“ ist die zunehmende Abhängigkeit vom Geld.

Auch im Zusammenhang mit der anderen Dimension der Freiheit – nämlich der Autonomie – verfällt der Mensch leicht der Illusion der Selbstbestimmung, wenn er sich von der inneren Logik und den Verhaltensmaximen des Ökonomismus leiten läßt. Er wird nicht sagen können, daß er nicht frei handelt, wenn er versucht, so viel wie möglich zu „haben“, aber seine Selbstbestimmung ist zumindest zum Teil eine Illusion, denn wenn die Freiheitsauffassung im wesentlichen auf Freiheit des Habens hinzielt, wird Haben leicht zur Sucht.

Fassen wir zusammen: Indem unsere materialistisch-hedonistische Kultur auf Freiheit setzt, setzt sie vor allem auf Freiheit des Habens und scheint zu ignorieren, daß der Preis dieser so verstandenen Freiheit den Menschen in stärkere Abhängigkeit vom Geld bringt, ja sogar zum Verlust der Freiheit selbst führen kann.

6. Individualethische Betrachtung

Das Problem der erwähnten Verkehrung der Werte kann durch eine Änderung des Systems gelöst werden. Das kann aber nur von der individualethischen Ebene herkommen, d.h., die Änderung kann nur durch die individuellen ethischen Überzeugungen der Individuen herbeigeführt werden.

Die Wirtschaftsethik bewertet die Sittlichkeit der freien wirtschaftlichen Handlungen des Menschen. In einer Ethik des Geldes geht es natürlich um die Sittlichkeit der Handlungen des Menschen im Umgang mit dem Geld und nicht um das Geld selbst. Es wäre daher völlig verfehlt, aus dem Gesagten zu schließen, daß das Geld etwas an sich Schlechtes sei, oder daß ein Wirtschaftssystem, das auf Geld aufbaut, zu unsittlichen Handlungen führen müsse. Weder das Geld noch das heutige Geldsystem heben die Freiheit des Menschen auf, sodaß der Mensch in diesem System und mit diesem Geld nicht auch Gutes tun könnte. Ganz im Gegenteil: Das Geld ist gewiß ein privilegiertes Instrument, um Gutes zu tun!

Die Schlußfolgerung aus dem Gesagten ist, daß die heutige Geldwirtschaft sehr hohe moralische Ansprüche an den Menschen stellt: Das heißt, um in den heutigen Strukturen mit Geld umzugehen, seinen großen Verführungen standzuhalten, muß der Mensch eine moralische Kraft besitzen, die er nicht aus dem System selbst beziehen kann. Weit über das Mittelalter hinaus bis in unser Jahrhundert war er fest in die bestehenden gesellschaftlichen Strukturen eingebettet. Innerhalb dieser Strukturen hat er eine anerkannte Rolle, einen Sinn und eine normative Orientierung gefunden. Die moderne Gesellschaft aber legt den Menschen ein neues Freiheitsideal nahe. Es wird durch die Demokratisierung aller Strukturen, gemeinsam mit der Erhebung der individuellen Vernunft zur maßgeblichen Identitätsinstanz erreichbar. Dieses Ideal stellt jedoch an den einzelnen die hohe Anforderung, zuerst einmal seine eigene Identität zu suchen[25]. Für viele ist das jene Überforderung, die nach Frankl[26] weitgehend zur Sinnkrise unserer Zeit geführt hat.

Es geht also nicht um ein Problem des Geldes, sondern um ein Moraldefizit unserer Zeit. „Aus Freiheit Sinn, Lebenssinn zu machen – darum handelt es sich, und nie zuvor war die Lösung dieses Problems mehr als heute unserer individuellen lebensdienlichen Selbstbestimmung, unserer Moralität also, anheimgegeben.“[27]

Dieses Moraldefizit ist eine notwendige Folge des verkürzten Menschenbildes, das sich in der oben erwähnten eingeengten Freiheitsauffassung unserer Zeit ausdrückt. Die Freiheit ist die Fähigkeit des Menschen, über sich selbst zu bestimmen. Sie kann nicht auf die Entscheidungen über äußeres Tun oder Nichttun bzw. über Haben oder Nichthaben reduziert werden. Der Mensch hat

---

25 *Macintyre,* A.: Der Verlust der Tugend, Campus, Frankfurt, 1987, 52–55, 169 ff. und *Taylor,* Ch.: Ursprünge des neuzeitlichen Selbst, in: Krzysztof Michalski et al. (Hrsg.): Identität im Wandel, 1995, 14.

26 *Frankl,* V. E.: Das Leiden am sinnlosen Leben (1976), in: Frankl, V. E.: Der Wille zum Sinn, München, 1991, 235–244.

27 *Lübbe,* H.: Selbstbestimmung. Moralische Konsequenzen eines modernen Anspruchs, in: VCL – Die Österreichische höhere Schule. Heft 3, 49, Jahrgang 1997, 2.

eine unermeßliche, d.h. unvergleichliche Würde, die ein innerer Wert an sich und unabhängig davon ist, was er besitzt. Aber diese Würde hat auch eine perfektive (zu vervollkommnende) Komponente. Der Mensch ist dazu berufen, seine inneren Anlagen frei zu entfalten, indem er eine ihm vorgegebene Vollkommenheit anstrebt. Darin besteht seine grundlegende Freiheit und darin wird er den echten Sinn seines Lebens und seine untrügerische Erfüllung finden. Das Werden des Menschen, seine wahre Biographie, wird tatsächlich mehr in der allmählichen freien Entfaltung dieser seiner inneren, geistigen Anlagen, als in der Ansammlung von Gütern und materiellen Werten bestehen.

Es gibt also zwei Ebenen im Menschen, die des Seins und die des Habens. Die Ebene des Seins ist für das Gelingen des Lebens und für eine echte Sinnerfüllung die entscheidende: durch den Erwerb der intellektuellen und moralischen Tugenden (d.h. durch Stärkung des Charakters, durch den Dienst an der Wahrheit und dem Guten und durch die Pflege des Schönen usw.) entfaltet er seine geistige Innerlichkeit und realisiert damit jene Anlagen, die sein Wesen und seine eigentliche Bestimmung ausmachen. Darin liegt der tiefere Sinn der Freiheit.

Auch auf der Ebene des Habens realisiert der Mensch seine Freiheit. Diese Freiheit des Habens muß aber stets in konstitutiver, innerer Freiheit, auf der Ebene des Seins verwurzelt sein. Der Mensch braucht – wie oben erwähnt – auch Geld und materielle Dinge, um frei zu sein und um sich als Mensch zu entfalten, aber das Ausmaß seines Bedarfes an Geld und materiellen Dingen wird weitgehend von den erwähnten inneren Anlagen bestimmt. Eine Freiheit des Habens, die nicht in der inneren Freiheit auf der Ebene des Seins verankert ist, wird zu einem Verhalten führen, das keine anderen Maßstäbe als Instinkt und Lust haben wird. Damit wird der Mensch zum Sklaven seiner niederen Begehrlichkeit. Das ist es, was das Phänomen des Konsumismus ausmacht. Der Mensch wird zum Sklaven des Marktes. Es ist die genuine Aufgabe der Ethik, jene Verhaltensnormen herauszufinden, die gewährleisten, daß der Mensch in der Verwirklichung seiner Freiheit die Zweckordnung seiner Natur nicht verletzt.

7. Verhaltensnormen und Tugenden

Die individualethische Schlußfolgerung, die hier gezogen werden soll, ist die dringende Forderung, mit dem Geld umgehen zu lernen. Geld darf nicht die anderen Werte verdrängen, Geld wird die allgemeinste und einfachste Sprache bleiben, aber jedem muß bewußt werden, daß eine einseitige Einengung der menschlichen Kommunikation durch diese Sprache, die die Eigenschaft hat, die anderen zu verdrängen, einen Verstoß gegen die Würde des Menschen bedeutet. Das könnte sogar in der Form eines kategorischen Imperativs formuliert werden: Handle so, daß du das Geld jederzeit zugleich und in erster Linie als Mittel zu moralisch einwandfreien Zwecken, niemals bloß als Ziel begehrst! Im Lichte der oben angestellten anthropologischen Erwägungen zur Freiheit, zum Gelingen des Lebens und zur Sinnerfüllung könnte man aus diesem Imperativ folgende goldene Regel konstruieren: Verdiene ruhig so viel Geld wie möglich, so lange es dir gelingt, das ehrlich verdiente Geld in echte und untrügliche Lebenssinnerfüllung umzusetzen!

Um diese Regel richtig zu verstehen, aber erst recht, um sie zu halten, ist zunächst die Tugend der *Mäßigkeit* gefragt. Aristoteles hat vor 24 Jahrhunderten bedeutsame Zeilen über diese Tugend geschrieben, die seit dem modernen Zeitalter der Zivilgesellschaft für immer überholt schienen. Heute wird wieder für diese Tugend plädiert: „Evidenterweise ist in einer Zivilisation, in der die Mehrheit der Zivilisationsgenossen sich nicht mehr durch die Herausforderungen der Not und des Mangels bedrängt finden, sondern ganz im Gegenteil durch die Notwendigkeit eines sich selbst beschränkenden Umgangs mit der Überfülle konsumierbarer Güter, die Tugend der Mäßigkeit von elementarer Bedeutung, und eben diese Tugend zählt bekanntlich in der Tradition der Ethik zu den vier wichtigsten, nämlich zu den sogenannten Kardinaltugenden."[28] Es wäre eine Illusion, zu glauben, daß die Verwirklichung dieser Tugend allein durch Schaffung der entsprechenden Strukturen realisiert werden kann. Dem Sparwillen einer Gesellschaft muß der Sparwille ihrer Mitglieder vorausgehen. Der richtige Umgang eines Menschen mit Geld ist also in erster Linie eine Frage seiner Tugend der Mäßigkeit. Dies hört sich vielleicht wie ein zu einfaches Rezept an, ist es aber nicht. Man darf nicht vergessen, daß, um die goldene Mitte, die diese Tugend ausmacht, zu erreichen, auch die drei anderen Kardinaltugenden – Klugheit, Gerechtigkeit und Tapferkeit – die entsprechenden Handlungen mitprägen müssen[29].

Klugheit ist definitionsgemäß jene Tugend, die die anderen erst zur Tugend macht, weil durch sie das Urteil über die Angemessenheit der Handlung und ihrer Ausrichtung auf das Gute, d.h., auch auf das Gelingen des Lebens im Zusammenhang mit ihren Zwecken und ihren Begleitumständen, gefällt wird. Die Klugheit bestimmt bei jeder Tugend jene goldene Mitte, die eine Handlung erst tugendhaft werden läßt. *Vorsicht, Voraussicht, Einsicht* und *Umsicht* begleiten das Urteil der Klugheit. Man muß sich genau informieren, von Experten beraten lassen und sich vor falschen Propheten und Sophisten hüten, die uns alles Mögliche einreden. Die Klugheit wird vor allem verhindern, daß das Ziel des Handelns einseitig aus einer verengten Perspektive festgelegt wird und daß das Streben nach Sinnerfüllung sich nicht von trügerischen und kurzfristigen Sinnvorstellungen leiten läßt. Der Mensch ist ja weder der homo oeconomicus noch

---

[28] *Lübbe,* H.: Selbstbestimmung. Moralische Konsequenzen eines modernen Anspruchs, in: VCL – Die Österreichische höhere Schule. Heft 3, 49, Jahrgang 1997, 2.

[29] *Pieper,* J.: Das Viergespann, Herder, München, 1964, 20.

der homo politicus oder physicus oder mathematicus, sondern ein personales Wesen, dessen Würde alle partikulären Perspektiven in eine Ganzheit integriert.

Daß *Gerechtigkeit* viel mit Geld zu tun hat, wird niemand in Abrede stellen. Meistens führt ein Mangel an Mäßigkeit zur Zügellosigkeit und auch zum Verstoß gegen die Gerechtigkeit. Sie fordert, daß die verfügbaren Ressourcen so verteilt werden, daß niemand seines rechtmäßigen Anteiles beraubt wird, was dann der Fall wäre, wenn die Verteilung nicht durch einen von Mäßigkeit, Verantwortungsbewußtsein und Solidarität moderierten Ausgleich von eigensüchtigen Interessen erfolgen würde. Die These, daß es ohne Maßhalten, ohne Bereitschaft mit anderen zu teilen, keine Gerechtigkeit geben kann, ist ganz offensichtlich.

Aber auch *Tapferkeit* ist in diesem Zusammenhang gefordert, um gegen Verführungen des Zeitgeistes standzuhalten, z.B. um der immer wieder auftretenden Möglichkeit eines höchst einträglichen „Trittbrettfahrer"-Verhaltens zu widerstehen. Sie ist auch gefordert, um den ständigen Verlockungen des Geldes, die das Geld zum Ziel machen möchten, zu widerstehen.

8. Zusammenfassung

Es war das Anliegen dieses Beitrages zu zeigen, daß der Umgang mit Geld eine ethische Herausforderung für den Menschen darstellt, und daß die naive Auffassung der ethischen Neutralität des Geldes deswegen gefährlich ist, weil es ihn in einer trügerischen Illusion der Freiheit und der sittlichen Richtigkeit verweilen läßt. Um mit Geld umzugehen wird aber nicht eine andere Ethik benötigt. Die Ethik des Geldes kommt mit den allgemeinen Prinzipien der Sittlichkeit aus und die Tugenden, die zum Guten führen, genügen ihr vollkommen. Aus diesen Tugenden können jene Maximen des persönlichen Verhaltens gewonnen werden, die zur richtigen Anwendung der oben erwähnten goldenen Regel führen. Als praktischen Abschluß dieser Ausführungen wird zur Illustration eine Liste von 10 Maximen angefügt. Man könnte sie auch anders formulieren, man könnte auch mehr oder weniger Maximen daraus machen. Ihre Ableitung und Erläuterung würde jedoch den Rahmen dieser Arbeit sprengen.

Zehn praktische Maximen der Sittlichkeit im Umgang mit Geld

1. Übe ständig in allem zumindest ein klein wenig Verzicht, damit dein Besitz nicht von dir Besitz ergreift!
2. Strebe kein leicht verdientes Geld direkt an!
3. Zahle immer pünktlich und in vollem Ausmaß deine Schulden und die gerechten Steuern!

4. Mache keine Geschäfte mit der Wahrheit: Kaufe und verkaufe sie nicht, denn sie soll über jeden Preis erhaben sein!
5. Verrichte mit einem Teil deines eigenen Geldes Werke der Barmherzigkeit, auch wenn der absolute Betrag, den du dafür verwenden kannst, sehr klein ist!
6. Ziehe keinen Profit aus der Not anderer!
7. Achte darauf, daß dein Umgang mit Geld weder Konflikte noch Zwietracht schafft oder gar Feindschaften entstehen läßt; stelle das Geld in den Dienst der geordneten Nächstenliebe!
8. Bemühe dich ernsthaft, Probleme der zwischenmenschlichen Beziehungen ohne oder nur mit wenig Geld zu lösen, auch wenn du viel Geld hast!
9. Enthalte dich des Luxus' in deinem persönlichen Lebensstil, unabhängig davon, wer dafür aufkommt!
10. Schaffe dir nicht leichtfertig neue Bedürfnisse!

Literatur

Binswanger, H. Ch. (1991): Geld & Natur, Stuttgart.

Born, K. E. (1994): Die ethische Beurteilung des Geldwesens im Wandel der Geschichte, in: Hesse, H./Issing, O. (Hrsg.) Geld und Moral, München.

Frankl, V. E. (1991): Der Wille zum Sinn, München.

Habermas, J. (1975): Theorie des kommunikativen Handelns, Frankfurt.

Lübbe, H.: Selbstbestimmung. Moralische Konsequenzen eines modernen Anspruchs, in: VCL – Die Österreichische höhere Schule. Heft 3, 49, Jahrgang 1997.

– (1992): Im Zug der Zeit. Verkürzter Aufenthalt in der Gegenwart, Berlin.

Luhmann, N. (1989): Die Wirtschaft der Gesellschaft, Frankfurt.

Macintyre, A. (1987): Der Verlust der Tugend, Campus, Frankfurt.

Maquard, O.: Zeit und Endlichkeit. Gedanken über die temporale Entzweiung des Lebens. Information Philosophie 5/1992.

Mathieu, V. (1990): Filosofía del Dinero, Madrid.

Needlmann, J. (1993): Geld und Sinn des Lebens, Frankfurt.

Pieper, J. (1964): Das Viergespann, Herder, München.

Polo, L. (1991): Quien es el hombre, Madrid.

Prat, E. (1995): Ökonomische und nicht-ökonomische Faktoren der ökologischen Krise, in: E. Prat (Hrsg.), „Kurswechsel oder Untergang“, Frankfurt.

Simmel, G. (1907): Philosophie des Geldes, Leipzig.

Stadermann, H. J.(1994): Geldwirtschaft und Geldpolitik, Wiesbaden.

Stadermann, H. J./*Steiger,* O. (1993): Der Stand und die nächste Zukunft der Geldforschung, Berlin.

Familienunternehmen als Säulen der freien Gesellschaft

Johannes Michael Schnarrer

1. Hinführung zum Thema

Erfolgreiche Familienunternehmen stehen heute vor ganz neuen Herausforderungen, durch den sozialen Wandel, durch globalisierte Märkte, durch politische Veränderungen (z.B. Fall des Eisernen Vorhangs), durch eine technologische Wende (z.B. verstärkte Computerisierung und ökologische Dynamik mit hoher Geschwindigkeit (z.B. stets neue Umweltauflagen für Unternehmen).[1]

Inzwischen hat jedes Mitgliedsland der Europäischen Union[2] ihr eigenes Beschäftigungsprogramm, eine Art Aktionsplan, um die hohe Zahl von Arbeitslosen[3] zu senken, die jeweiligen Wirtschaftsstandorte zu beleben und attraktiver zu machen, zusätzliche Beschäftigungsmöglichkeiten zu schaffen und ebenso die Chancengleichheit von Frauen und Männern zu fördern.[4] Perspektiven, Spielräume und Realisierungsmöglichkeiten werden dabei in den Blick genommen.[5]

In dieser Situation kommt denjenigen Unternehmen eine positive Schlüsselstellung zu, die hier innovativ und marktorientiert sowie flexibel auf die neuen Erfordernisse reagieren. Handwerk und Gewerbe ebenso wie kleine und mittlere Unternehmen (KMU) sind dabei, als Säulen des relativ bestfunktionierenden Systems „Soziale Marktwirtschaft" angesprochen zu werden, wenn es um Innovation, Schaffung neuer Stellen, schnelle Reaktion auf Marktbedürfnisse und Umstrukturierungen geht.

Gegenüber Großunternehmen haben kleine und mittelständische Betriebe den Vorteil der Überschaubarkeit, des persönlichen Kontaktes von Unternehmern/Arbeitgebern und Angestellten/Arbeitern, was sich bei auftretenden Pro-

---

[1] Dabei wird die Veränderung als solche nicht nur als Grundelement des nachmodernen Menschen erfaßt, sondern geradezu Postulat unserer Zeit.

[2] *H. Schneider:* Leitbilder der Europapolitik. Bonn 1977.

[3] *A. Stiassny:* Persistente Arbeitslosigkeit. Frankfurt a.M. u.a. 1998.

[4] Bundeszentrale für Politische Bildung (Hg.): Politische Zeitschrift Nr. 95. Bonn, September 1998; Thema der Ausgabe: „Die Welt der Arbeit von morgen".

[5] *H. Pribyl:* Interessenverfolgung und Interessenausgleich am Beispiel des europäischen Integrationsprozesses. Wien 1995. Vor allem: 147–150.

blemen sehr günstig, im Sinne schneller und unbürokratischer Lösung der Spannungen oder Schwierigkeiten, auf das Leistungsergebnis auswirkt. Der nur sehr behäbig auf aktuelle Nachfrage[6] reagierende Großbetrieb mag zwar eine größere Effizienz, einen höheren Produktausstoß und einen rationelleren Umgang mit den Ressourcen ermöglichen, aber er hat auch Nachteile, die nicht unwesentlich sind.

Grundpotential eines kleineren oder mittleren Familienbetriebes ist die funktionierende Abstimmung der Glieder der kleinsten Kernzelle der Gesellschaft.[7] Aus diesem Grund wird der nächste Punkt zunächst die Probleme des aktuellen Bildes der Familie ausführlich zu behandeln haben.

2. Das Familienbild in der Nachmoderne

Das Familienbild in der Gesellschaft und im Familienunternehmen müssen zwangsläufig korrelieren. Kleine und mittelständische Betriebe in Handwerk und Gewerbe sind oft Familienunternehmen. Aus diesem Grund sind zunächst einige Anmerkungen zum Bild der Familie zu machen.[8]

Wenn die Pessimisten und die Parteiprogramme liberaler, grüner oder sozialdemokratischer Couleur recht hätten, dann würde es die Familie als heterosexuelle Partnerschaft und Lebensgemeinschaft, die auf Liebe und Dauer angelegt ist, nicht mehr lange geben, denn dieser Meinung gemäß sei die Familie vom Aussterben bedroht, so wie es vor Jahrtausenden plötzlich die Dinosaurier nicht mehr gab. Nicht ganz unberechtigt wird bemerkt, daß in den heutigen nachmodernen Gesellschaften die Institutionen Ehe und Familie durch konkrete Verfallserscheinungen betroffen seien. Die Folgen sind hinlänglich bekannt: starke Geburtenrückgänge in den Industriestaaten der Welt (oft wird nicht einmal mehr die Reproduktionsrate erreicht, was einem Schrumpfen der Bevölkerungszahlen gleichkommt), die Trennung des Geschlechtsaktes von der Zeugung eines Kindes (Anti-Baby-Pillen), Vermeidung der Fortpflanzung aus materiellen Gründen (größere Ungebundenheit, höhere Lebensqualität, Auto, die jährliche Ferienreise ... all diese in sich nicht schlechten Dinge werden als unverzichtbare Werte angesehen). Aber schon jetzt ist zu bemerken, daß z.B. die Fristenlösung zum Dammbruch bezüglich des menschlichen Lebens geführt hat, denn nicht mehr

---

[6] *W. Roepke:* Jenseits von Angebot und Nachfrage. Erlenbach, Zürich 1958.

[7] *F. Furger* spricht bezüglich der Familie und ihrer Funktionalität von der „mitmenschlichen Kerngruppe" der Gesellschaft. Vgl. *ders.:* Ethik der Lebensbereiche. 2. Aufl. Freiburg/Basel/Wien 1988, 179–186.

[8] *J. M. Schnarrer:* Art. „Die Geburt: Das Wunder neuen Lebens und der Beginn von Familienpolitik: Ehe und eheähnliche Gemeinschaftsformen angefragt!" In: Dr. Karl Kummer-Institut (Hg.), Gesellschaft und Politik. Nr. 2/98, Juni 1998, 11–19.

nur der Beginn des Lebens wird hinterfragt, sondern auch das Ende dieses erdenhaften Seins. Schon kommen die sog. „Humanisten" und fordern ein Recht auf Sterben in Würde, das in der Gefahr steht, zur beliebigen Konventionsentscheidung degradiert zu werden. Viele Menschen in der Nachmoderne sehen den Gatten oder die Gattin nur noch als eine(n) Lebensabschnittspartner(in) und in der Selbstverwirklichung das wichtigste Prinzip. Wo Opferbereitschaft sinkt, da wird die Gesellschaft „kälter".[9]

Die in der Wirtschaft erwartete Flexibilität ist nicht nur ein Zauberwort der Nachmoderne, sondern hat auch ihre Schattenseiten, denn flexibel sein für die Einzelperson heißt auch, daß sozio-kulturelle Kontexte schnell wieder verloren gehen, weil der Mensch gezwungen ist, an einen anderen Ort zu gehen. Bei aller Befürwortung der Notwendigkeit von Erfahrung an den verschiedensten Orten der Erde bleibt doch die humane Bindefähigkeit – ein Urtrieb unseres Daseins – auf der Strecke. Aber die viel beschworene „wirtschaftliche Notwendigkeit" nimmt dieses anthropologische Defizit in Kauf, geht es doch um ein Mehr an Materiellem, nicht aber um ein Mehr an Humanum![10]

Und so nehmen nicht nur die Konkurse und Insolvenzen, sondern ebenso die Ehescheidungen (zumindest tendenziell) zu. Dabei ist die Ursache in den allermeisten Einzelfällen der Zusammenbruch der Ehe, da die Partner zu wenig Anstrengungen unternehmen, sich gegenseitig um der Familie willen anzupassen; denn dieses Kompromißhafte ist nur unter Opferbereitschaft möglich.

Ähnlich wie in jeder zusammenbrechenden Institution – Betrieb und Familie ähneln sich hier ganz stark – gehen dem völligen Bruch Unstimmigkeit und Auseinandersetzung voraus, die von Entfremdung begleitet werden. Dabei spielen äußere und innere Konflikte zusammen und verdichten sich wie ein Netz, das immer engmaschiger wird, wenn es nicht gelingt, die Probleme zu bewältigen, Durststrecken zu überwinden.[11]

Eine wichtige Rolle in der Ausgestaltung des Familienlebens spielt die Emanzipation der Frau, ihre Berufstätigkeit – meistens schon vor der Eheschließung – mit der Stärkung ihres Selbstwertgefühls, ihr Verlangen nach Verwirklichung und nach gesellschaftlichen Kontakten, die dem eingeengten und auf Hausarbeit konzentrierten Leben innerhalb der Familie eher hinderlich erscheinen. Die Umfrageergebnisse nach dem Wert der Familie sind erstaunlich, denn etwa 90 % aller Befragten zwischen 18 und 24 Jahren wünschen sich

---

[9] *J. Messner:* Art. „Die Familie der Zukunft". In: H.Schambeck (Hg.): Apostolat und Familie. Festschrift für Opilio Kardinal Rossi. Berlin 1980, 351–366.

[10] Vor allem in den lehramtlichen Schriften der katholischen Kirche wird diese Vereinseitigung angeprangert.

[11] In der Wirtschaft können dies Absatzschwierigkeiten sein, in der Ehe sind dies größere Veränderungen der Familiensituation (Arbeitsstellenwechsel eines Gatten, Krisen in der Mitte des Lebens u.a. Grenzsituationen).

eine Familie. Doch hier ist ein Paradigmenwechsel zu verzeichnen: Konnten in den 1960er Jahren noch ca. 75 % durch eine Eheschließung diesen geäußerten Wunsch realisieren, geschieht die Verwirklichung heute nur noch bei etwa 40 %, die anderen bleiben (bewußte) Singles oder leben in hetero- oder homosexuellen Partnerschaften.[12]

Die scheinbar nicht enden wollenden Emanzipations- und Gegenemanzipationswellen bewirken, daß die Partner in der Familie hin- und hergerissen werden. Somit ist die innere Zerrissenheit ein typisches Merkmal unserer Zeit. Wie ist aber beiden Ansprüchen wirklich Genüge zu leisten, wenn man z.B. ein guter Familienvater und ein guter Wissenschafter – oder eine gute Familienmutter und eine gute Wissenschafterin – sein möchte? Beide nehmen eigentlich soviel Zeit und Mühe in Anspruch, daß sie jeweils allein schon einen „full-time-job" ausmachen. Was bleibt, ist der tagtägliche Kompromiß, das Abwägen, ob die Abendveranstaltung, die zu Lasten der Familie geht, auch tatsächlich notwendig und wichtig ist. Oder aber man verbringt diese Zeit mit der Familie und sieht sich am nächsten Tag bei der Dienstbesprechung den Vorwürfen des Vorgesetzten gegenüber, warum man an dieser (möglicherweise) wichtigen Veranstaltung nicht teilgenommen hat.

Die Scheidungsquote hat sich von 1960 bis 1995 verdoppelt. Etwa jedes zweite Ehepaar wird wieder geschieden! Auch das hat mit einem durchgreifenden Wandel im Verständnis von Ehe und Familie zu tun. Die Frauen vergangener Generationen gaben damals ihre beruflichen Hoffnungen auf, heute dagegen halten sie an ihren persönlichen Hoffnungen fest und geben dafür vielfach eher die Ehe auf. Damit wird die sog. „moderne Ehe" zu einer Art Bündnis auf Abruf, zu einem zeitlich begrenzten Qualitätserlebnis, das man verläßt, sobald Konflikte und Probleme auftauchen, die man nicht bewältigen kann oder möchte. Dabei ist die Toleranzschwelle gegenüber eigenen Schwächen stark gewachsen, gegenüber dem Fehlverhalten anderer aber gesunken. Somit ist das Ende der „Pragmatisierung" der Ehe erreicht. Und schon tauchen Meinungen auf, daß die Scheidungen auch viel Positives hätten. Denn die Erwartungen an

[12] Zwar sinken die Zahlen der Eheschließungen und der Geburten, aber die Familie hat nach wie vor ein gutes Image. „Der Untergang der Familie in Europa ist nicht in Sicht. Gerade in Gesellschaften, die den Menschen in der Arbeit, der Freizeit, in der Bildung, im medialen Bereich ein hohes Maß an physischer und geistiger Mobilität zumuten, ist zum Ausgleich der Wunsch nach Stabilität vorhersehbar." (*P. M. Zulehner/H. Denz:* Wie Europa lebt und glaubt. Düsseldorf 1993, 245). Die Gemeinschaft der Familie tritt in Konkurrenz zum Single-Dasein. Und dennoch ist für die nächsten Dekaden zu prognostizieren: Obwohl sich die Menschen in den vor uns liegenden Jahren immer mehr finanziell einen eigenen Haushalt werden leisten können (trotz der Sparpakete!), scheint doch die Zukunft nicht in den Single-Haushalten zu liegen. In der Hierarchie der Wertprioritäten sieht es bei der genannten Geburtskohorte folgendermaßen aus: 1. Familie, 2. Arbeit, 3. Freizeit/Urlaub. Allerdings heiraten dann im späteren Leben wesentlich weniger als früher.

die Ehe und an den Partner sind oft so idyllisch, romantisch, perfektionistisch und überzogen, daß man dann lieber wieder den/die Partner(in) aufgibt als die Idee des glücklichen Lebens in einer Ehe.

In unserer Zeitkultur ist die Beziehung zwischen Eltern und Kindern resistenter und dauerhafter geworden als die Partnerschaft. Prinzipiell bewegt sich die Gesellschaft zwar kaum auf eine Single-Haushalt-Gemeinschaft[13] hin, aber auch hier wird das Merkmal der Nachmoderne besonders sichtbar: Anerkennung der Methodenvielfalt – und nicht deren Verurteilung, wie es früher der Fall gewesen ist.[14] Damit sind Ehe und lebenslange Partnerschaft nicht mehr durchgehend und als absolute Größen und einzig akzeptiert bestimmbare und praktizierte Muster in der Gesellschaft festzustellen. Dennoch ist und bleibt die Familie Basishort der an den Nachwuchs zu vermittelnden Nestwärme, ebenso Grundlage für ein gut geführtes Wirtschaftsunternehmen. Besonders der Medizin und dem Sozialstaat ist es zu verdanken, daß die Menschen heute zu einer Art „sicheren Lebenszeit" gekommen sind.[15]

Damit ist festzuhalten, daß sich die Gesellschaft auch weiterhin wandeln wird – und nicht nur die Spuren der traditionellen Familie verfolgt. Wie ist da eine Entwicklung möglich, wenn sogar der Nachwuchs inzwischen unter der eigenen Reproduktionsmarke liegt (es sterben also mehr Menschen als neue geboren werden!). Die Fertilitätsrate müßte in Österreich bei einem Faktor von etwa 2,1 liegen. Tatsächlich befindet sie sich aber nur bei 1,3! Den Schrumpfungsprozeß verwischen aber einige Tatsachen: die immer älter werdenden Menschen und die wachsende Zuzugsrate von Ausländern (bzw. die viel größere Geburten- und Kinderfreundlichkeit der Menschen aus muslimisch geprägten Ländern[16], die in Österreich leben).

Bisher wurden vor allem äußere Bestimmungsfaktoren des Wandlungspotentials der Familie ins Wort gehoben. Was wandelt sich aber nun *innerhalb* der Familie? Entsprechend weitgehend übereinstimmender Befunde in Europa tendiert die Familie von einer Gemeinschaft der Werte und Erziehung weg. Sie wird auf der einen Seite immer mehr zu einer Einrichtung der gestiegenen Be-

---

[13] Bei allen Bedenken gegenüber den Ein-Eltern-Haushalten ist doch generell feststellbar, daß die meisten Menschen in den Ländern der nördlichen Hemisphäre zumindestens phasenweise in ihrem Leben alleinstehend sind. Und das sog. Alleinleben ist gesellschaftlich weithin anerkannt. Viele bleiben ungewollt Singles oder im späteren Leben kann der Partner früher sterben, wodurch oftmals noch Witwen oder Witwer 20 oder 30 Jahre länger leben als ihre Ehepartner.

[14] *E. Thiemer:* Art. „Die Zeit der Alten – Senioren im Kommen". In: Die Furche. Nr. 1/7. Jänner 1999, 1, 13–15.

[15] Dies zeigt sich auch in der Diskussion, ob und wie die Renten und Pensionen zu gestalten sind, werden doch die Menschen in der sog. Ersten Welt durchschnittlich immer älter.

[16] *S. u. N. Ronart* (Hg.): Lexikon der Arabischen Welt. München/Zürich 1972.

dürfnisse und erlangt damit das Image einer Dienstleistung, die sich im „Alltagsmanagement“ äußert. Das andere Identifikationsmerkmal der Familie ist der permanent wachsende Freizeitbereich. So werben heute Prospekte für einen gelungenen Familienurlaub, der auch noch den Anspruch erhebt, ein Gemeinschaftserlebnis zu vermitteln: die Mutter geht ins Fitneßstudie, der Vater spielt Tischtennis, und die Kinder gehen in die Animationsgruppe oder zu den Computerspielen. Wo bleibt da aber das Gemeinschaftserlebnis?[17]

Prinzipiell ist zu sagen, daß dort, wo das Familienleben gut gedeiht, auch gleichzeitig die Gesellschaft gut gedeiht, weil die Familie die Kernzelle der Gesellschaft ist. Sucht man nach einer Definition der Familie, dann ist feststellbar, daß es keine einheitliche Begrifflichkeit dafür gibt. Dabei haben wohl die Politiker, Soziologen, Theologen, Philosophen, Ökonomen und Pädagogen sehr unterschiedliche Vorstellungen von dem, was eine Familie ausmacht. Außerdem sind die Unterschiede in der pluralistischen Gesellschaft doch sehr groß – bezüglich der kulturellen, gesellschaftlichen, religiösen und sozialen Verwirklichung dessen, was eine „gute Familie“ ausmacht.[18] Aus diesem Grund tun sich dann die Wissenschafter und Vertreter des öffentlichen Lebens viel leichter, nur die Funktionen und Aufgabenbereiche einer Familie zu umreißen, weil diese auch auf „Single-Parent-Families“ ebenso wie auf Stämme, die am Amazonas leben, zutreffen.[19]

---

[17] *J. Splett:* Lernziel Menschlichkeit. 2. Aufl. Frankfurt/M. 1981.

[18] *B. Sutor:* Politische Ethik. Paderborn/München/Wien/Zürich 1991, 240–250. Ethisch gesehen geht es vor allem um die gegenseitige Ergänzung von Individual- und Sozialethik. Die Verbesserung der strukturellen Konditionen für Familien ändert nicht automatisch die Wertpräferenzen und Motive der Personen. Aber die Menschen beziehen – bewußt oder unbewußt – veränderte sozio-kulturelle Umweltbedingungen für die Familien in ihren Entscheidungshorizont ein. Familienpolitik müsse nach Sutor nüchtern ihre Grenzen sehen und trotzdem einen höheren Stellenwert gewinnen als bisher. Darüber hinaus bleibt für die gesellschaftlichen Kräfte, das gilt auch für die Kirchen, das weite Feld der Beeinflussung der Kultur, der Mentalitäten, der Wertorientierungen und der Aufstellung günstiger Rahmenbedingungen, damit jeder nach seiner Fasson das individuelle Glück finde, aber stets unter dem Paradigma des je größeren Gemeinwohls. Deshalb ergibt sich aber auch ein weiteres Postulat, wonach der Anhänger einer christlichen Gesellschaftslehre sehr sorgsam unterscheiden sollte, welche Art Familienpolitik er von einem freiheitlichen Rechtsstaat der pluralistischen Gesellschaft einfordert und welche Vorstellung er selbst vom Bild einer gelungenen Familiengemeinschaft vertritt und lebt, um unabhängig von der Gesellschaft praktisch zu vollziehen, was er in der Theorie einklagt! Denn in jedem Zeitalter gilt: Politisch-rechtliche Toleranz ist sehr wohl mit einer klaren eigenen Position nicht nur vereinbar, sondern regelrecht notwendig und ausdrücklich wünschenswert. – Das ist ein ethischer Grundanspruch.

[19] Dazu sei auf einen substantiellen Beitrag hingewiesen: Art. „Ehe und Familie“. In: *A. Hertz* et al. (Hg.): Handbuch der christlichen Ethik. Band II, 2. Aufl. Freiburg/Basel/Wien/Gütersloh 1979; Zweiter Teil dieses Bandes: 117-214. Folgende Verfasser tragen an dieser Stelle Beiträge vor: F. Böckle, S. Keil, J. Gründel, H. Ringeling und D. Fassnacht.

Dieser Begriff der Familie ist gekennzeichnet vom Wandel der Kernzelle durch äußere und innere Veränderungen der Wertpräferenzen. In der jüngeren Entwicklungsgeschichte der Familie ist die Tendenz konstatierbar, daß in den Industrieländern ein wichtiger Gestaltwandel der Familie anzutreffen ist: von der Großfamilie zur Kleinfamilie. Konnten und mußten mehrere Generationen vor einigen Dekaden noch unter einem Dach wohnen, hat sich das Bild bis heute drastisch geändert. Immer mehr Menschen wohnen allein, gewollt oder ungewollt. Dieser Trend setzt sich offensichtlich weiter fort. Die Familie hat einen Funktionsverlust und einen Funktionswandel zu beklagen, obwohl die Sehnsucht nach Familie nach wie vor groß ist, denn eine beliebige Partnerschaft kann kaum die Verbindlichkeit, die Nestwärme und die Intimität, die Vertrautheit einer Familie ersetzen. Ganz im Gegenteil, dem Konzept der Familie dürfte künftig noch mehr Gewicht zukommen, weil die Beziehungen und Abhängigkeiten der Einzelpersonen in der nachindustriellen Informations- und Mediengesellschaft neue Zugänge zu den Eigenwerten verlangen. Und diese Eigenwerte vermittelt primär die Familie.[20]

Wenn heute von einer Krise in Ehe und Familie gesprochen wird, dann wohl auch deshalb, weil sich der Leistungsdruck auf alle Glieder der Familie erhöht hat. Hausfrauen wird weithin noch immer die notwendige Anerkennung verweigert, weil der soziale Status eines Menschen nach wie vor über seine Arbeit definiert wird. Da Hausarbeit zwar notwendig, aber weithin finanziell nicht entlohnt wird, leiden viele Mütter unter dieser Nichtanerkennung. Außerdem bildet die Karenz einen wichtigen Einschnitt im Berufsleben (bisher noch immer meistens von Frauen in Anspruch genommen). Denn die Zeit der Weiterentwicklung in Wissenschaft und Technik fordert ein Tempo der (Weiter- und Aus-)Bildung, das anthropologisch kaum noch nachvollziehbar ist. Die Verlierer sind wieder die Frauen, die die wichtigen, aber von der Gesellschaft kaum honorierten Leistungen erbringen. Von daher ist die Initiative, die die Väter stärker in die Verantwortung zum Gelingen des Familienlebens einbezieht, ein echtes Postulat der Stunde.

Gegen den Trend der verstärkten Individualisierung kämpfen deshalb Menschen, die die Kernzelle der Gesellschaft, die Familie, als Priorität ansehen.[21] Viele Menschen in unserer nachmodernen Zeit orientieren sich eher an der individuellen Selbstverwirklichung sowie dem persönlichen Genuß, ohne dafür Verantwortung übernehmen zu wollen. Auf längere Sicht bedeutet das aber die

[20] *H. Schattovits:* Art. „Familie zwischen Sehnsucht und Alltag“. In: Dr. Karl Kummer-Institut (Hg.): Gesellschaft und Politik, Nr. 3/94, 31-40.

[21] Das ist vor allem auch ein Anliegen der sog. Kommunitaristen, die die Gemeinschaft stärken wollen, denn der Mensch fühlt sich wohler, lebt länger und ist optimistischer, wenn er die Gemeinschaft eines anderen Menschen permanent und existentiell erfährt.

Gefährdung basishafter Werte wie der Treue, der Stabilität, der wahren Liebe. All das führt zu einer Aushöhlung der Gesellschaft, weil der gesunde Kern krankt. Das Ergebnis ist heute bereits in den Schulen und an der steigenden Kinder- und Jugendkriminalität zu sehen. Wo Familien nicht mehr intakt sind, dort entstehen nicht selten „verhaltensauffällige und exzentrische, gemeinschaftsentwöhnte“ Kinder. Aber die Kinder sind die Zukunft der Gesellschaft.

Die Familie ist eine Einrichtung der Schöpfungsordnung, sagen Christgläubige. Und so findet die Familie im Heilsplan Gottes ihre Sendung und ihre Aufgabe. Letztere besteht nach christlicher Überzeugung darin, die Bildung einer Gemeinschaft von Personen zu sein, den Dienst am Leben zu praktizieren und die Teilnahme an der Entwicklung der Gesellschaft und am Wirken der Kirche mitzugestalten. Grundbaustein der Familie und generell jeder Partnerschaft ist die Liebe. Die Familie ist in lebendiger organischer Weise mit der Gesellschaft verbunden. In der christlichen Familie wachsen ja die Bürger heran, und das ist ihre erste Schule für jene sozialen Tugenden, die das Leben und die Entwicklung der Gesellschaft von innen her tragen und gestalten (*Familiaris consortio* Nr. 42). Damit besteht die soziale Funktion der Familie in der Humanisierung und Personalisierung der Gesellschaft. Die Familie vermittelt Tugenden, die zur Gestaltung eines würdigen personalen Daseins führen und damit gleichzeitig dem Gemeinwohl dienen. Damit leistet die Familie einen Beitrag für die Gesellschaft, der aus anderen Quellen nicht bezogen werden kann, denn sie vermittelt als erste Institution die Erziehung und basishafte Rechtselemente (was sich in Loben und Tadeln gegenüber dem Kleinkind kundtut). So vermittelt die Familie die humanen Werte, auf denen der Frieden und die gemeinsame Leistung aufgebaut ist: die Wahrheit, die Gerechtigkeit, die Freiheit und die Liebe. Das mag idealtypisch klingen, aber diese sind anzustrebende positive Werte, die – je früher sie gelernt und vollzogen werden – auch im späteren Leben (sich selbst und den anderen gegenüber) dienlich sind.[22]

---

[22] *R. Espenschied:* Emotionen. München/Basel 1984, 72f. Natürlicherweise ist der ererbte Apparat stets den Einflüssen der aktuellen Situation ausgesetzt. Erinnert sei daran, wie die Spinne ihr Netz adaptiv moduliert. In freier Natur agiert der Organismus wahrscheinlich flexibler als es im Laborexperiment geschieht. Doch auch schon dort variieren die Erbkoordinationen in einer gewissen Streubreite. Zwar unterstehen die triebhaftesten Vorgänge des Geschlechtslebens einer natürlichen Gesetzlichkeit, und dennoch fluktuieren sie – je nach aktueller Stimmungssphäre – so unterschiedlich.

Am Individuum läßt sich der aktuelle Modus des Verhaltens treffender beurteilen, wenn man den ererbten Habitus kennt. Wenn mir z.B. gestern die überaus melodische Sprechweise eines Reisegenossen aufgefallen war und ich heute dieselbe Melodie bei seinem Bruder, seiner Schwester höre, so werde ich nun die situative Bewegtheit dieser Stimme anders bewerten, nicht mehr so dem aktuellen Augenblick verbunden, wie gestern vermutet. Jetzt erst kenne ich sozusagen „sein Fleisch“, sein „Blut“. Das Sprichwort, welches meint, den Vater erkenne man am Kind, verweist auf Vergleichsstufen, die wir alle im Alltag benutzen. Diese Familienbeobachtungen sind äußerst wertvoll,

Die Menschen sind früher wie heute verwiesen, mit viel Engagement, Aufwand und Klarifizierung der eigenen Wertpräferenzen hinzuhören, was sie selbst möchten und wenn notwendig, neue Sozialformen zu schaffen, die aber die menschlichen Grundwerte adäquat berücksichtigen und nicht in Beliebigkeit enden lassen. In diesen Formen sollte sich der Mensch selbst zunächst einmal finden, um dann auch zur Problembewältigung, zu einer gewissen Harmonie und Streitfähigkeit zu gelangen, die niemanden als Verlierer vom Feld der Auseinandersetzung gehen läßt. Denn wenn eine Ehe oder eine Lebensgemeinschaft zerbricht, dann trifft es vor allem auch die Kinder. Und nur im gesunden Kompromiß können die Partner über sich hinauswachsen, um mehr zu sein als zwei oder drei Einzelelemente.[23] Damit wäre das Ziel einer guten Familie erreicht. Andererseits können alle Unterstützungen von außen (staatliche, gesellschaftliche oder verwandtschaftliche) Maßnahmen nicht helfen, wenn der gute Wille bei den Partnern fehlt. Dabei werden aber Scheitern, Irrwege, bewußte Reflexion, Beziehungsbrüche und Neuanfänge, (religiöse, materielle und geistige) Unterstützungen von außen und das innere Überdenken der eigenen Grundhaltungen auf eine Kultur hinführen, die zu einem gewandelten Verständnis in der „nachfamiliaren Familien-Gemeinschaft" beitragen.

Noch intensiver ist die Beziehung der Familienmitglieder untereinander, wenn es sich um ein gemeinsames Unternehmen handelt. Denn dort werden die ererbten und erlernten Eigenschaften in einer intensiveren Form zu leben sein, als in einer Familie, wo jedes Mitglied einem ganz anderen Beruf nachgeht. Dieses gegenseitige Aufeinanderangewiesensein bringt nicht nur mehr Kontaktpunkte der Partner und Generationen im neutralen Sinne des Umgangs miteinander, sondern ebenso ist damit auch ein größeres Spannungspotential verbunden.

3. Die Funktionalität von Wirtschaftsordnung und Unternehmertum

Unser nachmodernes Zeitalter ist durch eine verstärkte Diskussion zum Thema der Ordnungspolitik geprägt. Der nach dem Zweiten Weltkrieg stärker

---

denn sie offenbaren einiges über die Veranlagung eines Menschen, über die habituelle Norm, mit der er lebenslang leben muß.

Der Mensch erwirbt im Laufe seines Lebens „Manieren" und gewinnt dadurch an Unbefangenheit. Freiheit und Festigkeit bedingen einander, so paradox das klingt. Durch stabile Fertigkeiten einen größeren Freiheitsgrad zu erlangen, heißt zu reifen.

[23] Der Kompromiß ist aber nicht nur ein familiäres Element, sondern ebenso auf der gesellschaftlichen und politischen Ebene sehr wichtig. Zum Kompromiß auf politischer Ebene vergleiche: *J. M. Schnarrer:* Art. „Vom Wert des politischen Kompromisses". In: Ludwig-Erhard-Gesellschaft (Hg.), Orientierungen zur Wirtschafts- und Gesellschaftspolitik. Nr. 77, Bonn, September 1998, 85.

hervorgetretene Dirigismus mußte auch in der Ökonomie seine Auswirkungen zeigen. Und wirtschaftliche Rückschläge in vielen westlichen Industrieländern nach einigen Dekaden des steten Aufschwungs lassen in den letzten Jahren wieder die Frage nach der adäquaten und gerechten Wirtschaftsordnung hervortreten.

Zur Überwindung der kriegsbedingten Problemfelder wurde in einigen europäischen Staaten ökonomischer Kurs auf die Soziale Marktwirtschaft genommen. Deutschland und Österreich nahmen dabei eine Vorreiterrolle ein. Eine Gruppe von deutschen Wirtschaftswissenschaftern, Politikern sowie Ethikern, die der Christlich Demokratischen Union Deutschlands (CDU) nahestanden, entwickelte die Marktwirtschaft zu einem System mit sozialen Elementen.[24] Einerseits basiert dieses ökonomische Konzept auf den Zielen, die durch die Bedürfnisse der menschlichen Person konstituiert werden und gleichzeitig ihrer eigenen Verantwortung gerecht werden sollen. Dieses Konzept erlaubt dem Staat, als oberleitende, korrektive, sichernde und die Aufgaben verteilende Instanz aufzutreten. Andererseits ist das Konzept grundgelegt auf der Erreichung der Ziele der Gemeinschaft und am Schutz des Individuums. Daraus ergibt sich die Rolle des Staates, der dominierend und interventionistisch dann eingreift, wenn das Gleichgewicht gestört ist.[25] Fünf Punkte und Prinzipien, die den Erfolg des Systems darstellen, sind hier aufzuführen:

1. Garantie eines gerechten Konkurrenzkampfes durch den Gesetzgeber,
2. Verteilung anstelle von Machtkonzentration,
3. Sozial- und Tarifpartnerschaft anstelle von Klassenkampf,
4. Freiheit und Gerechtigkeit durch Etablierung des Prinzips der Subsidiarität als Ordnungsprinzip einer Gesellschaft, die auf der Grundlage der Solidarität basiert,
5. Weitgestreute Verteilung von Eigentum durch die Formierung des Aktivvermögens in den Händen der Arbeitnehmer und Angestellten.[26]

Dieses Konzept war so erfolgreich, daß es selbst von der Sozialdemokratischen Partei übernommen wurde. In der Alpenrepublik Österreich war es der sog. Raab-Kamitz-Kurs, der die Überwindung des Dirigismus in der Nachkriegszeit ermöglichen sollte.

---

[24] Zu ihnen gehörten, um nur einige zu nennen: Wirtschaftsminister Ludwig Erhard („Vater des deutschen Wirtschaftswunders"), Walter Eucken, Franz Böhm, Alexander Rüstow und Alfred Müller-Armack.

[25] Konrad Adenauer Stiftung (Hg.): Christliche Demokratie in Deutschland: St. Augustin bei Bonn 1978 (Politische Akademie Eichholz, Melle), 254.

[26] *K. H. Peschke:* Social Economy in the Light of Christian Faith. Trier 1991, 27 (Anm. 45). Sowie: *J. M. Schnarrer*, Market, morality and marginalization. Cambridge, Mass. 1994.

In unserem Zeitalter stellt sich die Frage nach der Wirtschaftsordnung unter Berücksichtigung neuer politischer Konstellationen wiederum verändert. Der Fall des Eisernen Vorhangs und das Zusammenwachsen der Europäischen Union sind die auf unserem Kontinent wohl wichtigsten Einschnitte des letzten Jahrzehnts. Aus der veränderten Lage ergeben sich neue Herausforderungen für die Unternehmen und den Staat: Öffnung der Märkte – verstärkte Konkurrenz und Absatzmöglichkeiten, Zunahme der Arbeitslosigkeit, Diskussionen um die Steuerpolitik, weitreichende Staatsverschuldung sowie die Notwendigkeit längerfristiger Planung und nachhaltiger Wirtschafts- und Sozialpolitik lassen den Ruf nach einem Überdenken der bisherigen Strukturen immer lauter werden; denn unzweideutige Ordnungsgrundsätze in der Volkswirtschaft werden immer notwendiger.

Vor allem darum muß es gehen, zumal in Wirtschaftsgesellschaften, in welchen zu wenig leistungsorientierte Anreize vorhanden sind, die Motivationsstrukturen so auszubauen, daß Gewinne und Erfolgsstreben ermöglicht und sich lohnen werden. Die Argumentation verkürzend ist deshalb zu sagen, daß die Volkswirtschaft, welche die benannten Schwierigkeiten lösen soll, möglichst viele, gute, Werte verwirklichende und dynamische Unternehmer braucht. Damit sich diese Unternehmer entfalten können, brauchen sie Handlungsspielraum, den sie mit ihrer Kreativität ausfüllen sollen. In den Ländern der Transformationsdemokratien des ehemaligen Ostblocks ist es genau dieser fehlende Spielraum gewesen, der die dirigistische und interventionistische Politik von diktatorischen Eliten zwar einerseits unterstützte, aber andererseits die Wirtschaft zugrunde richtete – und letztlich auch das sozialistisch-bolschewistische System mit zum Einsturz brachte!

Das Gewinn- und Erfolgsstreben wird im Grundsatzprogramm der österreichischen Handelskammerorganisation als eine essentielle Antriebsmacht des ökonomischen Verhaltens herausgestellt. Hervorgehoben wird dabei, daß eine Gesellschaft anzustreben sei, in der die humanen Einzelbausteine: Leistung und Initiative, Lernfähigkeit und -willen, Kreativität und Informationsbereitschaft sind. Ein geordneter Wettbewerb (nicht im Sinne des Manchesterkapitalismus) sollte dabei die unternehmerischen Impulse auslösen. Wichtig an diesem Wettbewerb ist, daß er gestaltet wird und diese Wettbewerbspolitik somit zu einem wichtigen Teilbereich einer in die Zukunft denkenden Volkswirtschaft werden kann, wobei Chancengleichheit im Bereich der Start- und Wettbewerbskonditionen einzuräumen ist.[27]

Nicht nur um die ökonomischen Fragen geht es bei dieser aktiven Gestaltung der Wirtschaft, sondern ganz wesentlich auch um die Ordnung der Gesellschaft,

---

[27] Grundsatzprogramm der österreichischen Handelskammerorganisation. Wien 1978; 11f.

denn die Wirtschaftsordnung ist integrativer Bestandteil der Gesellschaftsordnung. Und in dieser Sichtweise kommen ethische Grundanliegen zum Vorschein, die es zu bedenken gilt. Im Wirken einer Vielzahl dynamischer Unternehmen wird die Notwendigkeit deutlich, Zusammenhänge aus Einsichten in die Unternehmerethik abzuleiten. Diese hat der frühere Wiener Sozialphilosoph Johannes Messner († 1984) aufgezeigt und die Interdependenzen zwischen einer freiheitlich-demokratisch orientierten Gesellschaftsordnung und einer ausreichenden Anzahl von dynamischen Unternehmern herausgestellt. Besonders der Leistung der Unternehmer komme im Prozeß der Entwicklung der Gesellschaft große Bedeutung zu, denn vor allem das Wirtschaftswachstum hänge vom Unternehmer und dessen Leistung ab. Dabei sei auf die vielen großen Unternehmerpersönlichkeiten seit der Zeit der Fugger und vieler anderer (seit dem aufbrechenden Frühkapitalismus bis heute) verwiesen. Nicht nur Großunternehmern, sondern ebenso den Eigenunternehmern in kleineren und mittelständischen Unternehmen kommt eine eminente Rolle bei der Erarbeitung des Bruttosozialprodukts zu, „ohne die der Strom der wirtschaftlichen Entwicklung nicht die Breite und den Tiefgang hätte erreichen können, denen das Wirtschaftspotential der modernen freiheitlichen Gesellschaft zu danken ist.“[28]

Im System Messners steht der Eigenunternehmer im Mittelpunkt der Unternehmerethik, denn es ist dieser, welchem seine besondere Wertschätzung gegolten hat, ohne jedoch zu vernachlässigen, welche hervorragende Rolle dem Managertum in der modernen (bzw. nachmodernen) Wirtschaft zukommt. Allerdings lehrt die Erfahrung in den Ostblockstaaten auch, daß Manager innerhalb einer sozialistischen Planwirtschaft, unter der Vorherrschaft des kollektiven Gemeineigentums, gerade nicht in der Lage waren, ihre eigentliche Funktion – nämlich die Deckung des wirtschaftlichen Bedarfs – zu erfüllen. Letztlich geht es darum, dem Privateigentum an Produktionsmitteln und dem Eigenunternehmer als solchem eine positive und entscheidende Bedeutung als gesellschaftlicher Dimension beizumessen, ja sogar eine Prioritätenstellung, wenn optimale Nutzung der Vorgegebenheiten im Bereich der Produktionsbedingungen erlangt werden sollen und wenn damit gleichzeitig wesentliche Voraussetzungen für eine gut funktionierende freiheitliche Wirtschafts- und Gesellschaftsordnung ihre Realisierung erfahren. Gesellschaftliche Interdependenz zwischen Wirtschaftsordnung, deren Gestaltung und konkreter Unternehmerethik, die gerade auch über die Belange des Betriebes hinausgehen, treten hier deutlich in Erscheinung.

Zur Verwirklichung humaner Freiheit gehört – und das gilt nicht nur für den Unternehmer, sondern ganz allgemein – die Möglichkeit, Eigentum zu erwerben. Dieses Faktum gehört zu den existentiellen Lebenszwecken, deren Erfül-

[28] *J. Messner:* Der Eigenunternehmer in Wirtschafts- und Gesellschaftspolitik. Heidelberg 1964, 51f.

lung in mancherlei Hinsicht dann erleichtert wird, wenn das Privateigentum, mit dem ja auch immer das Postulat des verantwortungsvollen Umgangs einhergeht, in ausreichendem Maß erworben werden kann.[29] Damit ist das Privateigentum an Produktionsmitteln und deren Erwerbung conditio sine qua non für die unternehmerische Leistung, ja Grundantriebsfeder für das Agieren als Unternehmer überhaupt. Der Freiheitsraum wird mittels Privateigentum beim einzelnen wesentlich gestärkt und erweitert. Neben den tüchtigen Managern im Großbetrieb benötigt eine funktionsfähige Soziale Marktwirtschaft eine Vielzahl von Eigenunternehmern in allen Wirtschaftsbranchen. Größere und kleinere Betriebe sind dabei nicht nur Konkurrenten, sondern häufig auch interdependente Komplementärfaktoren der Ökonomie.

Jede Wirtschaft benötigt einen Ordnungsrahmen und die Komponente der relativen Freiheit, also Eckpfeiler, innerhalb welcher die Versorgung der Menschen mit knappen Gütern geschieht.[30] Mit diesem Ordnungsrahmen ist nun ein soziales und marktwirschaftliches System verbunden, welches ausreichenden Wettbewerb garantiert, abgesichert wird durch eine sinnvolle Wettbewerbsgesetzgebung, aber auch die Unternehmerinitiative und jene sozialen Absicherungen einschließt, die dem Wesen der sozialen Marktwirtschaft entsprechen. Um eine Weiterentwicklung der ordnungspolitischen Ziele geht es. Neben der Geldwertstabilität, dem wirtschaftlichen Wachstum und der möglichst hohen Beschäftigung (Vollbeschäftigung) gewinnt seit den 1960er Jahren auch das so eminente wirtschaftspolitische Grundziel der Erhaltung des lebenswerten Umfeldes (Ökologie) an Bedeutung, auch im Bewußtsein der Bürger und aufgenommen in die meisten Parteiprogramme in demokratischen Staaten (wie z.B. in Österreich oder Deutschland). Entscheidendes zur Erhaltung der Umwelt kann der Unternehmer beitragen, aber nicht nur aus einem ökonomisch-rationalen Motivationsgrund heraus, sondern durch Gewissensverantwortung und im Langzeitdenken verankert, das für die europäische Unternehmerethik kennzeichnend ist.

Auch gegen jene expansionistischen Bestrebungen der staatlich-bürokratischen Institutionen wendet sich diese Wirtschaftsordnung mit der Basis einer geordneten Freiheit, wobei mit ersteren oftmals die Begrenzung der Unternehmerinitiative verbunden ist. Um einen optimalen Aktionsspielraum bezüglich der Ermöglichung der Unternehmerentscheidungen geht es somit bei dieser Sicht der Unternehmerethik. Beschränkungen der elementaren Grund- und Freiheitsrechte werden heute weithin abgelehnt, wie etwa eine einengende

[29] *J. M. Schnarrer:* Norm und Naturrecht verstehen. Frankfurt/M. u.a. 1999, Punkt 3.

[30] Dies ist vergleichbar mit einem Fußballspiel, wo zwar auch die Regeln festgelegt sind, aber nicht die Spielzüge einer Mannschaft. Die Spielzüge könnten in diesem Bild als die kreativen Handlungen des Unternehmers gesehen werden, unterliegen aber dennoch immer bestimmten, festgelegten Regelmechanismen.

Regulierung der Eintrittsbedingungen für Unternehmerberufe durch eine zu restriktive Handwerks- und Gewerbegesetzgebung, die gemeinwohlwidrig wäre und nur bestimmten Gruppen Vorteile verschaffte. Nicht selten gehen diese Regulierungsmaßnahmen weit über Leistungsprüfungen oder Bedarfsnotwendigkeiten hinaus, weil sich Lobbies gebildet haben, die a priori beschränken möchten, um potentielle Konkurrenz auszuschalten. Fraglos benötigt die Wirtschaftsordnung der relativen Freiheit eine ausreichende Anzahl von mutigen und dynamischen Unternehmern, die wiederum nicht durch restriktive Eintrittskonditionen an der Ausübung ihres für die Region und Gesellschaft so notwendigen Dienstes für das Gemeinwohl behindert oder gar eliminiert werden.

Ein Wirtschaftssystem ist nicht nur nach seinen potentiellen Fähigkeiten, materielle Güter und Dienstleistungen bereitzustellen, zu evaluieren, sondern eben auch – und das ist ganz essentiell – inwieweit es imstande ist, Gerechtigkeit und Freiheit zu realisieren.[31] Neben Alfred Klose betont ebenso Wolfgang Schmitz die „humanitäre Alternative“ einer sozialen Marktwirtschaft als einen Versuch, die innerstaatliche Entwicklungsdynamik an globale Prozesse der marktwirtschaftlichen Ordnungen zu binden – und hält sie für positiv und notwendig.[32] Mit dem Terminus der Wirtschaftsordnung als Verwirklichung der geordneten Freiheit verbindet Johannes Messner die Möglichkeit einer funktionierenden Wettbewerbswirtschaft, die zur Erfüllung des Sozialzwecks der Volkswirtschaft dient, also auch im Dienste des Gemeinwohls steht. Dieser geordnete Wettbewerb garantiert den bestmöglichen Einsatz und die beste Nutzung der ökonomischen Güter und der eingesetzten Arbeitskräfte, die Mobilisierung der Leistungsreserven der am Wirtschaftsprozeß beteiligten Personen und nicht zuletzt der Unternehmer selbst. Und in diesem Sinne synthetisiert sich die Einschätzung des hohen Wertes der unternehmerischen Leistungen aus dem Blickwinkel der Unternehmerethik mit einem konzeptionellen System einer Wirtschaftsordnung der geordneten relativen Freiheit.[33]

Die für alle am Markt Beteiligten günstige Entwicklung tritt durchaus nicht automatisch ein, sondern kommt nur zielgerecht durch die Entscheidungen der jeweils handelnden Wirtschaftssubjekte zum Erfolg, aber der Mensch selbst entscheidet, welches Ziel vorrangig oder längerfristig erreicht werden soll. Den Agierenden, die sich an der Gesamtzielsetzung in der Ordnungspolitik beteiligen, und ebenso diejenigen, die durch ein entschlossenes Auftreten und Handeln am Markt hervortreten, determinieren ihn letztlich. An diesem anthropologischen Blick wird einsichtig, daß das marktwirtschaftliche System eines mit einer auf die Person bezogenen *Verantwortung* ist.

---

[31] *A. Klose:* Unternehmerethik. Linz 1988, 22–24.

[32] *W. Schmitz:* Art. „Die humanitäre Alternative“. In: Die Industrie. Wien 7/83.

[33] *J. Messner:* Das Naturrecht. 7. Aufl. Berlin 1984, 1149–1177.

Ein Wesenselement, mit dem sich die Familienunternehmen wie alle anderen Unternehmen auch täglich auseinanderzusetzen haben, ist der Wettbewerb. Wichtig ist dabei hervorzuheben, daß der Wettbewerb in seiner Sozialfunktion nur dann zum Tragen kommt, wenn er in einer sozialen Verbundenheit vollzogen wird. Und er regelt sich auch innerhalb dieser sozialen Dimension als gesellschaftlicher Wettbewerb und Auftrag an die Partizipierenden. Zur Einhaltung der „Spielregeln" am Markt bedarf es des fairen Umgangs miteinander und des ordnenden Einwirkens vom Staat.[34] Die Eigenverantwortung der Menschen in einer sozialwirtschaftlichen Kooperation wird durch Privateigentum an Produktionsmitteln praktisch verdeutlicht. Auf diese Weise ist ein relativ freier wirtschaftlicher Austausch gegeben, der im Wettbewerb besteht. Durch den Wettbewerb kommt es zur Verbesserung der Tauschbedingungen für die einzelnen Teilnehmer, was sich in besseren und billigeren Gütern auswirken soll. Außerdem wirkt er im psychologischen Sinne stimulierend auf die Einzelkräfte zur sozialwirtschaftlichen Kooperation, hin auf den Fortschritt. Auf die Preise wirkt der Markt ein in Richtung der volkswirtschaftlich vertretbaren und richtigen Kosten und lenkt hin zur Preisgerechtigkeit gemäß dem Kostenprinzip. Und so kann man nach Klärung der Funktionen des Wettbewerbs ihn als das dynamische Geschehen und die natürliche Verfassung der sozialwirtschaftlichen Kooperation innerhalb der (relativ) freien Wirtschaftsgesellschaft, im Dienste des Einzelwohls der Personen als auch im Dienste des je größeren Bonum commune stehend, definieren.[35]

Die gesellschaftliche Ordnung kommt gemäß der sittlichen Natürlichkeit der Personen nicht ohne Regeln, Systeme, Institutionen und den Willen zur Ordnung zustande. Diesen wichtigen Gedanken der Notwendigkeit der *Ordnung* übersah der Ansatz des philosophischen Liberalismus, der von einer natürlichen Interessenharmonie oder gar Automatik auf dem Markt ausging. Der Markt regelt sich nicht selbst, sondern braucht immer die Rückbindung an Regeln! Folgen des philosophischen Liberalismus waren, daß die unter seinem Eindruck stehenden Politiker und Ökonomen nichts gegen Wirtschaftskrisen, gegen ruinösen Wettbewerb, Zusammenbrüche von Unternehmen und Arbeitslosigkeit getan haben, wenn das Versagen des Ordnungswillens der Gesellschaft besonders offensichtlich wurde. Soziale Gerechtigkeit ist als Sozialzweck der Wirtschaft zu sichern, bedarf aber dafür eines regulativen Prinzips, damit eben der Wettbewerb das leisten kann, was er soll: Auf der einen Seite geschieht dies durch den Schutz der Freiheit des Wettbewerbs (Schutzprinzip der Freiheit) gegenüber den Beschränkungen, und auf der anderen Seite wird dies durch die

---

34 *R. Weiler:* Wirtschaftsethik. Graz 1993, 159ff.

35 *O. von Nell-Breuning:* Der Mensch in der heutigen Wirtschaftsgesellschaft. Wien/München 1975. In diesen Ausführungen wird der anthropologische Ansatz in beeindruckender Weise dargestellt.

Kontrolle der Freiheit zur Verhinderung von Mißbrauch vollzogen (Kontrollprinzip der Freiheit).

In erster Linie erhält die Sozialwirtschaft als gesellschaftliches Kooperationsgeschehen ihre je spezifische Ordnung durch die Wirtschaftsgesellschaft. Die Steuerung der Preise von den Produkten auf ihren natürlichen Wert hin ist der Hauptansatzpunkt der Ordnung im Wettbewerb. Aus diesem Grund ist es sehr entscheidend, Bestrebungen zur Verzerrung des Wettbewerbs und zu unlauteren Preisen zu verhindern, wobei damit sowohl monopolistische Preisbewegungen als auch Preisschleuderei gemeint sind. Auf Dauer kann dies aber nicht der Staat allein leisten, sondern nur durch die gesellschaftlichen Gruppen am Markt und deren Kooperation unter Berücksichtigung und Bindung ihrer Eigeninteressen in autonomer *Selbstverwaltung* geschehen. Erfahrungsgemäß kommt es dementsprechend zur Herausbildung von Organen und Vereinigungen der Interessenvertreter, die paritätisch zusammenwirken, wobei die Lobbies einen immer stärkeren Einfluß auf gewichtige Entscheidungen nehmen. Der Gedanke der paritätischen *Zusammenarbeit* führt zu gemeinsamen Ausschüssen innerhalb der wirtschaftlichen wie gesellschaftlich-politischen Selbstverwaltung, die sich wiederum nach wirtschaftlichen Branchen aufbaut und sich an der jeweiligen Interessenlage der Arbeitnehmer, Konsumenten und nicht zuletzt der Arbeitgeber bzw. Unternehmer zu orientieren hat. Auf diese Art und Weise wird ebenso erreicht, daß die Gruppeninteressen, die ja oft sehr spezifisch sind und divergieren, in Verbindung mit der politischen Autorität unter das Allgemeininteresse subsumiert werden können.[36]

Zur Durchsetzung dieser Interessen bilden sich aus der Wirtschaftsgesellschaft selbst und bei Wahrung der gesellschaftlichen Autonomie geeignete *Institutionen*, die in der Lage sein müssen, sowohl die gesellschaftliche Ordnung, die Bindung und Kontrolle, als auch die Selbstverwaltung in Freiheit zur Übereinstimmung zu bringen. Unter der notwendigen Beachtung der gesellschaftlichen Autonomie läßt dies für den *Staat* ausreichend Raum, seiner Aufgabe der *Oberleitung* zur Wahrung des Gemeinwohls und der Einzelinteressen mittels einer guten *Wirtschaftspolitik* adäquat nachzukommen. Das deutsche System der Tarifpartnerschaft ebenso wie das österreichische Modell der *Sozialpartnerschaft* (z.B. die Paritätische Kommission für Lohn- und Preisfragen) könnte dabei auch für andere Staaten (z.B. die ehemaligen Ostblockländer, die heute nach guten Vorbildern suchen) zur Orientierung sehr dienlich sein. Die Ordnung der Berufsgemeinschaften als Leistungsgemeinschaften können sich in ihrem Wirken am entsprechenden Sozialprinzip der Ordnung orientieren, da dieses für die Sozialwirtschaft gültig ist, was allerdings nicht fälschlicherweise als institutionelle politische Anweisung des Staates zur Wirtschaftsverfassung

---

[36] *F. Böckle* et al. (Hg.): Christlicher Glaube in moderner Gesellschaft. Band 17, Freiburg i.Br. u.a. 1981, 123–162.

zu verstehen ist, denn selbst die Ordnungsrahmenaufstellung des Staates für die Wirtschaft unterliegt ebenso wieder Beschränkungen, wie sie bereits ausgeführt wurden.

4. Wesen und Funktion von Handwerk und Gewerbe sowie das Spezifikum: Familienunternehmen

Von den Anfängen einer eigenständigen Gewerbewissenschaft an (nach 1945) werden auch Handel und Gewerbe als kleine und mittelständische Unternehmen in ihrer wirtschaftlichen Selbständigkeit – als selbständige Unternehmen – akzeptiert, wobei das Hauptaugenmerk auf der Deckung der unterschiedlichen Bedürfnisse durch Leistungen liegt, die im wesentlichen Ergebnis der Unternehmerpersönlichkeit selbst sowie deren Einsatz, ihrer beruflichen Ausbildung und der Inanspruchnahme ihrer eigenen Kräfte und Mittel sind.[37]

Innerhalb des Gewerbes im deutschsprachigen Raum sind bereits seit einigen Dekaden durch Spezialisierung, Teilautomatisierung und Mechanisierung Übergänge von der reinen Produktion auf Montage, Instandhaltung und Reparatur konstatierbar. In Österreich übernehmen Gewerbebetriebe immer öfter auch Funktionen vom Handel, gemessen am Umsatz derzeit etwa 15 %. Ebenso ist die Tendenz feststellbar, daß Unternehmen und Gewerbetreibende in benachbarte Sparten expandieren oder ausweichen, so z.B. Installateure in den Maschinenbau, oder an Tankstellen schließen sich vielfach Autoreparaturwerkstätten oder Cafés an.[38]

Daneben ist aber noch ein anderer Trend interessant, nämlich die Tatsache, daß Großunternehmen mehr und mehr handwerkliche Tätigkeiten ausführen. So installieren Unternehmen der Elektrizitätsversorgung immer häufiger selbst ihre Geräte, ähnliches geschieht in der Industrie. Grundsätzliche Unterschiede zwischen Industrie auf der einen Seite und Gewerbe sowie Handwerk auf der anderen Seite und die dadurch gebotene Aufgabenteilung, nämlich die Befriedigung uniformer versus differenzierter, eher persönlich geprägter Nachfrage bzw. Bedürfnisse durch mehr instrumentales versus individual-personales Wirtschaften, werden zwar tendenziell durch das stärkere Übergreifen aufgeweicht, aber wohl nie ganz aufgehoben, auch wenn es zur ständigen Neubestimmung der jeweiligen Aufgabengebiete kommen muß.[39]

---

[37] *A. Gutersohn:* Strukturen des Gewerbes. St. Gallen 1994.

[38] *E. Fröhlich:* Art. „Familie als Erfolgspotential in Gewerbe und Handwerk". In: Ökosoziales Forum Österreich (Hg.), Agrarische Rundschau, Oktober 4/1998, 22–31, hier: 23.

[39] Ebd., 23. *Fröhlich* bezieht sich in seiner Argumentation auf einige Publikationen: *J. H. Pichler* (Hg.): Die Ganzheit von Wirtschaft, Staat und Gesellschaft. Berlin 1977;

Kurz zu nennen sind an dieser Stelle die wichtigsten Branchen und Gewerbezweige, auf die etwa drei Viertel aller Beschäftigen auf diesem Gebiet 1991 entfielen: Auf das Bau- und Baunebengewerbe kamen etwa 27 %, auf die Metallverarbeitung 26 %, auf den Dienstleistungssektor ca. 19 %, wobei dem letztgenannten Zweig durch den höchsten Anteil an Unternehmern und Mitarbeitern eine gewisse Schlüsselstellung zufällt.[40] Zwar haben die früher bekannten Spezialgebiete in Handwerk und Gewerbe auch und vor allem in Familienunternehmen, so z.B. in den Bereichen Nahrungsmittel (gegenwärtig noch rund 8 % Anteil), die Holzverarbeitung (ca. 6 %) oder das Bekleidungsgewerbe (etwa 3 %), sowohl in ihrer absoluten als auch in ihrer relativen Stellung stark an Bedeutung verloren, aber trotz allen Verlustes in den modernen Sektoren des Gewerbes wie Chemie und Kunststoff noch immer 6 % oder im Bereich des Druckgewerbes 5 % Mitarbeiter der Gesamtbeschäftigten im Bereich Handwerk und Gewerbe in Österreich.[41]

Unter Berücksichtigung dieser hier angeführten Tendenzen im Bereich der Beschäftigtenzahlen und den jeweils dem Marktgeschehen angemessenen Unternehmensgrößen haben sich Handwerk und Gewerbe so entwickelt, daß nach einer Periode des leichten Anstiegs der spezifischen Betriebsgrößen – bis etwa Mitte der 1970er Jahre von durchschnittlich 5 auf 8 Mitarbeiter – dann die durchschnittliche Größe des jeweiligen Betriebes relativ konstant blieb.

Im Gegensatz zur Gewerbeforschung hat sich die Familienunternehmensforschung bisher noch auf keine einheitliche und weithin anerkannte Definition festgelegt. „Die STRATOS- wie die INTERSTRATOS-Forschergruppe hat als Familienbetriebe und -unternehmungen solche definiert, in denen sich die Mehrheitsanteile am Eigenkapital in den Händen einer Familie befinden."[42] In den meisten Unternehmen dieser Art sind Familienmitglieder ebenfalls Unternehmensleiter. Hauptelemente innerhalb dieser Definition sind die Begriffe Eigentum und Leitung, womit eine objektive Basis geschaffen ist, um sich als Familienunternehmen von anderen, eben Nicht-Familienunternehmen zu unterscheiden. Letztere werden oft auch als „Managerunternehmen"[43] bezeichnet. Für die große Bedeutung von Familienunternehmen für die gesamte Volkswirtschaft lassen sich nun empirische Daten einer europäischen Vergleichsstudie

---

sowie: *K. H. Schmidt:* Art. „Personales Wirtschaften". In: H. J. Pleitner/W. Sertl (Hg.): Führung kleinerer und mittlerer Unternehmen. München 1984.

[40] *W. Ettmayer:* Politik und Zeitgeist. Wertewandel in der Arbeitnehmergesellschaft. Wien 1987.

[41] IfG: Gewerbestrukturbericht. Wien 1992.

[42] *E. Fröhlich:* Art. „Familie als Erfolgspotential in Gewerbe und Handwerk". In: Ökosoziales Forum Österreich (Hg.), Agrarische Rundschau. Oktober 4/1998, 22–31, hier: 25. Unter dem Terminus STRATOS Group verbirgt sich: Strategic Orientation of Small European Businesses.

[43] *A. Brusatti:* Familienunternehmen. Wien 1992.

einbringen, die nicht nur die Grunddaten wie Leitung und Eigenkapital evaluieren möchten, sondern darüber hinausgehen und eine Prüfung einiger hypothetischer Aussagen ermöglichen. Dabei ist, konkludierend, über die hohe Wertschätzung der Familienunternehmen in Handwerk und Gewerbe für den Untersuchungsraum Mittel- und Westeuropas (also ohne die Transformationsdemokratien des ehemaligen Ostblocks) folgendes herauszustellen:[44]

Es gibt kein Land der Industriestaaten Europas, in dem die Familienbetriebe im Bereich der kleinen und mittleren Unternehmen nicht eine herausragende, ja dominante Rolle spielten. Durchschnittlich machen sie 50 bis 80 % aus. Obwohl es von Land zu Land große Unterschiede geben kann, ist ihre Bedeutung nicht zu leugnen.

Es gibt im Gesamtüberblick der Studie keine Andeutungen über den Verlust dieser hohen Bedeutung von Familienunternehmen in den untersuchten Ländern. Gegenteilig zur Annahme, daß mit dem Verfall des Familienbildes in Europa (andere Formen der Familie werden toleriert oder denen der traditionellen Familie gleichgestellt) auch die Rolle der Familienbetriebe eine geringere würde, ist festzuhalten, daß es in kleineren Unternehmen mit einer Mitarbeiterzahl unter 100 sogar eine noch weiterhin steigende Bedeutung der von Familien geführten Betriebe gibt.

Sowohl durch die oftmals typisch hervortretenden Verbindungen der Merkmale, wie z.B. Größe des Unternehmens und Zweig der Wirtschaft, als auch durch funktionelle, organisationstechnische, instrumentelle und traditionelle Vorteile einer engen und problemlosen Kooperationsinterdependenz gegenseitiger Abstimmung, wie dies in der Familie bei Wohnung und Organisation des gemeinsamen Lebens automatisch geschieht, so ist zwar eine branchentypische Unterscheidung bezüglich der Familienbetriebe und ihrer Bedeutung konstatierbar, aber niemals unerheblich für die Kategorie der kleinen und mittleren Betriebe, sondern meistens eben über der 50 %-Marke. Die Eigenschaften, die in der Familie und der Achtung der einzelnen Glieder dieser geschenkt und weitervermittelt werden, sind somit gleichfalls die gute Grundlage für das Funktionieren eines Familienbetriebes.

Die Anteile der Familienunternehmen unter den kleinen und mittleren Betrieben sind aber alles andere als ein Relikt der alten Welt, denn interessanterweise sind auch in den USA, der sog. „Neuen Welt“, Familienunternehmen mit etwa 95 % aller Betriebe und ca. 50 % der Lohnsumme wie des Bruttosozialproduktes am volkswirtschaftlichen Wachstum entscheidend beteiligt.[45]

---

[44] STRATOS Group (ed.): Strategic Orientation of Small European Businesses. Aldershot 1989.

[45] *C. E. Aronoff/J. L. Ward* (eds.): Family Business Sourcebook. Detroit 1991, p. IX.

Eine wichtige Rolle für das Bild des Familienbetriebes spielt die Kultur der gemeinsam gelebten Werte, die in der Kernzelle der Gesellschaft zu allererst gelernt werden, um sie mit auf den Weg des späteren Lebens zu bekommen und Maßstäbe sind. Wer heute die Familie in Frage stellt, der rüttelt gleichzeitig auch an den Grundlagen der Wirtschafts- und Lebens-form der gewerblichen Familienbetriebe. Und so überrascht es nicht, daß man eine recht konkret praktizierte Kultur der Familie in diesen kleinen und mittleren Unternehmen vorfindet. Diese Familienkultur ist gekennzeichnet durch einen unterdurchschnittlichen Anteil an Geschiedenen (nur etwa 6 %) sowie Unverheirateten (ca. 7 %) ebenso wie durch eine überdurchschnittliche Kinderzahl (90 % der Unternehmer haben Kinder, in einer Fertilitätsrate von 2,2 pro Ehepaar[46], während der Durchschnitt in Österreich bei einem Fertilitätsfaktor von 1,3 Kindern pro Ehepaar liegt!).

Die Familie kann als echtes Erfolgspotential – auch im ökonomischen Bereich – bezeichnet werden. Denn die empirischen Daten stützen klar die Vermutung, daß das Familienunternehmen als Lebensform auf die jeweiligen Ehen stabilisierend wirke, da man Trennung und Scheidung gewiß auch aus rationalen Gründen – Altersvorsorge, Stolz auf gemeinsam aufgebauten Betrieb, Arbeits- und Einkommensgrundlage für in der Regel mehrere Familienmitglieder – eher zu vermeiden trachtet, als wenn man dabei nichts zu verlieren hat.[47]

Die genannten Gründe und Interpretamente der Tendenzen sowohl in der Wirtschaft als auch im Bereich der Familien und Ehen legen es nahe, nicht nur theoretische Postulate zur Stärkung von Ehe und Familie aufzustellen, sondern auch im praktischen, tagespolitischen Raum alles dafür zu tun, daß sie auch in Zukunft das Bild von Wirtschaft und Gesellschaft entscheidend mitprägen, weil sie als Kulturfaktoren die Welt humanisieren. Voraussetzung für das Fortbestehen der Institution Familie wie der Familienbetriebe ist die Kooperationsbereitschaft von wenigstens zwei Generationen. Und so werden die Perspektiven für die Familienunternehmen auch daran zu evaluieren sein, ob die jeweils folgende Generation überhaupt noch grundsätzlich und unter welchen Bedingungen bereit ist, die elterlichen Betriebe zu übernehmen und weiterzuführen.

Allgemein sinkt unter den Jugendlichen die Übernahmebereitschaft, weil traditionelle Werte wie Fleiß, Pünktlichkeit, Genauigkeit, überdurchschnittliche Arbeitszeiten u.a. in der skeptisch-hedonistischen Erlebnis- und Informationsgesellschaft eher suspekt gesehen werden. Für die Entwicklung der Familienunternehmen ist ebenfalls die voranschreitende Strukturverschiebung zwi-

---

[46] *E. Fröhlich/J. H. Pichler:* Werthaltungen und Typen mittelständischer Unternehmer. Berlin 1988, 10.

[47] *E. Fröhlich:* Art. „Familie als Erfolgspotential in Gewerbe und Handwerk". In: Ökosoziales Forum Österreich (Hg.): Agrarische Rundschau. Oktober 4/1998, 22–31; hier: 30f.

schen Einzelunternehmen und Kapitalgesellschaften ein sehr entscheidendes Beeinflussungselement. „Die sozial und ökonomisch nicht eben wünschenswerte Tendenz zur Risikoabwälzung und Anonymisierung[48] geht – wie etwa aus der österreichischen Rechtsformenentwicklung klar ersichtlich – zu Lasten der im klein- und mittelbetrieblichen Bereich bisher überwiegend vollhaftenden und persönlich bekannten Familienunternehmen."

Angesichts des starken Wandels im Familien- und Werteverständnis der Nachmoderne und der festgestellten und absehbaren Probleme mit der Unternehmernachfolge und Risikokapitalaufbringung wird es darauf ankommen, zur Bewältigung der Veränderungen die richtigen Maßnahmen zu treffen, um die Zukunft der Familienunternehmen gebührend abzusichern.[49]

5. Schlußfolgerungen und Zusammenfassung

Nach dem Gesagten ist die wesentliche Voraussetzung des Wirschaftswachstums ebenso wie der steigenden Wohlfahrt die Unternehmerfunktion, wobei den Familien eigenen Betrieben eine wichtige Rolle zukommt.

Grundlegend für jeglichen Erfolg ist aber der Volleinsatz der Unternehmerfunktion, die sich durch Eigenleistung, Initiative und Kreativität auszeichnet. Hingegen führt das Vertrauen auf staatliche Schutzmaßnahmen wie Intervention oder Subvention von direkter oder indirekter Art zwangsläufig zu Enttäuschungen, denn der Staat ist vor allem verantwortlich für die Aufstellung und Durchführung einer gerechten Wettbewerbsordnung und daher für proportionale Gleichheit der Konditionen des Wettbewerbs für alle an diesem Geschehen Beteiligten. Darüber hinaus fallen dem Staat wichtige Funktionen zu im Bereich der Ausbildung im Berufs-, Fach- und Hochschulwesen. Wie aber im Bereich der kleinen und mittelständischen Betriebe bezüglich des Wettbewerbs die Unternehmerleistung hervorzukehren ist, so wird gleichfalls das meiste der Initiative und der Interessendurchsetzung dieses Segments der Volkswirtschaft den Organisationen und Selbstverwaltungen zu überlassen sein, um nach allen Seiten hin eine gewisse Wirksamkeit zu erreichen: gegenüber dem Staat, Förderung und Heranreifung potentieller Unternehmer durch Schulungs- und Beratungswesen zur Weckung des spezifischen Unternehmergeistes, um dann die von der Wirtschaftsdynamik geforderte Einsatzbereitschaft im Unternehmen auch praktizieren zu können.[50]

---

[48] Ebd., 31.

[49] *P. Gross:* Die Multioptionsgesellschaft. Frankfurt/M. 1994.

[50] *J. Messner:* Art. „Mittelstandspolitik: Stütze der freien Gesellschaft". In: Wort und Wahrheit. Nr. 6/7, Juni/Juli 1965, XX. Jg., Wien 1965, 445–454, hier: 452.

Allerdings sind auch die mit dem Eigenunternehmertum (Familienbetrieb) verbundenen Sorgen hinlänglich bekannt und sollten ins Wort gehoben werden. Vor allem das Risiko im Bereich der Ertragschancen bleibt oft ungewiß, wohingegen die abhängig Beschäftigten wesentlich gesicherter erscheinen. Fraglos ist das Leben des Eigenunternehmers – was die Arbeitszeit anbelangt – wesentlich schwieriger als das eines in der Tagschicht beschäftigten Industriearbeiters; denn die Arbeitszeit des Eigenunternehmers ist mit Betriebsschluß nicht zu Ende, da er unter der nie aussetzenden Forderung steht, den jeweils neuen Marktprozessen und Bedürfnissen entsprechen zu müssen, sowie sich innerhalb des Wettbewerbs neuer Methoden der Arbeit (z.B. Modelle der flexiblen Arbeitszeit) und des neuen Kapitaleinsatzes zu bewähren. Positiv ist allerdings das Bewußtsein des Eigenunternehmers, daß er nicht fremdbestimmt ist, sondern selbstbestimmt mit dem Eigenen und für das Eigene zu arbeiten, zu sorgen, zu planen hat, damit er sich Lebensraum und Erweiterung schaffe. Damit ist ein Grundtrieb humaner Anlage angesprochen, den es zu kultivieren gilt.[51] Dabei darf aber keineswegs der Eindruck entstehen, daß hier Dinge idealisierend und romantisch dargestellt werden, denn das kleine oder mittlere Familien- oder Eigenunternehmen bedeutet vielfach Mühe, Bürde, Last sowie einen permanenten Kampf mit harten, meistens auch kompromißlosen Realitäten. So wird die Herausforderung Eigenunternehmen manchmal zur Überforderung, die bis zum Zusammenbruch (familiärer Kontakte, der Gesundheit etc.) führen kann. Allerdings erweisen sich die geistig-seelischen Realitäten, die in der schöpferischen Natur der Person grundgelegt sind, mit ihrem jeweiligen Streben nach Selbstdetermination in Lebensaufbau, Lebensgestaltung und Erfahrungserweiterung gewöhnlich als nicht weniger hartnäckig. Hier ist dann die psychologische Frage anzuschneiden, nach der die erfaßbare Wirklichkeit der Geist in der Wirtschaft ist – ein humaner Grundtrieb in der Anlage. Dieser manifestiert sich vor allem in der auf Eigenverantwortung begründeten Eigeninitiative; er manifestiert sich millionenfach in der Leistung der Unternehmer, im besonderen der mit selbständigem Produktiveigentum arbeitenden Unternehmer.[52]

Zum „Eigenen" im weiteren Sinne, das für das Unternehmertum von so hoher Bedeutung ist, gehört zwar nicht allein aber doch als wesentlicher Bestandteil sein Betriebseigentum. In der Diffamierung des Privateigentums während der letzten einhundert Jahre mußte das Betriebseigentum in Mißkredit geraten und erschien in Verbindung mit der Idee des arbeitslosen Einkommens oder im Zusammenhang mit der Idee der Ausbeutung (im Anschluß an die Lehren von Karl Marx). Gerade aber das eigenständige Produktiveigentum kann nur dadurch

---

[51] *J. Messner:* Die Widersprüche in der menschlichen Existenz. Innsbruck/Wien/München 1952.

[52] *J. Messner:* Art. „Mittelstandspolitik: Stütze der freien Gesellschaft". In: Wort und Wahrheit. Nr. 6/7, Juni/Juli 1965, XX. Jg. Wien 1965, 445–454, hier nochmals: 452.

besessen werden, indem es immer wieder neu zur Erwerbung kommt, denn nur dadurch, daß es innerhalb des Wettbewerbs zum Einsatz kommt und sich durch volkswirtschaftliche Produktivität legitimiert, d.h. aus dem Einsatz auch ein Nutzen entsteht, kann es bestehen bleiben und sich entwickeln. Seiner ganzen Natur nach zeichnet sich dieses selbständige Produktiveigentum durch den Dienst am volkswirtschaftlichen Bonum commune aus und ist daher essentiell verschieden vom Großeigentum, das aufgrund von Markt- und Wirtschaftsmacht wenigstens partiell aus der Gemeinwohlfunktion des Wettbewerbs – je nach Bedarf – herausgenommen werden kann, während beim Kleinunternehmer meistens die Rücklagen fehlen, um seinen Einsatz für eine gewisse Zeit aus dem Wettbewerbsmarkt herauszunehmen. Im besten volkswirtschaftlichen Interesse liegt deshalb eine gute Mittelstandspolitik, die sich in einer möglichst gerechten Eigentumspolitik kundtun muß.[53]

Von hohem Rang sind in diesem Zusammenhang die Persönlichkeitswerte wie Eigenverantwortung und Eigeninitiative.[54] Im kleinen und mittelständischen Unternehmergeist erhält außerdem noch eine fundamentale Eigenschaft des Menschen hohe Wertschätzung, nämlich die schöpferische Anlage.[55] Das auf selbständigem Produktiveigentum basierende Unternehmertum ermöglicht einer relativ großen Schicht unserer Gesellschaft Möglichkeiten, die anderen im wesentlichen verschlossen bleiben. Massen von arbeitenden und Dienst leistenden Menschen sind in der Nachmoderne Bestandteil der Maschinerie der modernen Produktionsapparate, weshalb sie oftmals nicht mehr das Bewußtsein der schöpferischen Persönlichkeitserfüllung im Arbeitsprozeß haben, denn sie besitzen verhältnismäßig wenige Gestaltungsräume zum Einsatz der schöpferischen Fähigkeiten in der Arbeit, die aber in jedem (wenigstens latent) vorhanden sind, nimmt doch die Arbeit übermäßig viel Lebenszeit in Anspruch (dies war bis jetzt überwiegend der Fall, könnte sich aber künftig entscheidend ändern).[56] Und weil diesem großen Teil der Bevölkerung diese Lebenserfüllung im Beruf verwehrt bleibt, suchen dann die meisten in der Freizeit die Lebenserfüllung in anderen als den Persönlichkeitswerten. Mit der Fortentwicklung der Technik ist für einen Großteil der Menschen der fragliche Lebenssinn in der Berufsarbeit verlustig gegangen und wahrscheinlich einer der wichtigsten Faktoren für die gegenwärtige Kulturkrise.[57] Immerhin blieb den Millionen Unternehmern kleiner und mittelständischer Betriebe die Möglichkeit zur schöpferischen Persönlichkeitsentfaltung erhalten; d.h., sie konnten mit eigenem Produktiveigentum

---

[53] Dazu *Y. Spiegel:* Wirtschaftsethik und Wirtschaftspraxis. Stuttgart 1992.

[54] *H. Kienzl:* Gesellschaft am Wendepunkt? Wien 1975.

[55] *J. M. Schnarrer:* Aktuelle Herausforderungen der Ethik in Wirtschaft und Politik: Perspektiven für das 21. Jahrhundert, 3. Aufl., Wien 1999, besonders: 166–170.

[56] *H. Millendorfer/C. Gaspari:* Konturen einer Wende. Graz 1978.

[57] *W. Freistetter/R. Weiler* (Hg.): Die Einheit der Kulturethik in vielen Ethosformen. Berlin 1993.

und eigener Initiative ihre Persönlichkeit so einsetzen, daß ihr Lebenssinn auch innerhalb der Berufsarbeit seine Erfüllung finden konnte.

Mit Lebenssinn in der Berufsarbeit ist nichts anderes gemeint als die Entdekkung des Kultursinns der Arbeit, der wohl vielen Menschen in der nachmodernen Gesellschaft vorenthalten ist, (obwohl es prozentual immer mehr Menschen gibt, die einen geringeren Lohn in Kauf nehmen, wenn sie sich nur innerhalb der Lohnerwerbsarbeit verwirklichen können!); der Kultursinn ist jedenfalls in hervorragender Weise mit der Unternehmerleistung verbunden. Mit diesem Gedanken findet das Eigenunternehmertum (häufig in Familienbetrieben) eine Wertschätzung, die nur selten ausreichende Anerkennung erhält. Beim Terminus „Kultur" mögen viele zuerst an Musik, Bibliotheken, Pflege und Sorge, Urbarmachung von Ländereien o.ä. denken. Dabei ist das Grundgesetz allen menschlichen Handelns und jeglicher Kultur die Freude an der Lebenserfüllung schöpferischer Art. Zwar kann diese verbunden sein mit der Arbeit in den geistigen Bereichen der Kultur, der Wissenschaft, der Forschung, der Kunst, aber ebenfalls – und das in besonderem Maß – mit der Berufsarbeit als unternehmerische Leistung im ökonomischen Sinne. Andererseits ist auch zu bemerken, daß sich in kaum einem anderen Bereich (eine Ausnahme bildet dabei die Freizeit[58]) eine solche Lebenserfüllung einer so großen Zahl von Personen wie im Berufsbereich des mit selbständigem Produktiveigentum arbeitenden Unternehmertums feststellen läßt. Und weil es sich bei dieser Form der Erfüllung um den Berufsbereich handelt, in dem sich die Erfüllung der humanen Vorstellungen und Wünsche bieten, wird besonders offensichtlich, daß es sich um den Wesensgrund der Kultur handelt, weil Berufsarbeit sowohl Realisierung des Schöpfungsauftrages ist als auch essentieller Teil unserer Lebenszeit, die eben eine sinnvoll zu füllende darstellt.[59] In unserer Zeit hat die Kulturkritik viel über Fehlentwicklungen zu klagen, und dennoch kommt der guten Politik für kleine und mittelständische (Familien-) Unternehmen eine Schlüsselrolle zu, weil hier gleich mehrere Aufgaben der Sinn- und Kulturstiftung ihre Verwirklichung finden (bzw. finden könnten).[60]

Mittels eines weitgestreuten selbständigen Produktiveigentums in den Bereichen Landwirtschaft, Handel, Gewerbe, Industrie sowie den freien Berufen ist die Festigung der Gesellschaftsordnung sowohl durch das bereits betonte, als auch durch das aus vielen verschiedenen Quellen gespeiste Eigeninteresse gewährleistet. Mit der auf Produktiveigentum begründeten selbständigen Wirtschaftseinheit verknüpft ist die wohl stärkste gesellschaftliche Ordnungs- und

---

[58] *A. Auer:* Ethos der Freizeit. Düsseldorf 1972.

[59] *J. M. Schnarrer:* Art. „Über die Zukunft der Arbeit". In: KAB-Digest. Zeitschrift der KAB St. Pölten, Nr. 259/260, September/Oktober 1996, 13.

[60] *J. Messner:* Ethik – Kompendium der Gesamtethik. Innsbruck/Wien/München 1955. Besonders III. Buch: Kulturethik, 149–230.

Strukturierungskraft innerhalb des ökonomischen Geschehens: die der Familiengemeinschaft, die sich auch im Familienbetrieb, sei es in Handwerk, Gewerbe, Industrie, Handel oder der Landwirtschaft, über viele Jahrhunderte bewährt hat. Fraglos steht das Produktiveigentum in wichtiger Interdependenz zur Familie selbst; dies ist ein Gemeingut der empirischen Soziologie, von Aristoteles über Thomas von Aquin bis hin zu Marx und Engels; bei den letzteren freilich in kritischer bis ablehnender Sicht. Dies gerade deshalb, weil Marx und Engels die „amorphe Gesellschaft" herbeiphilosophieren wollten und strukturierte Faktoren von so essentieller Bedeutung – weil die direkt und unvermittelt der humanen Natürlichkeit entspringende Kraft, wie es die Familiengemeinschaft ist – für sie und ihr dialektisches Systemdenken inakzeptabel war, ja widersinnig erschien.[61] Die Geschichte der letzten zwei Jahrhunderte sprach dennoch gegen ihren theoretischen wie praktischen Ansatz!

Worin besteht nun diese ureigene Verbindung von Familie und Privateigentum?[62] Darin, daß die Einzelperson mit dem Trieb nach Familiengründung

---

[61] *B. Häring:* Frei in Christus. Band III; Freiburg/Basel/Wien 1989, 291–303.

[62] *A. Rauscher:* Art. „Das Privateigentum im Dienste des arbeitenden Menschen". In: J. M. Schnarrer (Hg.): Gemeinwohl und Gesellschaftsordnung. Wien 1997, 65–76. Weil alle Menschen, um leben zu können, auf materielle Güter angewiesen sind, und auch die kulturelle Entfaltung der Völker davon wesentlich abhängt, ob genügend Ressourcen zur Verfügung stehen, kommt der sozialen Gestaltung und der rechtlichen Regelung der Nutzung der materiellen Güter eine grundlegende Bedeutung zu. Die Geschichte lehrt, daß auf allen Stufen der gesellschaftlichen Entwicklung verschiedene Formen ausgebildet wurden und daß in nahezu allen Kulturen und Zivilisationen privateigentumsrechtliche Formen eine zentrale Rolle spielen. Dabei müssen wir unterscheiden zwischen dem Recht jedes Menschen, Eigentum zu erwerben und darüber unter Ausschluß Dritter zu verfügen, und dem Privateigentum (auch an Produktionsmitteln, wie in Familienbetrieben z.B.) als sozialer Ordnungsinstitution.

Die Privateigentumsordnung muß auch darauf hinwirken, daß ein ausgewogenes Verhältnis zwischen Produktion, Konsumtion und sozialer Sicherheit besteht. In Deutschland, Österreich u.a. Staaten der Europäischen Union ist der Sozialstaat in den zurückliegenden Jahrzehnten kontinuierlich ausgebaut worden. Dies gilt sowohl für die staatlichen Sozialleistungen, die hauptsächlich aus Beiträgen der Unternehmer und Arbeitnehmer finanziert werden, als auch für die staatlichen Sozialleistungen unterschiedlicher Art, die im wesentlichen aus Steuermitteln ihre Deckung finden. Bei dem Gefüge der sozialen Sicherheit handelt es sich um die Vorsorge gegenüber Risiken, die in der Agrargesellschaft die Großfamilie geleistet hat (in Teilen Afrikas ist das heute noch der Fall), die unter den Konditionen der nachmodernen Gesellschaft jedoch in der Regel vorwiegend über die dafür geschaffenen gesellschaftlichen Einrichtungen und den Staat erfolgt.

Die schöpferische Bestimmung der Erdengüter für alle Personen auf dieser Erde ist und bleibt der Bezugspunkt für die Gestaltung und Ordnung der Privateigentumsverhältnisse, wobei niemand vom Erwerb des privaten Eigentums ausgeschlossen werden darf, so wie auch die ständig vor sich gehende Herausbildung von Privateigentum und die Veränderungen der Eigentumsverhältnisse die Frage mit sich bringen, ob und in welcher Weise die sozialen Pflichten und Bindungen, die mit dem Erwerb und dem Gebrauch von Privateigentum verbunden sind, auch jeweils ihre Einlösung finden.

an sich ein auf die Zukunft und auf Dauer bedachtes humanes Wesen ist; und weil der Mensch in seinen Kindern seine eigene Existenz (und damit sich selbst) in die Zukunft erstrecken sieht, wozu ihm Privateigentum die Möglichkeit gibt, eben diese Zukunft und die Grundlagen der kommenden Generationen nach seinem eigenen Denken bezüglich Lebenswerte und Lebensziele zu gestalten.

In der heute allseitig in Dynamik geratenen und in Neubildung begriffenen Gesellschaft und zum Erstaunen vieler Soziologen hat sich die Familie bei der Festigung der systemischen Gesellschaftsordnung als konstitutiveres Element und stärkere Einheit erwiesen, als zunächst – im Anschluß an die 1968er Generation – zu erwarten war, auch wenn das klassische Familienbild nicht mehr als einziges anerkanntes existiert. Denn sowohl das biologische wie das moralische Naturgesetz wirken und verbinden sich mit der eben der Natur selbst eigenen Unnachgiebigkeit. Die Folge davon ist eine auf weiteste Streuung selbständigen Privateigentums abzielende Wirtschaftspolitik, die eigentlich Familienpolitik an sich ist.

Nach den hier vorgelegten Darlegungen sollte aber nicht der Eindruck entstehen, daß die Ordnungswerte Freiheit und Wettbewerb gering geschätzt werden. Andererseits kann kaum bezweifelt werden, daß der Rechtfertigungsgrund der durch Wettbewerb gesteuerten Volkswirtschaft (Typ: Soziale Marktwirtschaft) in der durch die anzustrebende höhere Ergiebigkeit zum Ausdruck kommenden Gemeinwohlfunktion liegt, die der primäre gesellschafts- und wirtschaftspolitische Ordnungswert ist. Die Freiheit steht dabei im Dienste des Gemeinwohls und wird nachrangig! Daraus ergeben sich einige gewichtige Konsequenzen, die es noch kurz zu erwähnen gilt. Demnach ist die Wettbewerbsautomatik nicht das ultimative Ordnungsprinzip der Volkswirtschaft, weshalb es auch nicht als das maßgebendste Leitprinzip der Wirtschaftspolitik angesehen werden kann.[63] Dies wird mit der Überlegung einsichtig, daß der Gesellschaftsprozeß nicht nur bloßer Wirtschaftsprozeß ist, sondern daß sich vielmehr die Wertpostulate des freiheitlichen Gesellschaftsprozesses zu dem einen Wertpostulat vereinigen, nämlich daß der allumfassende Zweck dieses dynamischen Prozesses die Ermöglichung und Realisierung der vollmenschlichen Existenz möglichst aller Gesellschaftsglieder nach dem Grundmaß der Menschenwürde darstellt. Die Würde des Menschen ist nicht losgelöst vom Wirtschaftsgeschehen, geht aber eben auch nicht in ihm allein auf, was als eine Überbetonung des Ökonomischen zu bezeichnen wäre.

Letztlich liegt in der Ermöglichung und Absicherung dieser Existenz durch das Gemeinwohl Grund, Aufgabe und Ziel des freiheitlichen Staates.[64] Die Staatsnotwendigkeiten sind deshalb – gesehen auf die geopolitische Zukunft hin

---

[63] *J. Riegler* (Hg.): Antworten für die Zukunft – Ökosoziale Marktwirtschaft. Wien 1990.

[64] *P. Gerlich/K. Ucakar:* Staatsbürger und Volksvertretung. Salzburg 1981.

– gleichermaßen wirkend auf die innenpolitischen Sachprozesse, sowohl für sozialpolitische als auch für gesellschaftspolitische Ebenen, im Rahmen der letztgenannten die Eigentumspolitik als eine Form der weitgestreuten (ökonomisch sehr entscheidenden) Vermögensbildung auf seiten der Angestellten und der Arbeitnehmerschaft. Aber ebenso gilt die Vermögensbildung als Sicherung des weitestgestreuten selbständigen Produktiveigentums in den Händen kleiner und mittelständischer Eigenunternehmer (= Familienbetriebe) in Handel, Gewerbe, Landwirtschaft, Industrie, Handwerk und Bankwesen sowie den sog. freien Berufen. Nochmals gilt es festzuhalten, daß gerade dieses selbständige Produktiveigentum der grundlegende und alles entscheidende Unterschied zwischen einer freiheitlich-demokratischen und einer kommunistisch-totalitären Gesellschaft ist, die weiteste Streuung wirtschaftspolitisch zu sichern, wodurch dies wiederum staats- wie gesellschaftspolitischer Imperativ vordersten Ranges ist. Der Erfüllung des Gemeinwohls kommt damit, dies sollte an der Argumentation deutlich werden, eine Schlüsselfunktion zu, weil Familienunternehmen somit Säulen der freien Gesellschaft, des demokratischen Staates und der sozialen Marktwirtschaft sind. Bleibt zu hoffen, daß das Familienbild nicht noch weiter erodiert, sondern wieder seinen wichtigen Rang bekommt, den es über Jahrhunderte hatte und wo es als werttraditionelles Grundelement half, die jeweilige Gesellschaft in der spezifischen Epoche zu humanisieren, um somit auch die gute Basis für Familienunternehmen abzugeben, die die Wirtschaft um der Menschen willen dringend nötig hat!

Literatur

Aronoff, C. E./*Ward*, J. L. (eds.) (1991): Family Business Sourcebook. Detroit.

Auer, A. (1972): Ethos der Freizeit. Düsseldorf.

Böckle, F. et al. (Hg.) (1981): Christlicher Glaube in moderner Gesellschaft, Band 17. Freiburg/Br.

Brusatti, A. (1992): Familienunternehmen, Wien.

Espenschied, R. (1984): Emotionen. München/Basel.

Ettmayer, W. (1987): Politik und Zeitgeist. Wertewandel in der Arbeitnehmergesellschaft. Wien.

Freistetter, W./*Weiler*, R. (Hg.) (1993): Die Einheit der Kulturethik in vielen Ethosformen. Berlin.

Fröhlich, E.: Art. „Familie als Erfolgspotential in Gewerbe und Handwerk". In: Ökosoziales Forum Österreich (Hg.): Agrarische Rundschau, Oktober 4/1998.

Fröhlich, E./*Pichler*, J. H. (1988): Werthaltungen und Typen mittelständischer Unternehmer. Berlin.

Furger, F. (1988): Ethik der Lebensbereiche. Freiburg/Basel/Wien.

Gerlich, P./*Ucakar*, K. (1981): Staatsbürger und Volksvertretung. Salzburg.

Gross, P. (1994): Die Multioptionsgesellschaft. Frankfurt/M.

Gutersohn, A. (1994): Strukturen des Gewerbes. St. Gallen

Häring, B. (1989): Frei in Christus, Band III. Freiburg/Basel/Wien.

Kienzl, H. (1975): Gesellschaft am Wendepunkt? Wien.

Klose, A. (1988): Unternehmerethik. Linz.

Messner, J. (1955): Ethik – Kompendium der Gesamtethik. Innsbruck/Wien/München.

– (1964): Der Eigenunternehmer in Wirtschafts- und Gesellschaftspolitik. Heidelberg.

– Art. „Mittelstandspolitik: Stütze der freien Gesellschaft". In: Wort und Wahrheit. Nr. 6/7, Juni/Juli 1965, XX. Jg. Wien 1965.

– Art. „Die Familie der Zukunft". In: H.Schambeck (Hg.): Apostolat und Familie. Festschrift für Opilio Kardinal Rossi. Berlin 1980.

– (1984): Das Naturrecht. 7. Aufl. Berlin.

– (1995): Die Widersprüche in der menschlichen Existenz. Innsbruck/Wien/München.

Millendorfer, H./*Gaspari*, C. (1978): Konturen einer Wende. Graz.

Nell-Breuning, O. v. (1975): Der Mensch in der heutigen Wirtschaftsgesellschaft. Wien.

Peschke, K. H. (1991): Social Economy in the Light of Christian Faith. Trier

Pribyl, H. (1995): Interessenverfolgung und Interessenausgleich am Beispiel des europäischen Integrationsprozesses. Wien.

Riegler, J. (Hg.) (1990): Antworten für die Zukunft – Ökosoziale Marktwirtschaft. Wien.

Roepke, W. (1958): Jenseits von Angebot und Nachfrage. Erlenbach/Zürich.

Ronart, S. u. N. (Hg.) (1972): Lexikon der Arabischen Welt. München/Zürich.

Schattovits, H.: Art. „Familie zwischen Sehnsucht und Alltag". In: Dr. Karl Kummer-Institut (Hg.): Gesellschaft und Politik, Nr. 3/94.

Schmitz, W.: Art. „Die humanitäre Alternative". In: Die Industrie. 7/83. Wien.

Schnarrer, J. M. (1994): Market, morality and marginalization. Cambridge/MA.

– Art. „Über die Zukunft der Arbeit". In: KAB-Digest. Zeitschrift der KAB St. Pölten, Nr. 259/260, September/Oktober 1996.

– Art. „Die Geburt: Das Wunder neuen Lebens und der Beginn von Familienpolitik: Ehe und eheähnliche Gemeinschaftsformen angefragt!" In: Dr. Karl Kummer-Institut (Hg.): Gesellschaft und Politik, Nr. 2/98, Juni 1998.

– Art. „Vom Wert des politischen Kompromisses". In: Ludwig-Erhard-Gesellschaft (Hg.): Orientierungen zur Wirtschafts- und Gesellschaftspolitik. Nr. 77. Bonn, September 1998.

– (1999): Norm und Naturrecht verstehen. Frankfurt/M.

– (1999): Aktuelle Herausforderungen der Ethik in Wirtschaft und Politik: Perspektiven für das 21. Jahrhundert. Wien.

Schneider, H. (1977): Leitbilder der Europapolitik. Bonn.

Spiegel, Y. (1992): Wirtschaftsethik und Wirtschaftspraxis. Stuttgart.

Splett, J. (1981): Lernziel Menschlichkeit. Frankfurt/M.

Stiassny, A. (1998): Persistente Arbeitslosigkeit. Frankfurt/M.

Sutor, B. (1991): Politische Ethik. Paderborn/München/Wien/Zürich.

Thiemer, E.: Art. „Die Zeit der Alten – Senioren im Kommen". In: Die Furche. Nr. 1/7. Jänner 1999.

Weiler, R. (1993): Wirtschaftsethik. Graz.

Erneuerung des Wertebewußtseins in Wirtschaft und Gesellschaft

Claus Hipp

1. Vom Gesellschafts- und Wirtschaftssystem abhängige Wertevermittlung

Die Werte werden uns von unseren Eltern vermittelt. Als Vater oder Mutter will man das Beste für die Kinder, man beeinflußt die Erziehung, man wählt, soweit möglich, Lehrer mit der passenden Einstellung aus.

Diese Wertevermittlung durch die Familie merkt man auch im Familienbetrieb. Ganz anders als in den anonymen Kapitalgesellschaften werden hier vom Inhaber Werte verwirklicht, die seine Werte sind, die er von seinen Eltern übernommen hat. Wie die Eltern den Kindern, so vermittelt der Inhaber den Beschäftigten die Werte, die er für wichtig hält. Er sorgt, daß sie im Unternehmen verwirklicht werden.

Unternehmen sind wirtschaftlichen Zwängen unterworfen. Gewinne zu erzielen ist die Triebfeder unserer Wirtschaft. Die Art und Weise, wie sie erzielt werden, gibt uns den Spielraum, über Werte und deren Sinn nachzudenken und entsprechend zu handeln.

Planwirtschaft hat das Individuum geknechtet und dem Kollektiv unterstellt. Das ganze Gerede vom Interesse der Werktätigen waren nur Worte. In Wirklichkeit wurde über die übermächtige Partei alles gelenkt. Einige Wenige waren privilegiert, der Rest war ohne Hoffnung. Nach dem Scheitern des Kommunismus und ohne eine funktionierende Neuordnung geht es dem Einzelnen erstmals aber noch schlechter.

Man will das System des Marktes. Jede Marktwirtschaft fängt mit Schwarzmarkt an. Die reine Marktwirtschaft, die auf Verdrängung aus ist, in der nur der Starke stärker wird, ist abzulehnen. Wir haben die *soziale* Marktwirtschaft, die auch die Interessen der Schwachen berücksichtigt. In der sozialen Marktwirtschaft erleben wir derzeit einen Konzentrationsprozeß, der nicht gut sein kann.

Wenn es immer weniger am Markt Beteiligte gibt, dann geht der Markt verloren. Über das Oligopol kommen wir zur Staatswirtschaft, zur Planwirtschaft, zum Monopol. Ich bin für eine *christlich-soziale* Marktwirtschaft. Wenn es uns nicht gelingt, Werte, die sich nicht in Geld ausdrücken lassen, wieder zur Geltung zu bringen, dann ist es um das christliche Abendland, um unsere Kultur geschehen. Dann landen wir in einer nur geldorientierten Gesellschaft, mit einer Fülle von seelischen Problemen.

Wir sind allerdings auch wirtschaftlichen Zwängen unterworfen. Wer glaubt, die Gesetze der Ökonomie nicht berücksichtigen zu müssen, dem geht es entweder zu gut oder bald nicht mehr gut.

2. Personalpolitik und Kommunikation

Bei aller Hochachtung ethischer Grundsätze müssen oft unangenehme Entscheidungen getroffen werden, um ein Unternehmen zu erhalten und damit Arbeitsplätze zu sichern. Denn es ist besser einige Arbeitsplätze zu sichern, als alle zu verlieren. Peronalabbau und Kostensenkung sollten aber nicht weitergehen, als es für das Unternehmen unbedingt erforderlich ist. Die Menschen im Unternehmen sollen außerdem unter den bestmöglichen Voraussetzungen arbeiten können. Wenn einer so gesehen und behandelt wird, daß seine gesamte Kraft zum Einsatz kommen kann und er gerne arbeitet, dann wäre das das zu erreichende Ziel für ihn und das Unternehmen. Viele Umstände hemmen die Erreichung dieses Zieles. Sie sind nicht mit Kosten verbunden und ihre Beseitigung hängt nur vom guten Willen der Verantwortlichen ab.

Überregulierung erschwert den Arbeitsmarkt gewiß erheblich. Ein vorgeblich sozialer Kündigungsschutz macht den Abschluß eines Arbeitsvertrages für den Arbeitgeber zu einem Risiko, das einzugehen er sich nur in konjunkturell guten Zeiten leisten kann. Die Tarifparteien agieren leider vielfach zu Lasten derer, die arbeitslos sind und die es auf diese Weise noch werden. Wenn man unbürokratisch schnell seine Mitarbeiterzahl den Marktbedürfnissen anpassen könnte, ohne Angst, dann auf einem Berg sozialer Verpflichtungen sitzen zu bleiben, dann könnte man mehr Menschen beschäftigen. Zwar nicht immer und allenthalben, aber für den Einzelnen ist es zumeist besser, wenn die Zeit der Arbeitslosigkeit von bezahlten Beschäftigungen unterbrochen wird. Wenn es einem Unternehmen erlaubt wäre, mit einem gewissen Prozentsatz von der Beschäftigtenzahl (etwa 10 %) flexiblere Arbeitsverhältnisse zeitlich begrenzt einzugehen, dann fände mancher Arbeit und der Staat müßte nur die Soziallasten tragen.

Unsere Leistungen im Wettbewerb werden verglichen mit denen anderer Anbieter in anderen Ländern. Wenn auf den Märkten die Preise verglichen werden, dann geht es nicht ohne Vergleiche der Kosten bei der Herstellung.

Auf der einen Seite reden wir vom mündigen Bürger und von Selbstbestimmung und dann soll der Staat wieder alles regeln. Warum ist es nicht möglich, daß jeder mehr Einkommen zur freien Gestaltung seiner Sozialversorgung einsetzen kann und es nicht abgeben muß, damit andere es für ihn tun? Geht es den Arbeitnehmern in der Schweiz etwa schlechter als bei uns? Dort hat man auch Arbeitskampfpraktiken aus vergangenen Zeiten, wie es sie bei uns (in Deutschland) noch gibt, beseitigt.

Wenn ein Arbeitnehmer wie ein Mitunternehmer denkt, dann wird der Erfolg am größten sein. Dazu muß er aber auch die Freude des Unternehmerseins erleben. Er muß einen Freiraum haben, in dem er frei handeln und entscheiden kann, er muß Verantwortung tragen dürfen für sich und andere. Sein Handeln muß anerkannt und honoriert werden. Daß Gleichmacherei produktivitätshemmend ist, weiß man spätestens seit dem Scheitern der kommunistischen Systeme.

So wie der Unternehmer vom Markt kontrolliert und beurteilt wird, so muß es sich auch der unternehmerisch denkende Arbeitnehmer gefallen lassen, daß es ohne Kontrolle und Koordination einfach nicht gehen kann. Die Kräfte müssen sinnvoll eingesetzt werden. Jedes Orchester kann nur einen Dirigenten vertragen, daneben gibt es z.B. aber trotzdem den Konzertmeister, den 1. und 2. Oboisten, den Sprecher der Bläsergruppe und ähnliche Untergliederungen. Bei aller Entfaltung von Eigeninitiative hat sich im Orchester der einzelne Musiker einzuordnen, man soll ihn nur an gewollten Stellen heraushören. Im Unternehmen ist es ebenso. Wer sich vor allem selbst darstellen möchte, der schadet meist der Gesamtidee. Wer nur untergeht und wessen Arbeit keinerlei Würdigung erfährt, der wird unmöglich auf Dauer die Leistung erbringen, zu der er fähig wäre.

In der Freizeitarbeitskultur sehen wir, welches die Arbeitsart des Einzelnen ist, wie er gerne arbeitet, wie er selbständig plant, organisiert, rechnet, sich die Zeit einteilt. Was hier getan wird, wird gerne gemacht. Berufsarbeit bringt Zwänge mit sich, die unangenehmer sind als die freiwilligen Zwänge der Freizeitarbeitskultur. Um Mitarbeiter erfolgreich zu motivieren, muß man aus der Freizeitarbeitskultur möglichst viel übernehmen und von den nötigen Zwängen der Berufsarbeit so sparsamen Gebrauch machen, wie es eben gerade geht.

Der Einzelne muß den Sinn seiner Arbeit erkennen, muß wissen,, daß sie wichtig ist und daß es wichtig ist, wie er seine Arbeit verrichtet. Ganz besonders wichtig ist es, auf den Einzelnen einzugehen, seine Persönlichkeit zu erfassen, zu wissen, was er gerne hat und was er nicht mag, wo seine Stärken und wo seine Schwächen sind. Ein Ausnützen der psychischen Veranlagung der Mitarbeiter durch gruppendynamische Methoden ist freilich grundsätzlich abzulehnen. Leistungen durch sog. Psycho-Techniken zu erzielen, widerspricht der Menschenwürde. Der damit erzielte Erfolg darf nicht darüber hinwegtäuschen, mit welchen Mitteln und Kosten, namentlich auf wessen Kosten, er erzielt worden ist.

Große Persönlichkeiten haben auch große Schwächen, wo viel Licht ist, ist auch viel Schatten; wer handelt macht auch Fehler. Wenn wir die Fehler nicht als natürliche Erscheinung hinnehmen und bekämpfen, dann geht keiner mehr ein Risiko ein, dann verschanzt sich jeder hinter Mehrheitsbeschlüssen und wir vertun Zeit und Kraft mit sinnlosen Diskussionen. Das Einholen der Meinungen, das Aufspüren der geistigen Möglichkeiten einer Mannschaft, gehören zu den wichtigsten Führungsaufgaben. So kann man Fehler vermeiden.

Es muß aber im rechten Augenblick eine Entscheidung fallen. Lieber mit 70 – 80 % Sicherheit rechtzeitig, als mit 95 % zu spät. Lieber von 10 Entscheidungen 7 richtige und die schnell, als 9 oder 10 richtige zu spät. Eine falsche Entscheidung kann man ja ändern und korrigieren. Wer natürlich Probleme hat, falsche Entscheidungen zu ändern, weil sein Prestige darunter leiden könnte, der wird nie den vollen Erfolg haben können.

Die Zeit ist ein Gut des Menschen, das einen großen Wert darstellt. Wenn es Möglichkeiten gibt, Arbeit in einem beweglichen Zeitrahmen durchführen zu lassen, ohne daß Schaden entsteht, dann ist jeder gut beraten, bewegliche Arbeitszeiten einzuführen. Eine Anpassung an den unterschiedlichen Arbeitsanfall im Unternehmen ist dann auch leichter möglich, auch ohne große Überstundenregelungen.

Die Weiterbildung ist in unserer Zeit, die so schnelle Veränderungen bringt, eine wichtige Führungsaufgabe. Neben dem Fachwissen, das wir über moderne Medien immer besser abrufbereit haben, ist der Weiterbildung im menschlichen Rahmen größere Bedeutung beizumessen. Wir müssen lernen, besser miteinander umzugehen. Die humanistischen Bildungsideale und Ziele wird man wieder in ganz anderem Licht sehen. Manches kann man durch Schulung nachholen, die Grundsteine sind vorher zu legen. Denkvermögen wird wichtiger als Wissen. Wir brauchen mehr Menschen, die sich etwas einfallen lassen, um Probleme zu lösen, als solche, die die Gebrauchsanweisungen vorhandener Instrumentarien auswendig können.

Die schnelle und umfassende Information hilft zum Erfolg. Informationen müssen von Ballast befreit sein. Auch Fremdwörter werden als Ballast empfunden. Einfache Information, die nicht von Eitelkeiten überfrachtet ist tut not. Wichtig ist, daß die Information ankommt. Je mehr man die Information verpackt, je umständlicher, je komplizierter, um so mehr läuft man Gefahr, daß sie nicht so ankommt, wie man es sich wünscht und vorgestellt hat. Das gilt auch für das Fernsehen. Nicht die Zahl der Worte ist entscheidend, sondern der Inhalt und der Zeitpunkt, wann sie fallen.

3. Mitarbeiterbeteiligung

Oft wird von Mitbeteiligung am Produktivvermögen geredet. Wir haben erlebt, was aus diesem Gedankengut im Kommunismus geworden ist. Freie Verfügbarkeit des Eigentums ist wichtiger. Jeder soll mit seinem Geld tun, was er will. Sich dort beteiligen, wo er es für gut hält. Umgekehrt soll jeder, der mag, Gesellschafter, fremdes Geld oder Miteigentümer aufnehmen können. Der Lohnanspruch für die geleistete Arbeit muß, so weit wie möglich, zur freien Verfügung stehen. Das Miteigentum an der Maschine, an der man arbeitet, hilft einem gar nichts, da man ja kein Zahnrad mitnehmen kann, um sich etwas dafür zu kaufen.

Wenn gefordert wird, am Unternehmenserfolg beteiligt zu sein, dann muß man wohl auch über eine Beteiligung am Mißerfolg reden dürfen. In der Regel ist ein ordentliches, gerechtes und sicheres Entgelt für die geleistete Arbeit am wichtigsten. Für besondere Leistungen kann man besondere Zahlungen an die Mitarbeiterinnen und Mitarbeiter vorsehen. Es ist besser, freiwillig etwas tun zu können; das freut mehr, als wenn nur Ansprüche, die festgeschrieben sind, befriedigt werden. Wer zu knausrig ist, dem laufen die Leute weg. Wer für zu wenig Motivation seiner Mitarbeiter sorgt, der unterliegt am Markt.

Was eine Gruppe im Unternehmen selbst regeln kann, das soll sie tun. Das Gerede, daß die hierarchische Ordnung überholt sei, kann ich nicht verstehen. Die menschliche Natur ist auf Hierarchie ausgerichtet. Wenn ich mehrere Gruppen habe, dann muß die ja auch jemand zusammen führen. Die Kirche ist hierarchisch geordnet. Es sind nur wenige Stufen. All die Versuche, diese Ordnung zu ändern – man denke nur an das 15. Jahrhundert, Konziliarismus und Papsttum – haben immer wieder gezeigt, daß selbst eine schwächere Person an der Spitze immer noch mehr bewegt hat, als die Summe der Experten (man denke nur an den Investiturstreit – das Konzil von Konstanz!).

Das Selbstbewußtsein des Einzelnen muß so stark sein, daß er für seine Meinung und Überzeugung eintritt. Tut er das nicht, paßt er sich der Obrigkeit an, dann fehlen viele Anregungen und Ideen, die von großem Nutzen sein könnten.

Bescheidenheit und Demut geben uns die Möglichkeit, die Leistungen anderer zu würdigen. Wer aus dieser Haltung heraus dann doch einmal stark auftritt, weil es nötig ist, wird viel mehr Resonanz haben, als jemand, der immer laut ist.

Die Eigenverantwortung als Motor der Aktivitäten stirbt ab und die Interessenwahrnehmung wird Parteien, dem Staat und einer Vielzahl von Kollektiven übertragen. Was im Osten gerade überwunden wurde, die Bevormundung durch den Staat, danach rufen wir manchmal, ohne die Folgen und Auswirkungen zu bedenken, die wir ja beispielhaft miterlebt haben. Anstatt die eigenen Probleme selbst zu lösen, werden sie abgewälzt, mit der Folge großer Unzufriedenheit, denn es kommt ja immer eine schlechtere Lösung heraus, und der Einzelne hat das Bewußtsein, man hätte sein Anliegen zu wenig berücksichtigt.

4. Prinzipien einer Leistungs- und Solidargesellschaft

Die Prämissen der katholischen Soziallehre mögen als wichtige Orientierung gelten. *Personalität, Subsidiarität, Solidarität* und *Gemeinwohl* sind die Hauptorientierungspunkte. Solche Begriffe wirken immer irgendwie abstrakt, so sollen einfach aus der Sicht der täglichen Arbeit, an Hand von einigen Beispielen, die Probleme, die in der Praxis auftreten, aufgezeigt werden:

Keineswegs kann jemand für seine Person in Anspruch nehmen, daß bei ihm alles ideal ist. Wenn wir keine Ziele haben, die wir anstreben – wohlwissend, daß sie immer nur bis zu einem gewissem Grad erreichbar sind – , dann werden wir auch keine Verbesserungen in Gang bringen können.

Es gilt als selbstverständlich und gerecht, die Folgen eigenen Tuns und Unterlassens „solidarisch" auf das Kollektiv abzuwälzen. Unsere sozialen Sicherungssysteme sind zu Instrumenten der Ausbeutung der Versicherungsgemeinschaft durch ihre eigenen Mitglieder geworden. Weitverbreitet ist die Einstellung, man müsse Versicherungsbeiträge wieder „hereinholen".

Zum Abbau der Eigenverantwortung zählt auch, daß laut Umfragen 40 % der Deutschen eine Bezahlung nach Leistung statt nach Bedürftigkeit als Zumutung empfinden. Der Generalnenner dieser abartigen Solidargemeinschaft lautet: Der Mensch bekommt für eine möglichst ungebundene Lebensführung immer mehr Freiraum, muß aber für die Folgen seiner Entscheidungen selbst immer weniger einstehen.

Der Staat sollte Hilfe in der Not bieten und nicht zur Bedürfnisbefriedigung herangezogen werden. Wenn das gewünscht wird, dann haben wir die Verhältnisse, wie wir sie im Osten hatten. Die Gesellschaft muß den Mut haben zu sagen, was nicht geht, nicht machbar ist. Die Verantwortungsträger müssen ohne Angst vor dem nächsten Wahltermin auch einmal nein sagen dürfen. Die öffentliche Hand zieht immer mehr Aufgaben an sich und produziert steigende Kosten. Dort, wo der Staat für den Bürger handeln sollte, wird er immer machtloser, mit der Folge, daß sich bei den Bürgern Staatsverdrossenheit breit macht. Ist der Staat für alles zuständig, dann muß er immer mehr Detailregelungen erlassen, um kurzfristige Erfolge zu haben. Der Landwirt denkt in Generationen, die Bäume, die er pflanzt, werden die Enkel umschlagen. Heute will jeder gleich das Entgelt für seine Leistung. Der Natur entnehmen wir Werte in einer Menge, die unserer Generation gar nicht zusteht. Dieses langfristige Denken und verantwortungsvolle Handeln fehlt.

Jetzt müssen wir uns auf die demographischen Veränderungen einstellen: in der Sozialpolitik, der Subventionspolitik, der Verschuldungspolitik, Forschungs- und Entwicklungspolitik, Unternehmenspolitik. Und hier wären wir bei der Ethik im Unternehmen, die sich eben langfristig auszahlt. Objektiv zwingt der Staat und das Kollektiv dem Einzelnen seine Betreuung auf. Subjektiv gewöhnt sich der Einzelne daran, Betreuung erfahren zu müssen. Immer weniger sinnt der Einzelne auf eigene Lösungen und setzt seine Kräfte und Möglichkeiten nicht mehr voll dafür ein. Um die Zustimmung der Bürger zu erhalten, baut der Staat die Betreuung aus und nähert sich kollektiven Planwirtschaftsgedanken. Die Menschen sind unerfüllt, unzufrieden. Sie suchen die Erfüllung nicht in der Freude über Selbstgeschaffenes, sondern im Durchsetzen von Forderungen an die Gesellschaft. Pflegeversicherung sei ein Beispiel. Man könnte doch Familien mit Kindern besser stellen, da sie ja für die Allgemeinheit mehr leisten und die Kinder dann die Eltern später versorgen. Jeder beansprucht für sich ein Höchstmaß von Freiheit. Freiheit heißt Verantwortung tragen, für sich selbst und seinen Lebenskreis.

Unsere Gesellschaft ist kinderfeindlich, weil es materiell lohnend ist. Geburtenrückgang und Todesaufschub werden die Struktur unserer Gesellschaft ändern. Kinderarme und aus dem Familienverband ausgegliederte Alte werden immer mehr die große Richtung der Politik bestimmen.

Was bewegt uns, was spornt uns an? Es ist der Wille und die Fähigkeit zur Leistung und Erneuerung. Der Wille, sich auch schwierigen Verhältnissen zu stellen, um für sich und die Seinen zu sorgen. Die wichtigste Anerkennung, den innigsten Dank erhalten wir von unseren Familien.

Lehren aus dem „Fall Maculan"

Alexander Maculan

Es ist nicht alltäglich, daß ein „Baulöwe" zu Fragen der Ethik unternehmerischer Entscheidungen sprechen darf, und dies ist schon gar nicht selbstverständlich, insbesondere, wenn man bedenkt, daß sich sein berufliches Lebenswerk einige Monate vorher in Nichts aufgelöst hat. Bei meinem mündlichen Vortrag bin ich noch detailliert auf die einzelnen Geschehnisse eingegangen. Heute sind diese Geschichte. Der „Fall" ist abgewickelt, über 5000 Menschen, darunter fast 500 Lehrlinge, haben ihren Arbeitsplatz verloren, die Mitbewerber haben das bekommen, was sie wollten, die Insolvenzspezialisten mehr als 650 Millionen Schilling Honorare. (Die Ziffer ist kein Schreibfehler.)

Mein Vater baute nach dem 2. Weltkrieg eine Unternehmensgruppe im Bauwesen auf. Als ich 14 Jahre alt war, verunglückte er bei einem Flugzeugabsturz tödlich. Mit 21 Jahren übernahm ich das Erbe. So stellten sich für mich in sehr frühen Jahren die Fragen: wie führt man ein großes Unternehmen, wie motiviert man, was sind die Grundlagen unternehmerischer Entscheidungen? Ich hatte im Unternehmen die Generation meines Vaters zu führen; es war die Kriegsgeneration, geprägt von unterschiedlichen Ideologien, die durch Herkunft und Elternhaus, Parteien oder Gewerkschaft tradiert wurden. Trotz aller ideologischen Unterschiede gab es den gemeinsamen Willen, etwas aufzubauen, sich mit der Tätigkeit zu identifizieren; es gab eine große Loyalität untereinander, aber auch zum Unternehmen. Wenn auch der Blick in die Vergangenheit vieles rosiger aussehen läßt; ich meine, es war in vielen Dingen eine andere Zeit.

Ich glaube sagen zu können, daß sich die Unternehmen gut entwickelten; es gab ein kontinuierliches Wachstum, der Umsatz stieg von etwa 300 Millionen Schilling anfangs der sechziger Jahre auf vier Milliarden Schilling im Jahre 1989; vor allem aber gab es niemals eine Verlustbilanz. Unserer Tätigkeit waren aber Grenzen gesetzt: der österreichische Baumarkt war von der öffentlichen Hand und den verstaatlichten Banken dominiert, die Politik spielte natürlich auch eine große Rolle. So mußten wir als privates, nirgends verankertes Unternehmen einfach schneller als unsere wesentlichen Mitbe-werber sein, die aus dem Einflußbereich der verstaatlichten Großbanken kamen.

1989, der eiserne Vorhang fiel. Die unselige Teilung Europas in zwei Ideologien hatte sich aufgelöst; nun sah ich eine große unternehmerische Chance.

Jeder, der diese Länder kannte, wußte, in welchem Zustand Bauwerke und Infrastruktur waren. Auf diesen Märkten wollte ich tätig sein. Erfahrung, Kompetenz und einsatzwillige Mitarbeiter waren genügend vorhanden. Mein Vater hatte bereits in der Nachkriegszeit ein Unternehmen in Afghanistan aufgebaut, das viele Jahre die bedeutendste Baufirma in dieser Region war. Ich setzte diese Aktivitäten fort, wir waren viele Jahre im mittleren Osten aktiv, vor allem begann ich bereits 1979 mit einer Tätigkeit in Ungarn, die in der Folge auf Polen und Rußland ausgedehnt wurde. Sogar in Ostsibirien bauten wir ein großes medizinisches Zentrum.

Anfang 1990 faßte ich den Entschluß, die Unternehmen an die Börse zu bringen. Allgemein sah man für das Bauwesen auch im Inland große Chancen, vor allem aber unsere „Ostkompetenz" wurde als eine sehr gute Voraussetzung gesehen. Es war klar, daß die Neuen Deutschen Bundesländer, bedingt durch den Zufluß westdeutschen Kapitals, einen besonders raschen Aufschwung nehmen würden. Deklariertes Ziel der Deutschen Bundesregierung war es, den Strukturwandel in der Industrie durch eine Vollbeschäftigung in der Bauwirtschaft abzufedern. So flossen in der Folge mehr als 1000 Milliarden DM als Transferleistungen von Westdeutschland in die Bauwirtschaft der Neuen Deutschen Bundesländer. Weiters unterstützte man den Aufbau einer eigenständigen Bauwirtschaft, indem die vorhandenen verstaatlichten Betriebe zu sehr günstigen Bedingungen verkauft wurden.

Mit dem Kapital des Börsenganges kauften wir in der Folge mehrere bestehende Unternehmen. Diese mußten völlig neu aufgebaut werden. Zeitgemäße Baumethoden und die Verwendung westlicher Baustoffe waren unbekannt, der Gerätepark völlig veraltet. Die niedrige Produktivität auf den Baustellen, bedingt durch die vorhandenen Mängel in Ausrüstung und Materialwesen, wurde durch aufgeblähte Zentralverwaltungen verstärkt. Die Menschen waren gewohnt, von anonymen Planungsstellen geführt zu werden; die Erreichung der Planziele stand im Mittelpunkt aller Überlegungen, egal wie diese auch zustande kam. Eigenständiges Denken, unternehmerische Initiative waren nicht gefragt; die Kultur der Begründung, warum etwas so ist oder warum es nicht geht, umso ausgeprägter. So standen wir vor großen Aufgaben: Verfahrenstechnik und Bauablauf, Unternehmensorganisation, Rechnungswesen und Führungstechnik, alles mußte aufgebaut werden.

Erfahrungen in der Transmission von Unternehmen der Planwirtschaft in die Marktwirtschaft gab es nicht; so mußten wir eigenständige Instrumente selbst aufbauen. Neben dem Controlling wurde das Bildungswesen zentrales Element. Ich richtete eine eigene zentrale Bildungsabteilung ein, die zeitweilig 19 Mitarbeiter hatte. Die wesentliche Bildungsarbeit wurde in meist dreitägigen Seminaren geleistet, die in der Regel in ehemaligen Erholungsheimen abgehalten wurden. Ich bemühte mich persönlich, möglichst viele dieser Seminare selbst zu besuchen; so lernte ich nicht nur unsere Mitarbeiter besser kennen, sondern auch die entlegensten Winkel der Neuen Deutschen Bundesländer.

An einem Abend eines Seminars fand immer eine Diskussion mit mir statt. In Gruppen wurden Fragen formuliert. Nach der Überwindung von Hemmschwellen unterbreiteten die Mitarbeiter offen ihre Sorgen, Unsicherheiten und Probleme. Nicht nur in rein betrieblichen Dingen, sondern immer wieder wurden auch Fragen gestellt, wie:

- Für wen und warum arbeite ich eigentlich?
- Wann ist ein Mitarbeiter gerecht bezahlt?
- Sind Rationalisierung und Rationalisierungskündigungen moralisch vertretbar?
- Darf ich einem Kunden mehr verrechnen als geleistet wurde?
- Warum gibt es einen Wettbewerb?
- Warum müssen die Wirtschaft und Unternehmen Gewinne machen?

Alles Fragen aus dem Bereich Ethik in der Wirtschaft. Wir wußten natürlich, daß für diese Menschen eine vertraute Welt zusammengebrochen war, wir kannten die allgemeine Verunsicherung. Die Sicherheit der Ausbildung, der Wohnung, des Arbeitsplatzes und der medizinischen Versorgung war verlorengegangen. Die Regeln der Marktwirtschaft waren neu. Vor allem aber waren gewohnte Wertvorstellungen weggefallen. Mit der Beantwortung der gestellten Fragen waren meine Mitarbeiter und ich oft überfordert.

Die Unternehmen waren bis zur Expansion des Börsenganges eigentlich ein Familienbetrieb. Da die Fluktuation sehr gering war, kannten sich die Mitarbeiter untereinander gut und es gab auch eine sehr große Kontinuität in der Führungsstruktur. Führungspositionen wurden in der Regel mit Mitarbeitern, die im Unternehmen aufgewachsen waren, besetzt. Die Führungsgrundsätze und die Unternehmenskultur waren auch ohne schriftliche Definitionen gegeben, sie wurden im Tagesgeschäft einfach gelebt, die Mitarbieter kannten sie aus den Handlungen der Führungskräfte.

Nunmehr war die Aufgabe gestellt, diese in den österreichischen Stammbetrieben tradierte und gelebte Unternehmenskultur auch in den neuen Betrieben mit neuen Mitarbeitern im Tagesgeschäft umzusetzen. Was bisher in der Praxis nur angewandt wurde, mußte nun auch schriftlich dokumentiert werden. In unzähligen Seminaren legten wir unsere Unternehmensphilosophie fest. Nicht die Konzernleitung definierte sie, sondern die Mitarbeiter selbst entwickelten die Grundsätze, wobei ihnen Moderatoren, die wir zum Teil selbst ausgebildet hatten, zur Seite standen.

Für jede Abteilung, für jedes Unternehmen, für den Konzern, wurden *Leitbilder* formuliert. Diese Leitbilder sollten eine Orientierungshilfe nach außen und innen sein und waren auch als Grundlage für Entscheidungen und Verhaltensweisen im Tagesgeschäft gedacht.

Darüber hinaus wurden *Führungsgrundsätze* definiert. Sie waren als Regeln für das Verhalten der Mitarbeiter und Führungskräfte sowie für den Aufbau der Organisation gedacht. Sie sollten zu jenen Handlungsweisen führen, die eine Unternehmenskultur mit größtmöglicher Freiheit, Gerechtigkeit, Ehrlichkeit und Zufriedenheit bewirken, die wiederum eine Vorbedingung für die Verwirklichung des Einzelnen im Unternehmen ist. Die Führungsgrundsätze lauteten:

Leistung. Die Bereitschaft zur Leistung; die Möglichkeiten zu schaffen, daß auch Leistung erbracht werden kann; den Willen zu haben, alle eigenen Fähigkeiten auch optimal einzusetzen. Der Merkspruch war: agieren statt reagieren.

Partnerschaft: Die gegenseitige Achtung und Anerkennung; sich aufeinander verlassen zu können; einen Freiraum zur Entfaltung zu bieten; aber auch offene Information in allen betrieblichen Fragen (jeder, der in den Reformländern tätig war, kennt das Problem der Nichtinformation über Schwierigkeiten). Hier lautet der Merkspruch: Verhalte dich den anderen gegenüber so, wie du es selbst von ihnen wünscht.

Partizipation. Die Verantwortung in der Gruppe; selbst mittun; andere mittun lassen; teilhaben und teilhaben lassen. Dies sollte zu Qualität, Sicherheit und Gerechtigkeit führen. Der Spruch: Das Ganze ist mehr als die Summe der Teile.

Subsidiarität. In der Verantwortung der Führungskräfte: was der Einzelne aus eigener Kraft oder Initiative leisten kann, darf ihm nicht entzogen werden; keine Hilfe von übergeordneten Strukturen zu verlangen, wenn man selbst imstande ist, die Aufgabe zu lösen. Das Ergebnis: Selbständigkeit, Freiheit, Motivation. Die Konsequenz für die Organisation: so dezentral wie möglich, so zentral wie nötig.

Natürlich beschäftigten wir uns intensiv mit den Begriffen *Erfolg* und *Gewinn*. Als *Erfolg* war das Erreichen von Zielen definiert, die zur Feststellung des Erfolges auch genau definiert werden mußten. Als wichtig erkannten wir, daß ein Erfolg materiell und auch genau definiert werden mußte; daß er materiell und auch in menschlich emotionaler Weise anerkannt wird. Der nachhaltige *Gewinn* wurde als Basis jeder Unternehmensentwicklung und als Voraussetzung für den Erhalt und Ausbau der Arbeitsplätze gesehen. Besonders wurde die Verantwortung für das Kapital der Aktionäre herausgestrichen. Der materielle Gewinn wurde aber auch als persönlicher Gewinn gesehen und die gegenseitige Wechselwirkung, die Selbstbestätigung und Zufriedenheit bewirkt, dargestellt.

Konsequenterweise waren auch die *Erfolgsfaktoren* definiert:

- *Besser orientiert*. Erfolg durch konsequentes Verfolgen definierter Ziele.
- *Besser informiert*. Erfolg durch Nutzen der zeitgemäßen Informationstechnologien.
- *Besser ausgebildet*. Erfolg durch die Bildungsarbeit.

– *Besser motiviert.* Erfolg durch motivierte Mitarbeiter.

Das vierte Element der Konzernphilosophie (das Logo der Maculan Holding war eine Pyramide mit einem Würfel an der Spitze) war die *Vision* des Konzerns: Miteinander zur Spitze. „Miteinander" heißt Partnerschaft, Einfügen in die Gemeinschaft, ehrliche Zusammenarbeit mit den Geschäftspartnern und Kunden, aber auch mitarbeiten, mitdenken, mitentscheiden, mitverantworten und mitteilhaben. „Zur Spitze" bedeutet, daß alles was gemacht wird, immer mit Qualität geleistet wird.

Für Fachleute mag diese Konzernphilosophie hausbackene Formulierungen beinhalten. Das mag richtig sein. Wichtig erscheint mir aber, daß diese Formulierungen nicht vorgegeben waren, sondern von den Mitarbeitern selbst stammten. Vielleicht war manche Formulierung zu blumig, vielleicht hätte manches kürzer sein sollen, entscheidend war aber, daß diese Unternehmensphilosophie auch im Tagesgeschäft gelebt werden sollte.

Ein wesentlicher Bestandteil der Bildungsarbeit war die Personalentwicklung, auf die ich hier aber nicht eingehen möchte. Das Bildungsprogramm bot schließlich auch eine Moderatorenausbildung. Wir wollten nicht nur von externen Moderatoren abhängig sein, sondern eigene Mitarbeiter sollten unsere Zusammenkünfte leiten können. Die Moderatorenausbildung umfaßte eine umfangreiche Persönlichkeitsbildung und ich war über die Erfolge dieser Bildungsarbeit sehr überrascht. Bei vielen Mitarbeitern konnte man nach wenigen Monaten sehen, wie sie „gewachsen" waren.

Wie war das Echo auf diese Bildungsarbeit? Von euphorischer Zustimmung, verbunden mit totaler Identifikation, bis zur Ablehnung. Junge Mitarbeiter und das mittlere Management gingen voll mit, manche Führungskräfte standen aber der Bildungsarbeit skeptisch gegenüber oder lehnten sie völlig ab. Interessanterweise waren die wenigen Kritiker gerade jene, die in der Krise den Begriff der Loyalität nicht kannten und als erste von Bord gingen.

Das bemerkenswerte Resultat der Definition der Unternehmensphilosophie und der Personalentwicklung war, daß die Stärken und Schwächen in der Persönlichkeit von Führungskräften offengelegt wurden. Für manche war dies auch eine Herausforderung, an sich selbst zu arbeiten; bei anderen wurde die Überforderung und die falsche Positionierung offenbar.

All diese Bemühungen haben nichts genützt; der Bestand der Unternehmen konnte nicht erhalten werden. 1994 änderten sich die Randbedingungen in den Neuen Deutschen Bundesländern schlagartig. Trotz einer starken Mengenkonjunktur entwickelte sich der Wettbewerb ruinös. Bedingt durch die freie Arbeitsplatzwahl in der EU strömte eine große Zahl von Arbeitskräften aus Billiglohnländern in diesen Raum. Plötzlich konnten Unternehmen mit ausländischen Arbeitskräften, deren Entlohnung nur einen Bruchteil betrug, zu Niederstpreisen arbeiten. Die öffentliche Hand war nicht in der Lage, gleiche Wettbewerbsbedingungen zu schaffen, wie dies z.B. in Österreich der Fall ist. Ein

Ertragseinbruch war die Folge. Dazu kamen noch einige andere Komponenten: ein Großkunde war mit seinen Zahlungen in Rückstand geraten; trotz klarer Rechtssituation wurden berechtigte Forderungen von einem Bauherrn der öffentlichen Hand nicht anerkannt und bezahlt; die routinemäßigen Verlängerungen der Betriebsmittelkredite standen an. Aus einer Gewinnverschlechterung wurde ein Flächenbrand. Etwa fünf Monate stand das Unternehmen täglich in den Zeitungen. Praktisch alle Informationen kamen aus den Banken direkt oder von den Mitbewerbern, die wiederum zu den Konzernbetrieben der österreichischen Großbanken gehörten. Unser Restrukturierungsprogramm wurde von einer Bank einer in ihrem Einflußbereich stehenden Konkurrenzfirma zur Begutachtung übergeben. Schließlich wurde eine zwischen den österreichischen und deutschen Banken abgeschlossene Vereinbarung von österreichischer Seite nicht eingehalten. Eine aus Gründen steuerlicher Optimierung erfolgte Verknüpfung der einzelnen Unternehmen wirkte sich fatal aus. Ein Dominoeffekt entstand. Die Vision eines internationalen österreichischen Baukonzerns war zu Ende.

Was hat dieser „Fall" auf einer wissenschaftlichen Tagung über Ethik in der Wirtschaft zu suchen? Ziel kann es nicht sein, die Handlungen der am „Fall" involvierten Personen oder Institutionen zu beurteilen. Vielmehr soll die Tragweite und die Konsequenzen von Entscheidungen von Führungskräften in der Wirtschaft aufgezeigt werden.

Wenn ich Rückschau auf meine Tätigkeit als Unternehmer halte, so kann ich zwei Perioden unterscheiden: die Zeit, in der es festgefügte Strukturen gab und die Zeit des Strukturwandels. Viele Jahre hatten wir stabile Randbedingungen für unsere Tätigkeit, aber auch die Verhaltensweisen unserer Mitarbeiter waren transparent und klar definiert. Die waren, natürlich in unterschiedlicher Weise, von Elternhaus, Kirche und politischen Institutionen geprägt. Die meisten wußten, was richtig oder falsch ist..

Diese moralische oder ethische Prägung ist heute wesentlich schwächer geworden. Früher starke Institutionen, von denen man moralische Spielregeln bezog, haben heute an Bedeutung verloren. Wenn man bedenkt, daß 90 % der Kinder in den Neuen Deutschen Bundesländern nicht getauft werden, dann ist es verständlich, daß christliche Werte, die unsere Gesellschaft jahrhundertelang geprägt haben, im Berufsleben zunehmend fehlen werden. Ob aber eine Marktwirtschaft ohne moralische Spielregeln funktionieren kann, bezweifle ich. In Rußland sehen wir zum Beispiel, welche negative Erscheinungsformen eine Marktwirtschaft produzieren kann, wenn solche moralische oder ethische Spielregeln fehlen, wenn die Gebote „Du sollst nicht stehlen", „Du sollst nicht falsches Zeugnis geben gegen Deinen Nächsten", „Du sollst nicht begehren Deines Nächsten Gut" unbekannt sind oder nicht gelebt werden.

Wesentlich erscheint mir, daß die Begriffe Marktwirtschaft und Verantwortung untrennbar miteinander verbunden sind. Die Verantwortung für die Menschen, die Verantwortung für das anvertraute Kapital, die Verantwortung für Gemeinschaft und Umwelt. Gerade die europäische Wirtschaft hat diese Begriffe so lange gelebt, sie waren die Basis aller unternehmerischen Entscheidungen.

Die Entwicklung der Informationstechnologien und die Öffnung der Märkte schaffen immer größere Unternehmenseinheiten. Die Bilanzsummen vieler internationaler Konzerne sind größer als die Budgets kleinerer Industriestaaten. Die Entscheidungen der Manager gewinnen für immer mehr Menschen eine immer größere Bedeutung. Früher hat die Angst vor dem Mitbewerber, zum Beispiel aus Asien, die Industrieunternehmen zur Rationalisierung gezwungen; heute sind es die Analysten von Großaktionären, die auf Wachstum und Gewinnsteigerung drängen.

Wenn man den vielzitierten Mann auf der Straße nach dem Begriff „Ethik" fragt, wird er in der Regel wenig damit anfangen. Etwas von Philosophen für Philosophen, so ähnlich wird die Antwort lauten. Daß aber sein Berufsleben und Arbeitsplatz von Entscheidungen, die auf ethischen Werten beruhen, stark beeinflußt sind, wird nur wenigen bewußt sein.

Wenn wir unser Gesellschaftssystem und unsere Wirtschaftsordnung erhalten wollen, dann müssen wir auch das Wertesystem, auf dem beide basieren, erhalten. Wenn wir aber unsere Systeme auf andere Gesellschaften, die jahrzehntelang in einem anderen System gelebt und unter anderen Randbedingungen gearbeitet haben, übertragen wollen, dann müssen wir unser Wertesystem nicht nur leben, sondern auch vermitteln können.

Es erhebt sich die Frage, wo diese Wertvermittlung erfolgen soll. In den Unternehmen müssen Werte gelebt werden, sie sind aber für die eigentliche Wertvermittlung nur sehr bedingt geeignet. Sie können die Arbeit anderer Institutionen nicht ersetzen. Gefordert sind Wissenschaft und Kirche. Besonders die Universitäten, aber auch Fachhochschulen erscheinen mir die richtigen Orte zu sein. Ethik in der Wirtschaft darf kein Randthema für eine interessierte Minderheit sein, sie gehört zu den zentralen Elementen, die gelehrt werden müssen. Die Wissenschaft muß aber auch eine solche Sprache sprechen, die die Menschen in den Betrieben verstehen. Man benötigt Antworten auf die Fragen, was ist gut, was ist richtig, wie soll ich mich verhalten, in einfachen Worten und nicht in der Sprache der Wissenschaft.

In einem der vorhergehenden Beiträge (siehe S. 104) ist eine Grafik dargestellt: Sie zeigt die fünf wesentlichen Kompetenzen einer Führungskraft in der Wirtschaft:

– *organisatorische Kompetenz,*

– *innovative Kompetenz,*

– *fachliche Kompetenz,*

– *kommunikative Kompetenz und*

– *ethische Kompetenz.*

In der Mitte dieser Grafik steht die *Ethische Kompetenz*, als Zentralkompetenz, die die anderen Kompetenzen miteinander verknüpft, vor allem aber die das Fundament für die Entscheidungen des Tagesgeschäftes sein muß. Würde es gelingen, diese Grafik jedem Manager so vertraut zu machen wie die Menüleiste eines Computers, dann könnten wir mit Zuversicht in das neue Jahrtausend blicken.

Über die Lehr- und Lernbarkeit der Wirtschaftsethik

Marian Heitger

In einem werbenden Umschlag eines Buches zum Thema Gerechtigkeit konnte ich in diesen Tagen folgendes lesen:

„Gerechtigkeit und Recht sind verschiedene Dinge. Das Recht begründet rechtskonformes Handeln und stellt Abweichungen unter Strafe. Gerechtigkeit begründet gerechtes Handeln, ohne jedoch Abweichungen unter Strafe stellen zu können. Gerechtes Handeln ist etwas anderes als rechtskonformes Handeln. Ungerechtes Handeln kann rechtskonform sein und rechtskonformes Handeln kann ungerecht sein. Solange ungerechtes Handeln kein geltendes Recht verletzt und innerhalb der Grenzen rechtskonformen Handelns verbleibt, kann es nicht bestraft werden …

Die Frage, ob geltendes Recht ungerecht sein kann, wird zumindest im Hinblick auf die jüngere Vergangenheit niemand mit ‚nein' beantworten können.

Das geltende Recht ist die Grundlage rechtskonformen Handelns. Die Unterscheidung zwischen ‚rechtmäßig' und ‚unrechtmäßig' …, organisiert den Raum sozialen Handelns und ermöglicht dadurch das Zusammenleben in komplexen Gesellschaften."[1]

1. Unterscheidungsmodelle

Die hier angebotene Unterscheidung ist als Ausgangspunkt für die Frage der Lehr- und Lernbarkeit von Wirtschaftsethik durchaus geeignet. Denn das hier anzusprechende Lehren und Lernen hat in bezug auf das „Was" mit den genannten Unterscheidungen zu tun: Sie kehrt in den verschiedenen Theorien von Ethik und Moral wieder. Das soll in drei Modellen angeboten werden.

1. Zu nennen ist die Unterscheidung von Legalität und Moralität, die insbesondere von Hegel im dialektischen Denken und in der Vermittlung gefaßt ist.

[1] Vgl. Wilhelm Fink Verlag: Neuerscheinungen Herbst 1997 zu dem Buch *Jan Assmann/Bernd Janowski/Michael Welker* (Hrsg.): Gerechtigkeit 1997.

2. Von Kant kennen wir die Unterscheidung von pflichtgemäß und aus Pflicht handeln. Entsprechend seiner Kritik der praktischen Vernunft kann nur das Letztere Moralität beanspruchen, weil es Auskunft über die Gesinnung, besser über die Maxime des Handelns gibt; und die allein entscheidet über die moralische Qualität des Handelns.

3. Insbesondere in bezug auf die ursprünglich angeführte Unterscheidung von Recht und Gerechtigkeit läßt sich die heikle Unterscheidung von Sein und Sollen anführen. Hier sind verschiedene Differenzierungen notwendig. Das Seiende definiert etwas, das vorhanden bzw. vollzogen ist. Das Vollzogene sind Tatsachen in der Geschichte; Seiendes sind Gegenstände. Was hier in bezug auf die Ethik interessiert, ist der folgende Gedanke: Ethische Überlegungen sind gebunden an eine Vorstellung vom Sollen. Die Ethik erfordert, daß etwas sein soll, was noch nicht ist, z.B. ein Handeln, das der Idee der Gerechtigkeit entspricht, gerechtes Handeln, gerechte Gesinnung, gerechte Haltung.

Wenn Ethik und so auch die Wirtschaftsethik eine Anleitung zum guten, d.h. dann auch gerechten und verantwortlichen Handeln sein soll, wenn sie nicht nur, wie etwa die Soziologie oder Psychologie vollzogenes Handeln beschreibt, in seinen Bedingungen und vermeintlichen Abhängigkeiten analysieren will, dann steht sie und mit ihr die Erziehung vor einem offensichtlich gewaltigen Problem: nämlich zu sagen, was denn das Gute sei, denn nur dann kann von Erziehung und Ethik die Rede sein, oder um unser Thema zu reflektieren, was denn dort zu lehren und zu lernen sei.

2. Lehrinhalte

Die Schwierigkeit springt sofort in die Augen. Es soll etwas gelehrt und dann auch gelernt werden, was sein soll, was noch nicht ist, was erst sein soll, was erst in die Tat umgesetzt werden soll.

Um den Unterschied genau zu erfassen und das Problem deutlicher zu machen: Gewöhnlich werden Gegenstände gelehrt: Physik und Chemie, Deutsch und Geschichte. Es wird etwas gelehrt und gelernt, was Gegebenes erfaßt und dessen „Sein“ denkerisch schon gefaßt ist: Gesetze der Physik, Zusammenhänge der Geschichte, Objektivationen der Sprache.

Hier soll etwas gelehrt und gelernt werden, was sein soll, was eben nicht oder noch nicht so ist, wie es sein soll. Schon das Lehren von Tatsachen von vollzogenem Wissen ist problematischer als die modische oder populäre Pädagogik sich träumen läßt. Denn das Lernen erschöpft sich nicht im bloßen Merken von sog. Wissensdaten. Angezielt wird ein Wissen im Lernenden. Wenn man dies ernst nimmt, dann genügt es nicht, im Lernen sog. Kenntnisse zu sammeln, sondern dann geht es um Erkenntnisse. Der Anspruch des Wissens schließt die Notwendigkeit ein. Wissen ist eigenes Für-wahr-Halten. Das Für-wahr-Halten ist an Argumente gebunden, mit denen sich der Lernende selbst überzeugt. Das kann auch die Berufung auf geprüfte Autorität sein, die dann das Für-wahr-Halten rechtfertigt.

3. Das Lernen

Platon und Augustinus haben bekanntlich das Lernen als bloßes Übernehmen von Wissensdaten heftig kritisiert. Der erstere bezeichnete Lernen als einen Akt der Wiedererinnerung, der andere als eine Form des Aufleuchtens der Wahrheit im Menschen.

Der Hinweis auf die besondere Form menschlichen Lehrens ist notwendig, um die noch differenziertere Form des Lehrens und Lernens in Fragen der Ethik zu verdeutlichen.

Zunächst kann man im Verweis auf rechtskonformes Handeln darauf aufmerksam machen, daß auch hier Objektiviertes gelernt werden müsse. Man denke an Gesetze, vorliegende gesellschaftliche Normen. Sie sollen eingehalten werden. Ihre Nichtbeachtung wird mit Sanktionen geahndet, ihre Beachtung kann – wie eingangs erwähnt – Wirtschaftsethik und Soziallehre der Kirche erzwungen werden. Wahrscheinlich gehört es auch zur Wirtschaftsethik, die Notwendigkeit ihrer Beachtung zu vermitteln.

4. Umsetzung in die Praxis

Für den weiteren Gang der Gedankenführung ist schon hier darauf zu verweisen, daß es nicht nur um das Wissen jener Gesetze geht, sondern vor allem um deren Beachtung, d.h. deren Umsetzung in die Praxis, wobei es hier und zunächst irrelevant ist, ob ihre Beachtung auf deren Sanktionierung oder deren eingesehener Verbindlichkeit beruht. Man wird allerdings auch darauf aufmerksam machen müssen, daß die Einhaltung positiven Rechts auch dann gefordert ist, wenn sie nicht von der Einsicht ihrer Sinnhaftigkeit begleitet ist.

Ganz anders ist es bei Fragen der Ethik. Damit ist nicht die Negierung positiver Rechtssätze gemeint. Sie einzuhalten ist eine ethische Forderung, wenn sie nicht in auffälligem und schwerwiegendem Sinne den allgemeinen Menschenrechten wirdersprechen.

Das ganz Andere des Ethischen besteht zunächst einmal in der Frage ihrer Lehrbarkeit, bzw. ihres Inhaltes. Zwei Gesichtspunkte sind hier zu beachten:

1. Ethische Forderungen liegen nicht in Form staatlich sanktionierter Formulierung vor. Um beim Beispiel zu bleiben: Was Gerechtigkeit ist, das findet sich nicht in einer endgültigen und staatlich sanktionierten Formulierung, ja, wir

würden in einem freien demokratischen Staat diesem sogar das Recht absprechen, die Idee der Gerechtigkeit für alle verbindlich und mit unüberholbarer Gewißheit formulieren zu wollen. Diktaturen haben das immer wieder versucht und haben Not, Elend und Unterdrückung verbreitet. Das Nachplappern von Parolen kann man erzwingen, nicht ihr Für-wahr-Halten.

Wohl aber kann man in der Auseinandersetzung mit den Größen unserer Tradition erkunden, wie denn sie Gerechtigkeit gesehen haben, kann ihren Argumenten und Widerlegungen folgen. Aber so sagte einmal Friedrich Wilhelm Förster – ein zu Unrecht vergessener Pädagoge – im Kampf gegen den Nationalsozialismus: Tradition ist das Stimmrecht der Toten, nicht deren Diktatur. Wir können und dürfen beim Lehren von Ethik nicht auf unsere Tradition verzichten, auf die Auseinandersetzung mit ihr; sie darf aber auch nicht dazu dienen, das eigene Denken aufzugeben.

Offensichtlich ist das Lehren und Lernen von Wirtschaftsethik ein Problem besonderer Art, und kann sich nicht auf gegenständlichen Unterricht beschränken.

2. Zur Lösung unseres Problems ist ein zweiter Gesichtspunkt heranzuziehen. Ethisches Handeln oder sagen wir mit Kant, Moralität des Handelns kann nicht erzwungen werden, ist ein Handeln aus Freiheit und im Vollzug von Freiheit. Die Maxime des Handelns müssen aus der handelnden Person selbst entwickelt werden. Im moralischen Handeln ist die Person ihr eigener Gesetzgeber. Das bedeutet nicht Willkür und Beliebigkeit, nicht subjektivistischen Relativismus.

5. Das Gewissen

Für das Lehren und Lernen von Ethik, d.h. nunmehr von ihren Grundsätzen, hat dies die oben bereits angedeuteten Konsequenzen. Sie können nicht als vorliegende Wissensbestände vermittelt werden, sondern müssen aus dem Grunde der Person, des Denkens und Bewußtseins herausgeholt werden. Hier ist das Bild von der Wiedererinnerung nicht ganz abwegig. Kant spricht davon, daß es hier um Aufklärung ginge, nicht im landläufigen Sinne, sondern um Aufklärung über die im Gewissen sich meldenden Ansprüche, über ein Grundwissen, das in jedem Menschen vorausgesetzt werden müsse. Erst dann, wenn das ethische Wissen aus ihm selbst kommt, kann es auch im Sinne der Freiheit verbindlich gemacht werden, kann der Mensch sein Handeln unter Maximen stellen, die Moralität verbürgen.

Das Lehren und Lernen ist nicht aufgehoben, sondern muß eine besondere Form annehmen. Man braucht Anlässe, um sich an die Grundsätze zu erinnern, sie ins Bewußtsein zu heben.

Gleichzeitig sind sie dialogisch zu bewahren: in der Auseinandersetzung mit der Geschichte, mit den verschiedenen Positionen.

Die erste Aufgabe einer Erziehung zu ethischem Handeln ist die Erfahrung der Notwendigkeit von Kriterien zur Bestimmung des Handelns überhaupt. Das ist keine nebensächliche oder auch einfache Aufgabe. Zu groß sind die Tendenzen der Zeit, die diese Aufgabe behindern. Man denke an die vielen Sozialisationstheorien, nach denen das Handeln des Menschen durch äußere Umstände determiniert ist: frühkindliche Sozialisation, Schichtzugehörigkeit, tiefenpsychologische Behinderungen usw. Hier hat das Lehren einen ersten Schritt zu aufklärendem Lernen zu leisten.

In einem zweiten Schritt ist die Kritik der handlungsleitenden Maximen zu leisten. Sie sind zu bedenken, die orientierenden Kriterien sollen bewußt werden, aus ihrem Für-wahr-Halten gilt es Verbindlichkeit zu gewinnen.

6. Wissen und Haltung im Blick auf die Wirtschaftsethik

Damit drängt sich ein weiterer Zusammenhang auf. Dem Lehren und Lernen von ethischen Grundsätzen geht es, wie gesagt, nicht um das Wissen allein, sondern um das Handeln oder noch besser um Haltung. Dieses kann nicht erzwungen werden; es kann auch nicht kausal bewirkt werden. Hier taucht das umfassendste Problem aller Erziehung auf, wie freies Handeln überhaupt beeinflußt werden kann, ohne das Attribut der Freiheit zu verlieren.

Wiederum ist zunächst auf eine heute weitverbreitete aber nicht ungefährliche Vorstellung zu verweisen. Vielfach hat man vom vermeintlichen Fortschritt der Erziehungswissenschaften, insbesondere im Hinblick auf Psychologie und andere Sozialwissenschaften die Meinung gefördert, als ob mit deren Fortschritt die Vorstellung von der Machbarkeit des Pädagogischen, sprich hier des erzieherischen Erfolges in greifbare Nähe gerückt sei. Eine Unzahl von psychologisch orientierten, sozialen Strategien bietet sich an mit dem geheimen Versprechen auf fast sicheren Erfolg.

Diese Vorstellungen erzeugen aber gleichzeitig eine weitverbreitete Frustration, die den Gedanken der Erziehung schließlich überhaupt diskriminiert.

Natürlich kann man – und muß man vielleicht in ersten Schritten den jungen Menschen disziplinieren; vor allem wenn es um die Einhaltung von Gesetz und Vorschrift, von Ordnung und Norm geht. Ethische bzw. moralische Erziehung kann sich darauf nicht beschränken, muß aber gleichzeitig ihre Grenze anerkennen. Diese Grenzen sind nicht behindernd, sondern sind Ausdruck der Anerkennung des anderen als Person, über die auch im Namen der Pädagogik und Erziehung verfügt werden darf.

Bei der Beantwortung der Frage, was denn Lehren und Lernen von *Wirtschaftsethik* nun überhaupt noch sein könne und sein müsse, ist die Beachtung dieser Voraussetzung konstitutiv. Die Anerkennung des anderen, in seinem Personsein macht das Lehren zur Aufklärung und das Lernen zur Besinnung auf die im eigenen Personsein vorauszusetzenden Grundsätze. Das ist eine spezifische Form des Dialoges; der nicht zur Annahme irgendwelcher Wissensbestände zwingt, sondern zur Entdeckung und erneuten Wiederentdeckung des eigenen Gewissens und seiner Grundsätze. Das Lehren und Lernen von Wirtschaftsethik setzt die Person, d.h. setzt ein Gewissen im Menschen voraus. Das bedeutet, jedes Lehren und Erziehen ist Erinnerung an seinen Anspruch. Dieser Anspruch zeigt gleichzeitig seine Verbindlichkeit; eine Verbindlichkeit, die nicht von außen erzwungen wird, sondern aus dem Menschen selbst kommt und damit nicht die Freiheit der Person beeinträchtigt oder gar abschreibt, sondern im Gegenteil ausdrücklich bestätigt.

Der Mensch ist sein eigener Gesetzgeber; er kann sich auf niemanden herausreden. Das Lernen von Wirtschaftsethik schließt dieses ein. Auch hier ist der Gedanke des Dialogischen maßgebend. Dabei ist zu bedenken, daß der Dialog mit dem anderen, vor allem in der Pädagogik die Stimme des Gewissens von Bornierungen, Befangenheiten in die Neigungen des Vorteils, von den Verwirrungen des Gefühls und den vernünftelnden Fixierungen sich befreien lerne. Das ist möglich, wenn der Mensch lernt, mit sich selbst unter dem Anspruch des Ethischen umzugehen. Deshalb kann man das Lehren und Lernen als Form von Selbstbetrachtung begreifen. Das fordert Redlichkeit und klaren Blick, auch den Mut zur unverschleierten Sicht; das fordert dann auch Konsequenz aus der Betrachtung seiner selbst.

Hier begegnet uns noch einmal die Differenz von Sein und Sollen, auch in ihrer ganzen Schärfe; in der Unterscheidung, wie man ist, und wie man sein sollte; wie man gehandelt hat und wie man hätte handeln sollen.

Wenn ich abschließend noch einmal den Blick auf die Wirtschaftsethik richte, so meine ich folgende Differenzierung noch anbringen zu sollen. Das Telos der Wirtschaft ist Steigerung der Effektivität, ist vielleicht auch Gewinnmaximierung. Diese Absicht kann durchaus mit den Imperativen der Ethik in Konflikt geraten; insbesondere unter Beachtung dessen, was im Begriff der Gerechtigkeit gemeint ist. Die Absicht aufs Wirtschaften kann allerdings nicht den Grundbegriff aller Ethik und Moral außer Kraft setzen; nämlich sich und den anderen auch immer als Zweck seiner selbst zu achten.

Autorenverzeichnis

Prof. Dkfm. Dr. *Erwin Fröhlich*
Vorstand, Institut für Wirtschaftsethik und Unternehmenskultur (IWU), Wien

em. o.Univ.-Prof. Dr. *Marian Heitger*
Institut für Erziehungswissenschaften, Universität Wien

Dr. *Claus Hipp*
Geschäftsführender Gesellschafter Georg Hipp GmbH & Co KG, Pfaffenhofen

Se. Exzellenz Weihbischof Dr. *Andreas Laun*
Erzdiözese Salzburg

Dr. *Alexander Maculan*
ehem. Vorsitzender des Vorstandes der Maculan Bau-Holding AG, Wien

o. Univ.-Prof. Dkfm. Dr. Dr. h.c. *J. Hanns Pichler*, M. Sc.
Vize-Studiendekan und Vorstand, Institut für Volkswirtschaft, Wirtschaftsuniversität; Präsident, Österr. Institut für Gewerbe- und Handelsforschung (IFGH); Vorstand, Gesellschaft für Ganzheitsforschung, Wien

Prof. Dr. *Enrique Prat*
Generalsekretär, Institut für kulturelle und wissenschaftliche Zusammenarbeit – Club Belvedere, Wien

Prof. DDr. *Johannes Michael Schnarrer,* STL
Lehrstuhl für Ethik und Sozialwissenschaften, Universität Karlsburg, Hoover Fellow, Katholische Universität Leuven (SS 2000)

Dr. *Bernhard Weber*
Generalsekretär, Institut für Cooperation bei Entwicklungsprojekten (ICEP), Wien